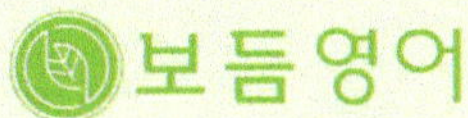

2025년 고2 모의고사

WORK BOOK

9月

___

2025 고2 9월 모의고사 내신대비용 WorkBook & 변형문제

Composition | 잉글리쉬 마이갓

01

단어 암기

총 3단계를 거쳐 각 지문에 나오는 모든 단어들을 암기합니다.

02

본문 암기

해석본(한글)을 영어 지문과 함께 보며, **문장 구조와 내용을 파악**합니다.

03

어법·어휘 선택형

두 개 보기 중 올바른 어법 또는 어휘를 고르는 문제입니다.

04

전체 본문 속 빈칸 완성

한글 해석을 참고하여 문맥에 맞는 단어를 빈칸에 채우는 방식과

해석 없이 문장의 구조·논리 전개만으로 정답을 추론하는 방식으로 나뉩니다.

05

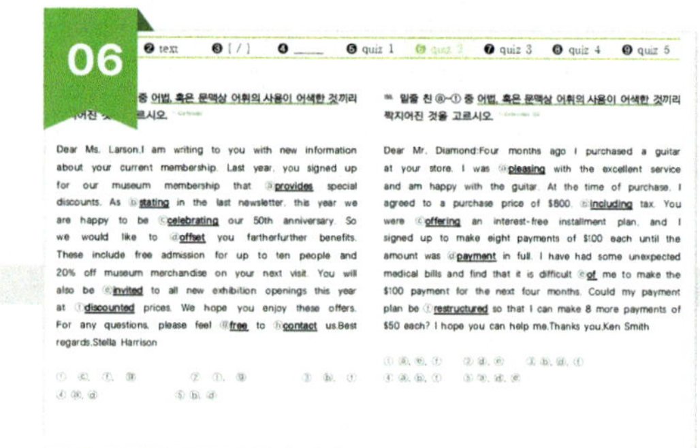

Quiz 1. 문장 삽입 / 순서 배열

주어진 문장을 글의 적절한 위치에 삽입하는 문제입니다.

글의 흐름, 연결어 사용, 문맥 이해 능력을 종합적으로 평가합니다.

06

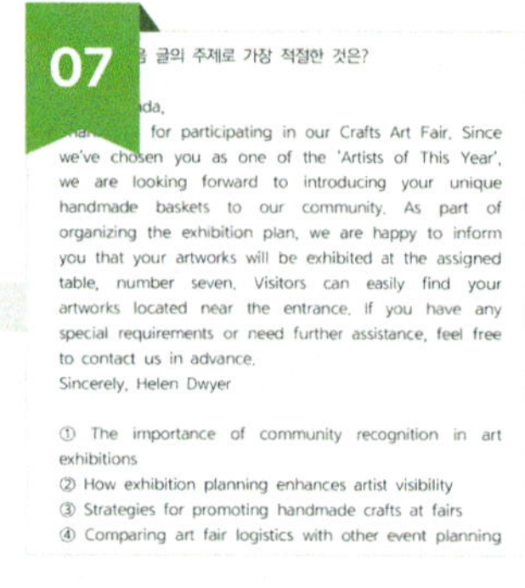

Quiz 2. 어법·어휘 다중 선택 / 고치기

문장 안에 표시된 밑줄 중 잘못된 어법이나 어휘를 모두 찾아내는 문제입니다.

8개~9개의 선지 중에서 어색한 부분을 찾는 고난이도 유형으로 올바른 형태로 고치는 것까지 요구됩니다.

07

Quiz 3. 객관식 3유형

주제 찾기, 내용 일치 불일치 문제와 같은 실전 3유형 문제입니다.

08

Quiz 4. 복합 주관식

단어 배열, 어법 혹은 문맥상 어색한 부분 수정 문제를 포함하여 구성된 세트 문제입니다.

09

Quiz 5. 요약문 주관식

본문의 단어를 활용하여 빈칸에 알맞는 말을 채워 넣는 마지막 문제입니다.

연습과 실전 모두 잡는 내신대비 완벽
| workbook |

Voca

| ❶ voca | ❷ text | ❸ [/] | ❹ ____ | ❺ quiz 1 | ❻ quiz 2 | ❼ quiz 3 | ❽ quiz 4 | ❾ quiz 5 |

18	permission	허가		develop	발전시키다
	organize	조직하다		creativity	창의성
	accessibility	접근성		reflection	성찰
	efficiently	효율적으로		perspective	관점
	procedure	절차		transform	변화시키다
	consideration	고려	21	mirror neuron	거울 뉴런
	attendee	참석자		empathy	공감
	community	지역 사회		ape	유인원
	safety	안전		speculate	추측하다
	cleanup	청소		herd	무리
19	hut	오두막		mechanism	기제
	uncle	삼촌		perspective	관점
	tool	연장		feeling	느낌
	clear	치우다		species	종
	mark	표시하다		research	연구
	build	짓다	22	force	힘
	school	학교		substitute	대체하다
	village	마을		complement	보완하다
	imagine	상상하다		displace	대체하다
	excitement	흥분		interaction	상호작용
20	tactic	전술		automation	자동화
	strategy	전략		economy	경제
	response	반응		demand	수요
	condition	상황		limit	한계
	finite	유한한		task	과업

Voca

| ❶ voca | ❷ text | ❸ [/] | ❹ _____ | ❺ quiz 1 | ❻ quiz 2 | ❼ quiz 3 | ❽ quiz 4 | ❾ quiz 5 |

23	conceivable	생각할 수 있는		physiology	생리학
	maximize	극대화하다		oppose	반대하다
	atmosphere	대기		nuclear	핵의
	maintenance	유지보수		effect	영향
	radiation	방사선		citizen	시민
	debris	파편		awareness	인식
	astronaut	우주 비행사	29	culture	문화
	robot	로봇		observe	관찰하다
	repair	수리하다		calendar	달력
	panel	패널		ritual	의식
24	continuum	연속체		connection	연결
	adopt	채택하다		latitude	위도
	distinction	구분		cycle	주기
	arbitrary	자의적인		nomadic	유목의
	borderline	경계선		tradition	전통
	effect	효과		religion	종교
	statistician	통계학자	30	empathy	공감
	cognitive	인지의		conflict	갈등
	impaired	손상된		burnout	번아웃
	label	꼬리표를 붙이다		insensitivity	무감각
26	ecologist	생태학자		in-group	내집단
	environmental	환경의		out-group	외집단
	movement	운동		competitive	경쟁적인
	doctoral	박사의		frustration	좌절
	physiology	생리학		harmony	조화

Voca

❶ voca ❷ text ❸ [/] ❹ ____ ❺ quiz 1 ❻ quiz 2 ❼ quiz 3 ❽ quiz 4 ❾ quiz 5

31	uncertainty	불확실성		property	재산
	routine	일상		effigy	인형
	engage	몰입하다		slang	속어
	risky	위험한		wicked	탁월한
	dopamine	도파민		invention	발명
	encounter	만남	34	anchor	고정하다
	pleasure	즐거움		confine	한정하다
	reward	보상		interpretation	해석
	surprise	놀라움		advertising	광고
	twist	반전		symbolic	상징적인
32	mechanism	메커니즘		identification	식별
	incentive	유인		headline	헤드라인
	preference	선호		tagline	광고 문구
	capacity	능력		specific	구체적인
	competitive	경쟁적인		remote-control	원격 조종하다
	sticky	고착된	35	mass	질량
	satisfy	만족시키다		bend	휘다
	gain	이익		space-time	시공간
	motivation	동기부여		prediction	예측
	denial	부정		phenomenon	현상
33	definition	정의		gravitational lensing	중력 렌즈 효과
	revise	수정하다		eclipse	일식
	addict	중독자		observe	관찰하다
	dependency	의존		shift	이동
	husband	남편		theory	이론

Voca

❶ voca	❷ text	❸ [/]	❹ ____	❺ quiz 1	❻ quiz 2	❼ quiz 3	❽ quiz 4	❾ quiz 5

36	hierarchy	위계		speculation	투기
	belief	신념		wheat	밀
	rage	분노		petrol	휘발유
	unconscious	무의식의		drought	가뭄
	status	지위		profit	이익
	boss	상사	39	property	특성
	tendency	성향		fiber	섬유
	reaffirm	재확인하다		crease	주름
	biological	생물학적인		damage	손상시키다
	rule	규칙		tear	찢다
37	friction	마찰		origami	종이접기
	surface	표면		foil	호일
	slide	미끄러지다		plastic	플라스틱
	grip	잡다		rigidity	단단함
	shaft	축		material	재료
	tension	장력	40	kitten	새끼 고양이
	stretch	늘어나다		scent	냄새
	split	쪼개다		offspring	새끼
	loose	헐거운		favor	편애하다
	overcome	극복하다		distress	고통
38	banker	은행가		predator	포식자
	pillar	기둥		resist	저항하다
	cautious	조심스러운		retrieve	되찾다
	arrogant	거만한		attention	관심
	risk	위험		strategy	전략

Voca

❶ voca	❷ text	❸ [/]	❹ _____	❺ quiz 1	❻ quiz 2	❼ quiz 3	❽ quiz 4	❾ quiz 5

41~42	strategy	전략						
	storage	저장						
	reserve	비축						
	metabolism	신진대사						
	expense	비용						
	predator	포식자						
	temperature	체온						
	robber	도둑						
	dormancy	휴면						
	advantage	이점						
43~45	replace	교체하다						
	purchase	구입하다						
	allowance	용돈						
	envelope	봉투						
	stack	더미						
	dealership	대리점						
	remaining	남아 있는						
	fund	자금						
	gesture	행동						
	proud	자랑스러운						

Voca Test

18	permission			develop	
	organize			creativity	
	accessibility			reflection	
	efficiently			perspective	
	procedure			transform	
	consideration		21	mirror neuron	
	attendee			empathy	
	community			ape	
	safety			speculate	
	cleanup			herd	
19	hut			mechanism	
	uncle			perspective	
	tool			feeling	
	clear			species	
	mark			research	
	build		22	force	
	school			substitute	
	village			complement	
	imagine			displace	
	excitement			interaction	
20	tactic			automation	
	strategy			economy	
	response			demand	
	condition			limit	
	finite			task	

Voca Test

❶ voca	❷ text	❸ [/]	❹ _____	❺ quiz 1	❻ quiz 2	❼ quiz 3	❽ quiz 4	❾ quiz 5

23	conceivable			physiology			
	maximize			oppose			
	atmosphere			nuclear			
	maintenance			effect			
	radiation			citizen			
	debris			awareness			
	astronaut		**29**	culture			
	robot			observe			
	repair			calendar			
	panel			ritual			
24	continuum			connection			
	adopt			latitude			
	distinction			cycle			
	arbitrary			nomadic			
	borderline			tradition			
	effect			religion			
	statistician		**30**	empathy			
	cognitive			conflict			
	impaired			burnout			
	label			insensitivity			
26	ecologist			in-group			
	environmental			out-group			
	movement			competitive			
	doctoral			frustration			
	physiology			harmony			

Voca Test

❶ voca	❷ text	❸ [/]	❹ _____	❺ quiz 1	❻ quiz 2	❼ quiz 3	❽ quiz 4	❾ quiz 5

31	uncertainty				property			
	routine				effigy			
	engage				slang			
	risky				wicked			
	dopamine				invention			
	encounter			**34**	anchor			
	pleasure				confine			
	reward				interpretation			
	surprise				advertising			
	twist				symbolic			
32	mechanism				identification			
	incentive				headline			
	preference				tagline			
	capacity				specific			
	competitive				remote-control			
	sticky			**35**	mass			
	satisfy				bend			
	gain				space-time			
	motivation				prediction			
	denial				phenomenon			
33	definition				gravitational lensing			
	revise				eclipse			
	addict				observe			
	dependency				shift			
	husband				theory			

Voca Test

❶ voca	❷ text	❸ [/]	❹ _____	❺ quiz 1	❻ quiz 2	❼ quiz 3	❽ quiz 4	❾ quiz 5

36	hierarchy			speculation				
	belief			wheat				
	rage			petrol				
	unconscious			drought				
	status			profit				
	boss		39	property				
	tendency			fiber				
	reaffirm			crease				
	biological			damage				
	rule			tear				
37	friction			origami				
	surface			foil				
	slide			plastic				
	grip			rigidity				
	shaft			material				
	tension		40	kitten				
	stretch			scent				
	split			offspring				
	loose			favor				
	overcome			distress				
38	banker			predator				
	pillar			resist				
	cautious			retrieve				
	arrogant			attention				
	risk			strategy				

Voca Test

❶ voca	❷ text	❸ [/]	❹ _____	❺ quiz 1	❻ quiz 2	❼ quiz 3	❽ quiz 4	❾ quiz 5
41~42	strategy							
	storage							
	reserve							
	metabolism							
	expense							
	predator							
	temperature							
	robber							
	dormancy							
	advantage							
43~45	replace							
	purchase							
	allowance							
	envelope							
	stack							
	dealership							
	remaining							
	fund							
	gesture							
	proud							

Voca Test

❶ voca	❷ text	❸ [/]	❹ _____	❺ quiz 1	❻ quiz 2	❼ quiz 3	❽ quiz 4	❾ quiz 5

18	허가			발전시키다	
	조직하다			창의성	
	접근성			성찰	
	효율적으로			관점	
	절차			변화시키다	
	고려		21	거울 뉴런	
	참석자			공감	
	지역 사회			유인원	
	안전			추측하다	
	청소			무리	
19	오두막			기제	
	삼촌			관점	
	연장			느낌	
	치우다			종	
	표시하다			연구	
	짓다		22	힘	
	학교			대체하다	
	마을			보완하다	
	상상하다			대체하다	
	흥분			상호작용	
20	전술			자동화	
	전략			경제	
	반응			수요	
	상황			한계	
	유한한			과업	

Voca Test

| ❶ voca | ❷ text | ❸ [/] | ❹ _____ | ❺ quiz 1 | ❻ quiz 2 | ❼ quiz 3 | ❽ quiz 4 | ❾ quiz 5 |

23	생각할 수 있는			생리학	
	극대화하다			반대하다	
	대기			핵의	
	유지보수			영향	
	방사선			시민	
	파편			인식	
	우주 비행사		29	문화	
	로봇			관찰하다	
	수리하다			달력	
	패널			의식	
24	연속체			연결	
	채택하다			위도	
	구분			주기	
	자의적인			유목의	
	경계선			전통	
	효과			종교	
	통계학자		30	공감	
	인지의			갈등	
	손상된			번아웃	
	꼬리표를 붙이다			무감각	
26	생태학자			내집단	
	환경의			외집단	
	운동			경쟁적인	
	박사의			좌절	
	생리학			조화	

Voca Test

| ❶ voca | ❷ text | ❸ [/] | ❹ _____ | ❺ quiz 1 | ❻ quiz 2 | ❼ quiz 3 | ❽ quiz 4 | ❾ quiz 5 |

31	불확실성			재산	
	일상			인형	
	몰입하다			속어	
	위험한			탁월한	
	도파민			발명	
	만남		34	고정하다	
	즐거움			한정하다	
	보상			해석	
	놀라움			광고	
	반전			상징적인	
32	메커니즘			식별	
	유인			헤드라인	
	선호			광고 문구	
	능력			구체적인	
	경쟁적인			원격 조종하다	
	고착된		35	질량	
	만족시키다			휘다	
	이익			시공간	
	동기부여			예측	
	부정			현상	
33	정의			중력 렌즈 효과	
	수정하다			일식	
	중독자			관찰하다	
	의존			이동	
	남편			이론	

Voca Test

| ❶ voca | ❷ text | ❸ [/] | ❹ ____ | ❺ quiz 1 | ❻ quiz 2 | ❼ quiz 3 | ❽ quiz 4 | ❾ quiz 5 |

36	위계			투기	
	신념			밀	
	분노			휘발유	
	무의식의			가뭄	
	지위			이익	
	상사		39	특성	
	성향			섬유	
	재확인하다			주름	
	생물학적인			손상시키다	
	규칙			찢다	
37	마찰			종이접기	
	표면			호일	
	미끄러지다			플라스틱	
	잡다			단단함	
	축			재료	
	장력		40	새끼 고양이	
	늘어나다			냄새	
	쪼개다			새끼	
	헐거운			편애하다	
	극복하다			고통	
38	은행가			포식자	
	기둥			저항하다	
	조심스러운			되찾다	
	거만한			관심	
	위험			전략	

Voca Test

| ❶ voca | ❷ text | ❸ [/] | ❹ _____ | ❺ quiz 1 | ❻ quiz 2 | ❼ quiz 3 | ❽ quiz 4 | ❾ quiz 5 |

41~42	전략							
	저장							
	비축							
	신진대사							
	비용							
	포식자							
	체온							
	도둑							
	휴면							
	이점							
43~45	교체하다							
	구입하다							
	용돈							
	봉투							
	더미							
	대리점							
	남아 있는							
	자금							
	행동							
	자랑스러운							

2025 고2 9월 모의고사

25-09-고2-18

❶ Dear Principal Smith,
My name is Kara Peterson, and I am the Community Event Coordinator at the Greenfield Community Center.
Smith 교장 선생님께,
제 이름은 Kara Peterson이고, 저는 Greenfield 주민 센터의 지역 행사 코디네이터입니다.

❷ We are organizing a drone show for the local community and are excited about this special event.
저희는 지역 사회를 위한 드론 쇼를 기획하고 있고 이 특별한 행사에 대해 기대감이 큽니다.

❸ While searching for the ideal location, we found that your school is the best place to ensure the safety and accessibility of all attendees.
이상적인 장소를 찾던 중, 귀 학교가 모든 참석자의 안전과 접근성을 보장할 수 있는 최적의 장소라는 것을 알게 되었습니다.

❹ I kindly request your permission to use the school playground on Saturday, December 6th, from 6 p.m. to 8 p.m.
12월 6일 토요일 오후 6 시부터 오후 8시까지 학교 운동장을 사용하는 것에 대한 허가를 정중히 요청드립니다.

❺ We will ensure that all safety rules are strictly followed, and that any cleanup will be handled efficiently.
저희는 모든 안전 수칙이 엄격하게 지켜지고, 어떠한 청소 작업도 효율적으로 처리될 것을 확실히 할 것입니다.

❻ Please let me know if there are any specific procedures for obtaining approval.
승인을 받기 위한 특정한 절차가 있으면 알려주시기 바랍니다.

❼ Thank you for your time and consideration.
시간을 내어 고려해 주셔서 감사합니다.

❽ I will be eagerly awaiting your response.
간절히 답변을 기다리겠습니다.

❾ Sincerely, Kara Peterson
Kara Peterson 드림

25-09-고2-19

❶ When Amina returned home from the river with her full clay water jar, she noticed men with tools near her family's hut.
Amina가 물이 가득 찬 점토 물 항아리를 가지고 강에서 집으로 돌아왔을 때, 그녀는 그녀 가족의 오두막 근처에서 연장을 든 남자들을 발견했다.

❷ She wondered who they were. Her uncle stood among them, pointing to a spot beyond the baobab tree.
그녀는 그들이 누구인지 궁금했다. 그녀의 삼촌이 그들 사이에 서 있었는데, 바오밥나무 너머의 한 지점을 가리키고 있었다.

❸ She put the jar down and walked closer, wanting to know what was happening. The men began clearing and marking the ground.
그녀는 무슨 일이 일어나고 있는 건지 알고 싶어서 항아리를 내려놓고 가까이 다가갔다. 남자들은 땅바닥을 치우고 거기에 표시하기 시작했다.

❹ Amina ran to her uncle with a mind full of questions.
Amina는 수많은 질문을 마음에 품고 삼촌에게 달려갔다.

❺ "Uncle, what's happening?" she asked.
"삼촌, 무슨 일이에요?" 그녀가 물었다.

❻ "We're preparing the land. Something important will be built. A school!" her uncle said with a proud smile.
"부지를 준비하고 있어. 뭔가 중요한 것이 지어질 거야. 바로 학교지!" 삼촌이 자랑스러운 미소를 띠고 말했다.

❼ Amina's eyes sparkled with joy.
Amina의 눈이 즐거움으로 반짝거렸다.

❽ The school nearest to her village was hours away on foot.
마을에서 가장 가까운 학교는 걸어서 몇 시간이나 걸리는 곳에 있었다.

❾ "It's for all the children in the village," her uncle continued.
"이것은 마을의 모든 아이를 위한 거야." 삼촌이 말을 이었다.

❿ Amina imagined learning how to read and write, and her heart swelled with excitement.
Amina는 읽고 쓰는 것을 배우는 상상을 했고, 흥분으로 가슴이 벅차올랐다.

25-09-고2-20

❶ "Tactics" is a term drawn from military usage.
"전술은 군사 용어에서 가져온 말이다.

❷ Strategies are plans of action directing a military force when attacking another, and tactics are responses to conditions on the ground.
전략은 다른 군대를 공격할 때 군대를 지휘하는 행동 계획이며, 전술은 전장의 상황에 대한 대응책이다.

❸ In this vein, time is imposed on us by our cultures, by the technologies that have regimented time down to the nanosecond, and by its own finite nature and the fact that we're going to live only so long.
이러한 맥락에서, 우리의 문화에 의해, 시간을 나노초 단위로 조직화한 기술에 의해, 그리고 그것의 유한한 본질과 우리가 오직 그 정도만 살 것이라는 사실에 의해 시간이 우리에게 부과된다.

❹ In response, we must develop tactics for dealing with time and waiting.
이에 대응하여 우리는 시간과 기다림을 다루는 전술을 개발해야 한다.

❺ These aren't tactics to eliminate waiting; instead, these are tactics for teaching us how to learn from the seams.
이는 기다림을 없애기 위한 전술이 아니다. 대신에, 이는 우리에게 이음매로부터 배우는 방법을 가르치기 위한 전술이다.

❻ These tactics have the potential to reorient us in profound ways, transforming our perspectives on our wait times.
이러한 전술은 우리의 기다림의 시간에 대한 우리의 관점을 변화시키면서 심오한 방식으로 우리의 방향을 바꿀 수 있는 잠재력을 가지고 있다.

❼ Such renewed perspectives transform waiting from a burden to a springboard toward things like creativity, social critique, or reflection on our inner state and the state of our relationships.
이러한 새로운 관점은 기다림을 부담에서 창의성, 사회적 비판, 우리 내면의 상태와 우리 관계의 상태에 대한 성찰과 같은 것을 향한 도약의 발판으로 바꿔 준다.

25-09-고2-21

❶ Mirror neurons are the hardware of empathy, and so what would make more sense than to look and see which animals possess these cells?
거울 뉴런은 공감의 하드웨어이고, 그러니 어떤 동물이 이 세포를 가지고 있는지 살펴보는 것보다 어떤 것이 더 타당하겠는가?

❷ And this is exactly where modern research now stands: all researchers know so far is that apes possess mirror neurons.
그리고 이것이 바로 현대 연구가 서 있는 곳으로, 현재까지 연구자들이 아는 것은 유인원이 거울 뉴런을 갖고 있다는 것뿐이다.

❸ We still need to test to see which other species are like us in this respect.
우리는 여전히 어떤 다른 종이 이 점에서 우리와 비슷한지 알아보기 위해 검증할 필요가 있다.

❹ Scientists often publicly speculate that we can probably expect surprises here, too.
과학자들은 종종 우리가 아마도 여기서 놀라움을 기대할 수도 있을 것이라고 공공연하게 추측한다.

❺ They assume that all animals that live in herds or large groups possess similar brain mechanisms, because social units function only if individuals can see things from the perspective of others in the group and feel what they are feeling.
그들은 무리나 큰 집단으로 사는 모든 동물은 비슷한 두뇌 작동 기제를 가지고 있다고 가정하는데, 왜냐하면 사회적 (구성)단위는 개인이 집단 내 다른 이들의 관점에서 사물을 보고 그들이 느끼고 있는 것을 느낄 수 있어야만 기능하기 때문이다.

❻ I can see a goldfish waving its fin at us.
나는 우리를 향해 지느러미를 흔들고 있는 금붕어를 볼 수 있다.

❼ As an animal that travels around in a tightly-knit group, it's on board with this idea — or at least swimming alongside the boat.
긴밀하게 결속된 무리를 지어 다니는 동물로서, 그것은 이러한 생각에 부합하는 배에 올라타 있거나 적어도 그 배와 나란히 헤엄치고 있다.

25-09-고2-22

❶ The future of work depends on two forces: a harmful substituting force and a helpful complementing one.
일의 미래는 해로운 대체하는 힘과 도움이 되는 보완하는 힘이라는 두 가지 힘에 달려 있다.

❷ Many tales have a hero and a villain fighting each other for dominance, but in our story, technology plays both roles at once, displacing workers while simultaneously raising the demand for their efforts elsewhere in the economy.
많은 이야기에는 지배권을 놓고 서로 싸우는 영웅과 악당이 있지만, 우리의 이야기에서는 기술이 둘 다의 역할을 동시에 수행하는데, 노동자를 대체하는 동시에 경제의 다른 곳에서 그들의 노력에 대한 수요를 증가시킨다.

❸ This interaction helps explain why past worries about automation were misplaced: our ancestors had predicted the wrong winner in that fight, underestimating quite how powerful the complementing force would prove to be or simply ignoring that factor altogether.
이러한 상호작용은 자동화에 대한 과거의 우려가 왜 잘못된 것인지 설명하는 데 도움이 된다. 우리 조상들은 그 싸움의 승자를 잘못 예측하며, 보완하는 힘이 얼마만큼 강력하다고 드러날지를 꽤 과소평가하거나 혹은 단순히 그 요소를 완전히 무시했었다.

❹ It also helps to explain why economists have traditionally been dismissive of the idea of technological unemployment: there appeared to be firm limits to the substituting force, leaving lots of tasks that could not be performed by machines, and a growing demand for human beings to do them instead.
이는 또한 왜 경제학자들이 전통적으로 기술 실업이라는 개념을 무시해 왔는지를 설명하는 데 도움이 된다. 대체하는 힘에는 확고한 한계가 있어 보이고, 기계에 의해서 수행될 수 없는 많은 과업들과, 그것들을 대신 수행할 수 있는 인간에 대한 증가하는 수요를 남겼다.

25-09-고2-23

❶ It's conceivable that in a world where solar panels are incredibly expensive and there's an extreme collapse in the cost of launching objects to space, you might want to maximize your energy per panel by putting them above the atmosphere.
태양광 패널이 엄청나게 비싸고 우주로 물체를 발사하는 비용에 극단적인 폭락이 있는 세상에서, 여러분이 패널을 대기권 위에 설치하여 패널당 에너지를 극대화하고 싶어 할 수도 있다고 생각할 수 있다.

❷ But panels are cheap, and even if we assume pretty steep drops in the cost of space launch, the numbers don't add up.
그러나 패널은 저렴하고, 우리가 우주 발사 비용의 상당히 가파른 하락을 가정하더라도, 계산이 맞지 않는다.

❸ This becomes especially clear when you start to think about maintenance.
여러분이 유지보수에 대해 생각하기 시작하면 이것은 특히 분명해진다.

❹ Try to imagine acres upon acres of glass panels in space, regularly hit by intense radiation and bits of space debris while enduring the extreme heat of constant sunlight.
우주에 수 에이커에 달하는 유리 패널들이 끊임없는 햇빛의 극심한 열을 견뎌 내며 강렬한 방사선과 우주 파편에 정기적으로 충격을 받는 상상을 해보라.

❺ They'll have to be repaired and cared for either by astronauts or an army of advanced robots.
그것들은 우주 비행사나 첨단 로봇 군단에 의해 수리되고 관리되어야 할 것이다.

❻ Solar panels in Australia can be cleaned by a teenager with a spray bottle and a cloth.
호주에 있는 태양광 패널은 분무기와 헝겊으로 십대 청소년에 의해 청소될 수 있다.

25-09-고2-24

❶ Everything in the world exists on a continuum, whether in speed, size, or any other possible descriptor you could think of.
세상의 모든 것은 속도, 크기, 또는 여러분, 이 생각할 수 있는 어떤 다른 가능한 기술어(記述 語)에서든, 연속선상에 존재한다.

❷ Still, we create and mindlessly adopt sharp distinctions, and those distinctions change lives far more dramatically than marginal differences ever do.
그럼에도, 우리는 뚜렷한 구분을 만들고 생각 없이 받아들이며, 그러한 구분은 근소한 차이가 그렇게 하는(삶을 변화시키는) 것보다 훨씬 더 극적으로 삶을 변화시킨다.

❸ Indeed, all differences are arbitrary, but drawing hard lines between categories hides this arbitrariness and can be severely damaging.
사실, 모든 차이는 자의적이지만, 범주들 사이에 확고한 선을 긋는 것은 이러한 자의성을 숨기고 심각하게 피해를 줄 수 있다.

❹ I call this resulting damage "the borderline effect." The examples are endless.
나는 이러한 결과적인 피해를 '경계선 효과'라고 부른다. 그 예는 끝이 없다.

❺ Someone's IQ is 69 and someone else's is 70 — but only the score of 70 is deemed to be within the range of normal.
어떤 사람의 IQ가 69이고 다른 사람의 IQ가 70인데, 70이라는 점수만 정상 범위 내에 있는 것으로 간주된다.

❻ We don't have to be statisticians to know there is not a meaningful difference between 69 and 70.
우리는 69와 70 사이에 의미 있는 차이가 없다는 것을 알기 위해 통계학자가 되어야 할 필요는 없다.

❼ Yet once the person with the lower score is labeled "cognitively impaired," his or her life will unfold differently than the person with a one-point advantage.
하지만 일단 점수가 더 낮은 사람이 '인지적으로 어려움이 있는'이라고 꼬리표가 붙게 되면, 그 사람의 삶은 1점의 우위가 있는 사람과는 다르게 전개될 것이다.

25-09-고2-26

❶ Barry Commoner, born in Brooklyn in 1917, was the son of Jewish immigrants from Russia.
1917년에 브루클린에서 태어난 Barry Commoner는 러시아에서 온 유대인 이민자의 아들이었다.

❷ Commoner was a leading ecologist and one of the founders of the modern environmental movement.
Commoner는 선도적인 생태학자이자 현대 환경 운동의 창시자 중 한 명이었다.

❸ He earned his doctoral degree in cellular biology from Harvard University in 1941.
그는 1941년에 Harvard University에서 세포 생물학 박사 학위를 받았다.

❹ After serving in the US Navy during World War II, Commoner moved to Missouri, and became a professor of plant physiology at Washington University in 1947, where he taught for 34 years.
2차 세계대전 중 미 해군에서 복무한 후, Commoner는 Missouri로 이주하였고, 1947년에 Washington University에서 식물 생리학 교수가 되었으며, 그곳에서 34년 동안 가르쳤다.

❺ In the late 1950s, Commoner became widely known for his opposition to nuclear weapons testing and went on to write several books about the negative ecological effects of atmospheric nuclear testing.
1950년대 후반에, Commoner는 핵무기 실험에 대한 그의 반대로 널리 알려졌고 나아가 대기권 핵실험의 부정적인 생태학적 영향에 관한 여러 권의 책을 썼다.

❻ In 1980, Commoner founded the Citizens Party to serve as a vehicle for his ecological message.
1980년에, Commoner는 그의 생태학적 메시지의 전달 수단으로서 역할을 하는 Citizens Party를 설립했다.

❼ In his later years, Commoner continued his efforts to raise awareness about the impact that human activity has on the environment.
말년에, Commoner는 인간 활동이 환경에 미치는 영향에 대한 인식을 높이기 위해 계속해서 노력했다.

25-09-고2-29

❶ All human cultures mark the passing of time by the differences they observe in the world around them.
인류의 모든 문화들은 그것들을 둘러싼 세계에서 그것들이 관찰하는 차이에 따라 시간의 흐름을 표시한다.

❷ Our choice of which differences to mark depends firstly on what we can observe and secondly on what is important in our lives.
어떤 차이를 표시할지에 대한 우리의 선택은 첫째로 우리가 무엇을 관찰할 수 있는지와 둘째로 우리 삶에서 무엇이 중요한지에 따라 달라진다.

❸ How we mark the differences — the shapes of our calendars and our rituals — depends on the connections we make between those two things.
우리의 달력과 의식의 형태처럼 우리가 그 차이들을 표시하는 방법은 그 두 가지 사이에 우리가 만드는 연결에 따라 달라진다.

❹ In the agricultural society of pre-modern Europe, where higher latitudes make the seasons easily observable, it was natural to monitor the solar cycle.
위도가 높아 계절을 쉽게 관찰할 수 있었던 전근대 유럽의 농경 사회에서는 태양의 주기를 관찰하는 것은 자연스러운 일이었다.

❺ Conversely, among the largely nomadic peoples of Arabia, for whom seasonal changes were less significant, the lunar calendar was a more sensible choice.
반대로, 계절 변화가 덜 중요한 아라비아의 대체로 유목 생활을 하는 민족들에게는 음력이 더 합리적인 선택이었다.

❻ That did not make it inevitable that Islam would use a lunar calendar and Roman Christianity a solar one, but political and religious decisions were made from options limited by geography and lifestyle, filtered through tradition.
그렇다고 해서 이슬람교가 음력을, 로마 기독교가 양력을 사용하는 것이 필연적인 것은 아니었지만, 지리와 생활 방식에 의해 제한된 선택지 중에서 전통을 통해 걸러져 정치적, 종교적 결정이 이루어졌다.

25-09-고2-30

❶ Although empathy is widely praised by scholars and public figures, not everyone is an empathy booster.
공감은 학자들과 유명 인사들에 의해 널리 칭송받지만, 모든 사람이 공감을 지지하는 사람인 것은 아니다.

❷ Critics of empathy argue that empathy will not save us from interpersonal and intergroup conflict.
공감에 대해 비판하는 사람들은 공감이 사람 간 그리고 집단 간 갈등으로부터 우리를 구해주지 않을 것이라고 주장한다.

❸ In fact, they argue, empathy makes such conflicts worse.
사실, 그들은 공감이 그러한 갈등을 더 악화시킨다고 주장한다.

❹ These critics maintain that empathy can be exhausting and lead to burnout or insensitivity to suffering.
이런 비평가들은 공감은 소모적일 수 있으며, 번아웃 또는 고통에 대한 무감각으로 이어질 수 있다고 주장한다.

❺ They argue that we tend to empathize strongly with our in-group and resist empathizing with out-groups, and even enjoy the suffering of out-groups in competitive or threatening contexts.
그들은 우리가 내집단에는 강하게 공감하고 외집단에 대한 공감에는 저항하며, 심지어 경쟁적이거나 위협적인 상황에서는 외집단의 고통을 즐기는 경향이 있다고 주장한다.

❻ Thus, the prescription for more empathy is often counterproductive in cases of conflict.
따라서, 더 많은 공감을 처방하는 것은 갈등 상황에서 종종 역효과를 낸다.

❼ Empathy, they argue, can further encourage conflict and force us into an us vs. them mentality.
그들이 주장 하기로는, 공감은 더 나아가 갈등을 조장하고 우리를 우리 대 그들이라는 사고방식으로 몰아넣을 수 있다.

❽ Finally, even when we try to empathize with others who are dissimilar from us or in unfamiliar contexts, sometimes we are unable to accurately empathize with their experiences, causing further misunderstandings and frustration.
마지막으로, 우리와 다르거나 낯선 상황에 있는 타인에게 공감하려고 할 때조차도, 때때로 우리는 그들의 경험을 정확하게 공감하지 못하고, 그 이상의 오해와 좌절을 유발한다.

❾ Critics of empathy argue that we should give up on empathy and employ other tools in pursuit of social harmony, e.g., rational compassion or moral emotions like fear, anger, and shame.
공감을 비판하는 사람들은 우리가 공감을 포기하고 사회적 조화를 얻기 위해 다른 도구를 이용해야 한다고 주장하는데, 예를 들면 이성적 연민 또는 두려움, 분노, 수치심과 같은 도덕적 감정들이다.

25-09-고2-31

❶ Paradoxically, it's uncertainty that makes us feel most alive.
역설적으로, 우리가 가장 살아있다고 느끼게 만드는 것은 바로 불확실성이다.

❷ Think of events that shake you out of your everyday routine: maybe attending a family wedding, making a big presentation, or going somewhere you've never been.
여러분을 일상적인 삶에서 벗어나게 만드는 사건들을 생각해 보아라. 아마도 가족 결혼식에 참석하거나, 중대한 발표를 하거나, 한 번도 가보지 못한 곳에 가는 것 같은 일들 말이다.

❸ It's on those occasions that time seems to slow down a little, and you feel more fully engaged.
시간이 약간 느려지는 것 같고, 여러분이 더 온전히 몰입한다고 느끼는 때는 바로 그러한 순간들이다.

❹ The same holds true if the experience is risky, like mountain climbing or parasailing.
등산이나 패러세일링처럼 그 경험이 위험한 경우에도 마찬가지이다.

❺ Your senses are sharper.
여러분의 감각들이 더 예민해진다.

❻ You notice more.
여러분은 더 많은 것을 알아차린다.

❼ Thanks to the release of a feel-good chemical in the brain called dopamine, you get a greater rush of pleasure from chance encounters with people than planned meetings.
'도파민'이라고 불리는 기분 좋게 하는 화학 물질이 뇌 안에서 분비되는 덕분에, 여러분은 계획된 만남보다 사람들과의 우연한 만남에서 더 크게 몰려오는 즐거움을 얻게 된다.

❽ Good news, financial rewards, and gifts are more enjoyable if they are surprises.
좋은 소식, 금전적 보상, 그리고 선물은 뜻밖의 일일 때 더 즐겁다.

❾ It's why the most popular television shows and movies are the ones with unexpected plot twists and astonishing endings.
그것이 가장 인기 있는 텔레비전 쇼와 영화가 예기치 않은 줄거리의 반전과 놀라운 결말을 가진 것들인 이유다.

25-09-고2-32

❶ A great strength of the market mechanism is that there are incentives for individuals to reveal their knowledge through their behavior.
시장 메커니즘의 한 가지 큰 장점은 사람들이 자신의 행동을 통해 자신이 알고 있는 것을 드러내도록 하는 유인이 있다는 것이다.

❷ This stands in contrast to many strategic situations — for example, in political negotiations — in which it is wise not to let the other side know what one's true preferences or production capacities are.
이는 자신의 진정한 선호나 생산 능력이 무엇인지 상대측이 알게 하지 않는 것이 현명한 여러 전략적 상황과 대조적인데, 정치적 협상을 예로 들 수 있다.

❸ A perfectly competitive market that clears on the spot leaves no room for such strategies.
상품이 바로바로 다 팔리는 완전 경쟁 시장은 그러한 전략을 위한 여지를 남겨두지 않는다.

❹ If prices are not sticky — as many models assume — individuals adapt their behavior instantaneously, whenever their preferences or the circumstances change.
많은 모델이 가정하는 것처럼 가격이 고착되어 있지 않다면, 사람들은 자신의 선호나 상황이 변할 때마다 즉각적으로 행동을 조정한다.

❺ They stop buying items that do not satisfy their needs and stop selling items that do not provide them with optimal gains, maybe switching to the production of other items.
그들은 자신의 필요를 충족시키지 못하는 물품의 구매를 중단하고 그들에게 최적의 이익을 제공하지 않는 물품의 판매를 중단하고, 다른 물품의 생산으로 전환할지도 모른다.

❻ If they have motivational problems, for example, falling into denial about the fact that there is no demand for their products, markets reveal to them, sometimes in quite brutal ways, that they better accept this fact.
예를 들어, 그들이 그들의 제품에 대한 수요가 없다는 사실을 부정하는 것에 빠지는 동기적 문제가 있다면, 시장은 그들이 이 사실을 받아들이는 편이 좋다는 것을 때로는 꽤 잔혹한 방법으로 그들에게 드러낸다.

25-09-고2-33

❶ Dictionary definitions are constantly revised to keep up with our changing uses and knowledge.
사전적 정의는 우리의 변화하는 용례와 지식에 뒤처지지 않기 위해 끊임없이 수정된다.

❷ In Roman times, "addicts" were people who were unable to pay their debts and gave themselves as slaves to their creditors.
로마 시대에 'addicts'는 빚을 갚을 수 없어서 스스로 채권자의 노예가 된 사람들이었다.

❸ The word eventually came to be associated with drug dependency: one becomes a slave to one's addiction.
그 단어는 결국 약물 의존과 연관되었는데, 사람은 자신이 중독된 것에 노예가 된다는 것이다.

❹ The word "husband" originally referred to being a homeowner; it had nothing to do with being married.
'husband'라는 단어는 원래 주택 소유자가 되는 것을 가리켰고, 기혼 상태와는 아무런 관련이 없었다.

❺ But because owning your own property made it more likely you'd find a mate, the word eventually came to mean a male who has been wed.
그러나 재산을 소유하는 것은 여러분이 배우자를 찾을 가능성을 더 높게 만들었기 때문에 결국 그 단어는 결혼한 남성을 의미하게 되었다.

❻ On November 5th, 1605, Guy Fawkes tried to blow up the British Parliament. He was captured and put to death.
1605년 11월 5일, Guy Fawkes는 영국 의사당을 폭파하려 했다. 그는 체포되어 처형당했다.

❼ Loyalists burned his effigy, which they nicknamed the "guy." Centuries later, the word lost its negative connotation and a musical named Guys and Dolls ran on Broadway.
로열리스트들은 그를 닮은 인형을 불태웠는데 그들은 그것에 'guy'라는 별명을 붙였다. 수 세기 후, 그 단어는 부정적인 함축을 잃었고 Guys and Dolls라는 제목의 뮤지컬이 브로드웨이에서 상연되었다.

❽ In American slang, bad means good, cool means great, and wicked means excellent.
미국 속어에서 'bad'는 '좋은'을, 'cool'은 '멋진'을, 'wicked'는 '탁월한'을 의미한다.

❾ If you could transport yourself one hundred years into the future, you'd find yourself confused by your great-grandchildren's speech because language itself is an ever-changing reflection of human invention.
언어 자체가 인간이 만들어내는 것의 계속 변화하는 반영물이기 때문에 여러분이 100년 후 미래로 이동할 수 있다면 여러분의 증손자의 말에 당황하게 될 것이다.

25-09-고2-34

❶ The term "anchoring" was introduced by Roland Barthes who observed that text is often used next to images (his focus was on photographs) to confine meaning.
"anchoring"이라는 용어는 의미를 한정하기 위해 텍스트가 자주 이미지 옆에 사용되는 점을 관찰한 Roland Barthes(그는 사진에 중점을 두었다)에 의해 도입되었다.

❷ Of all possible literal or implied interpretations an image could elicit, text would point the viewer towards a desired, specific direction.
이미지가 이끌어 낼 수 있는 모든 가능한 있는 그대로의 또는 함축된 해석 중에서, 텍스트는 보는 사람을 원하는 특정한 방향으로 향하게 할 것이다.

❸ In advertising, as Barthes argues, the symbolic message does not guide identification but interpretation.
광고할 때, Barthes가 주장하는 것처럼, 상징적 메시지는 식별이 아니라 해석을 유도한다.

❹ The viewer is not asked to recognize what they see but to understand why they see it and what it means to them.
보는 사람은 그들이 보는 것을 인식하도록 요구되는 것이 아니라 왜 그들이 그것을 보는지 그리고 그것이 그들에게 무엇을 의미하는지를 이해하도록 요구된다.

❺ By combining images with text, advertising produces symbolic meaning that is accurate and specific on the one hand, richer on the other, thus adding depth and eliminating breadth of rational and emotional interpretations.
이미지와 텍스트를 결합함으로써, 광고는 한편으로는 정확하고 구체적이며, 다른 한편으로는 더욱 풍부한 상징적 의미를 만들어 내어, 그 결과 이성적이고 감성적 해석의 깊이를 더하고 폭은 제거한다.

❻ The headline or tagline of an ad directs the reader through the intended meanings of the image, so that the reader avoids some and receives others.
광고의 헤드라인이나 끝맺음 말이 이미지의 의도된 의미를 통해 독자를 안내하여, 독자는 어떤 것은 피하고 다른 것은 받아들인다.

❼ It "remote-controls" the reader towards a meaning chosen in advance.
그것은 독자를 미리 선택된 의미 쪽으로 '원격 제어한다'.

25-09-고2-35

❶ According to Einstein's theory, a large mass like the Sun 'bends' space-time.
아인슈타인의 이론에 따르면, 태양과 같은 큰 질량은 시공간을 '휘어지게 한다'.

❷ Newton's theory makes no such prediction.
뉴턴의 이론은 그런 예측을 하지 않는다.

❸ This bending of space-time leads to phenomena such as 'gravitational lensing' where the light of distant stars appears to be in different locations when they pass by a large mass like the Sun.
이런 시공간의 휘어짐은 멀리 있는 별의 빛이 태양과 같은 거대한 질량 옆을 지날 때 다른 위치에 있는 것처럼 보이는 '중력 렌즈 효과'와 같은 현상으로 이어진다.

❹ We don't normally see this lensing because stars aren't visible during the day when the Sun is out, but a solar eclipse in 1919 allowed scientists to observe what the Sun's gravity was doing to the light from distant stars.
우리는 낮에 태양이 떠 있을 때 별들이 보이지 않기 때문에 이러한 렌즈 효과를 보통 보지 못하지만, 1919년의 일식은 태양의 중력이 멀리 있는 별로부터 오는 빛에 어떤 영향을 주는지 과학자들이 관찰할 수 있게 해 주었다.

❺ The stars around the Sun appeared to have moved from their normal positions in the night sky.
태양 주변의 별들은 밤하늘의 그것들의 정상적인 위치에서부터 이동한 것처럼 보였다.

❻ The shift was much larger than Newton's theory predicted, but exactly in the positions predicted by Einstein's theory.
그 이동은 뉴턴의 이론이 예측한 것보다 훨씬 컸지만, 아인슈타인의 이론에 의해 예측된 위치에 정확히 있었다.

25-09-고2-36

❶ We're naturally wired to organize the world into a hierarchy.
우리는 본래 세상을 위계로 조직화하도록 되어 있다.

❷ We do this to help make sense of the world, maintain our beliefs, and generally feel better.
우리는 세상을 이해하고, 우리의 신념을 유지하며, 일반적으로 기분이 나아지도록 하기 위해 이것을 한다.

❸ But when someone infringes on our place in the world and our understanding of how it works, we react without thinking.
그러나 누군가가 세상에서의 우리의 위치와 그것이 어떻게 작동하는지에 대한 우리의 이해를 침해할 때 우리는 생각하지 않고 반응한다.

❹ When someone cuts you off on the highway and road rage kicks in, that's your unconscious mind saying, "Who are you to cut me off?" You're reacting to a threat to your inherent sense of hierarchy.
누군가가 고속도로에서 여러분에게 끼어들어 운전자의 분노가 발생했을 때, 그것은 "네가 뭔데 나에게 끼어들었어?"라고 말하는 여러분의 무의식적인 마음이다. 여러분은 여러분의 내재한 위계 의식에 대한 위협에 반응하고 있다.

❺ On the road we are all equals.
도로 위에서 우리는 모두 평등하다.

❻ We're all supposed to play by the same rules.
우리는 모두 같은 규칙에 따라 행동해야 한다.

❼ Cutting someone off violates those rules and implies higher status.
누군가에게 끼어드는 것은 그러한 규칙을 위반하는 것이며 더 높은 지위를 의미한다.

❽ Or consider when you get frustrated with your kids and end an argument with "Because I said so." (Or the office equivalent: "Because I'm the boss.")
또는 여러분이 여러분의 자녀에게 실망하게 되어 말다툼을 "내가 그렇게 말했으니까."라고 말하며 끝낼 때(또는 동일한 사무실 상황, "내가 상사니까.")를 생각해 봐라.

❾ In these moments you've stopped thinking and regressed to your biological tendencies of reaffirming the hierarchy.
이런 순간에 여러분은 생각하는 것을 멈추었고 위계를 재확인하는 여러분의 생물학적 성향으로 되돌아갔다.

25-09-고2-37

❶ Once a nail is hammered in, it is friction that holds it in place.
일단 못이 망치로 두들겨 박히면 그것을 제자리에 붙들고 있는 것은 바로 마찰이다.

❷ Friction is the force that arises when two surfaces are sliding, or trying to slide, against each other.
마찰은 두 표면이 서로에 저항해 미끄러지거나 미끄러지려고 할 때 발생하는 힘이다.

❸ If you try to pull apart two blocks of wood that have been nailed together, the wood fibers grip the shaft of the nail.
만약 여러분이 함께 못 박혀 있는 두 개의 나무 블록을 떼어내려고 하면, 나무 섬유가 못의 축을 잡고 있다.

❹ The nail feels a force trying to rip it apart along its length, and we call that force tension.
못은 그것의 길이대로 그것을 쪼개려고 하는 힘을 받고, 우리는 그 힘을 장력이라고 부른다.

❺ Your experiment can now fail in one of two ways — either the nail stretches and splits in half because the tension force is too large for the nail, or the nail comes loose because the friction force is overcome.
여러분의 시도는 이제 두 가지 방법 중 하나로 실패할 수 있는데, 장력이 못이 견디기에는 너무 커서 못이 늘어나 반으로 갈라지거나, 또는 마찰력이 극복되어 못이 헐거워지는 둘 중 하나이다.

❻ The force it would take to stretch the nail is much larger than the friction forces on the surface, so we don't have to worry too much about the former.
못을 늘리는 데 들 힘은 표면의 마찰력보다 훨씬 더 커서 전자에 대해 우리는 너무 많이 걱정할 필요가 없다.

❼ It's the friction with which we need to concern ourselves.
우리가 신경 쓸 필요가 있는 것은 바로 마찰이다.

25-09-고2-38

❶ The traditional bank manager in the 1950s was usually a respected pillar of the community, a cautious, careful sort of person who probably went to bed early and didn't drink too much.
1950년대의 전통적인 은행 지점장은 대개 지역 사회의 존경받는 기둥이자, 아마도 일찍 잠자리에 들고 술을 많이 마시지 않는 조심스럽고 신중한 부류의 사람이었다.

❷ But from the 1970s a new kind of banker appeared — loud, flashy, and arrogant.
하지만 1970년대부터 큰소리치고 화려하며 거만한 새로운 종류의 은행가가 등장했다.

❸ These bankers loved taking big risks.
이 은행가들은 큰 위험을 감수하는 것을 좋아했다.

❹ They wanted to get rich quick and blow their money on fast cars and expensive champagne.
그들은 빨리 부유해지고 싶어 했으며 빠른 차와 비싼 샴페인에 그들의 돈을 펑펑 쓰고 싶어 했다.

❺ They made their money through what's called 'speculation'.
그들은 소위 '투기'를 통해 돈을 벌었다.

❻ Normally, people buy things because they want to use them, such as wheat to make bread and petrol to run the car.
보통, 사람들은 빵을 만들기 위한 밀이나 자동차를 운행하기 위한 휘발유와 같이, 그것들을 사용하고 싶어서 물건을 구입한다.

❼ But when people speculate, they buy things even when they have no interest in using them.
하지만 사람들이 투기할 때는 그들은 물건들을 사용하는 것에 관심이 없을 때조차도 그것들을 구입한다.

❽ They might buy a load of wheat simply because they think that its price is going to rise when a drought is predicted in wheat-growing areas.
밀 재배 지역에 가뭄이 예상될 때 단지 그것의 가격이 오를 것이라고 생각하기 때문에 그들은 많은 양의 밀을 사들일지도 모른다.

❾ If their guess is right, they later sell the wheat for a profit.
만약 그들의 추측이 맞다면, 그들은 나중에 이익을 위해 밀을 판다.

25-09-고2-39

❶ Paper's mechanical properties lend themselves to folding and bending.
종이의 물리적 특성은 접고 구부리기에 적합하다.

❷ The cellulose fibers of which it is made can be partially snapped in the area of maximum bend, allowing a permanent crease to form, while sufficient fibers remain undamaged for the material not to crack and fall apart.
그것을 만드는 셀룰로오스 섬유는 최대로 구부러지는 부분에서 부분적으로 꺾일 수 있어 영구적인 주름이 형성되도록 하는 동시에, 충분한 섬유가 완전하게 남아 재료가 갈라지고 떨어지지 않는다.

❸ Indeed, in this state it pretty much maintains its ability to resist being pulled apart, but it can also be torn easily and accurately along the crease if a point of weakness — a small, initial tear — is opened up.
실제로, 이러한 상태에서 그것은 잡아당겨짐에 저항하는 능력을 상당히 유지하지만, 그것은 또한 작은 초기의 찢김 같은 약한 지점이 열리면 주름을 따라 쉽고 정확하게 찢어질 수 있다.

❹ This winning combination of mechanical properties allows it to assume the shape of any object through creasing and folding — hence the art of origami.
이러한 물리적 특성의 우수한 조합은 그것이 주름짐과 접힘을 통해 어떤 물체의 모양도 취할 수 있도록 하며, 이러한 점에서 종이접기 예술이 생겼다.

❺ There are very few materials as good: metal foils can hold a crease, but control of the crease is somewhat more difficult.
이만큼 좋은 재료들은 매우 드문데, 금속 호일은 주름을 유지할 수 있지만, 주름의 통제가 다소 더 어렵다.

❻ Plastic sheeting doesn't tend to hold a crease at all, unless it is very soft, in which case it lacks the rigidity required of a good wrapping material.
플라스틱 시트는 매우 부드럽지 않은 한 주름을 전혀 유지하지 않는 경향이 있고, 매우 부드러운 경우에는 좋은 포장재에 요구되는 단단함이 부족하다.

❼ So it is its ability to hold a crease while remaining stiff that makes paper uniquely suited to this purpose.
따라서 종이를 이 용도에 특별히 적합하도록 만드는 것은 바로 뻣뻣한 상태를 유지하면서 주름을 유지하는 그것의 능력이다.

25-09-고2-40

❶ Mother cats can tell which kittens belong to them — when litters are mixed up they use their kittens' scent to distinguish them from offspring of other mothers.
어미 고양이는 어느 새끼 고양이가 자신의 것인지를 구별할 수 있는데, 새끼들이 섞여 있으면 그것들은 자신의 새끼 고양이를 다른 어미 고양이의 새끼와 구별하기 위해 자기 새끼 고양이의 냄새를 사용한다.

❷ Despite this, when faced with a selection of kittens who have wandered from the nest, her own and others that aren't hers, a mother cat doesn't appear to favor her own offspring when retrieving them.
이에도 불구하고, 보금자리에서 벗어나 헤매는 그녀 자신의 것과 그녀의 것이 아닌 새끼 고양이들을 선별하는 상황을 직면했을 때, 어미 고양이는 새끼들을 되찾아올 때 자기 자신의 새끼를 편애하는 것으로 보이지 않는다.

❸ The reason for this is uncertain, although distress vocalizations from kittens that are lost from their nest are known to be very powerful, so it may just be hard for the mother to resist retrieving them, regardless of whether they are hers.
비록 보금자리에서 길을 잃은 새끼 고양이의 조난 발성이 매우 강력하다고 알려져 있고, 그래서 자신의 새끼인지의 여부와 상관없이 어미가 새끼들을 되찾아오는 것을 거부하는 것이 어려울 수 있음에도 불구하고, 이것에 대한 이유는 불확실하다.

❹ In the wild, a squeaking kitten out in the open is likely to attract predators, which is bad news for any other kittens around it.
야생에서는 외부 개방된 곳에서 끽하는 소리를 내는 새끼 고양이는 포식자를 유인할 가능성이 높은데, 이는 그것 주변의 다른 어떤 새끼 고양이들에게도 나쁜 소식이다.

❺ A rapid rescue of any crying kitten would be a good strategy to prevent them from drawing unwanted attention.
어떤 울고 있는 새끼 고양이라도 신속하게 구조하는 것은 원치 않는 관심을 끄는 것을 막는 좋은 전략일 것이다.

25-09-고2-41~42

❶ Many animals pursue a mixed strategy of accumulating both body fat and food, which leads one to ask, "What are the relative advantages and disadvantages of these two forms of energy storage?"
많은 동물은 체지방과 식량 둘 다 축적하는 혼합 전략을 추구하는데, 이는 우리가 "이 두 가지 에너지 저장 형태의 상대적인 장점과 단점은 무엇인가?"라고 질문하게 한다.

❷ Maximum fat deposition increases with body mass whereas maximum food storage is not constrained by body size.
최대 지방 축적량은 체질량에 따라 증가하는 반면 최대 식량 저장량은 신체 크기에 제한을 받지 않는다.

❸ This means that animals, especially small animals, can accumulate much greater energy reserves in the form of stored food than they can in the form of body fat.
이는 동물, 특히 작은 동물은 그들이 체지방 형태로 축적할 수 있는 것보다 훨씬 더 많은 에너지 비축량을 저장된 식량의 형태로 축적할 수 있다는 것을 의미한다.

❹ Further, stored food is more economical than body fat because fat contributes to body mass, and metabolic rate increases with body mass.
게다가, 지방은 체질량에 기여하고, 신진대사율도 체질량에 따라 높아지기 때문에 저장된 식량은 체지방보다 더 경제적이다.

❺ In other words, there is a metabolic expense to maintaining fat.
다시 말해, 체지방을 유지하는 데 신진대사 비용이 존재한다.

❻ Excessive fat accumulations may also have a negative effect on an animal's ability to avoid predators.
과도한 체지방 축적은 또한 포식자를 피하는 동물의 능력에 부정적인 영향을 미칠지도 모른다.

❼ And, if maintaining a high body temperature is advantageous, animals might be expected to accumulate more energy in the form of a food store than as body fat.
그리고, 만약 높은 체온을 유지하는 것이 유리하다면, 동물은 체지방으로보다 저장된 식량의 형태로 더 많은 에너지를 축적할 것으로 예상될 수 있다.

❽ On the other hand, stored food may rot over time, may be removed by robbers, or may simply be lost.
반면에 저장된 식량은 시간이 지남에 따라 상할 수 있고, 도둑에 의해 제거되거나, 단순히 분실될 수 있다.

❾ Many animals must expend energy managing and protecting their food stores.
많은 동물은 저장된 식량을 관리하고 보호하는 데 에너지를 소비해야 한다.

❿ Eating food and converting it to fat avoids these types of losses and the energetic costs of managing stored food.
식량을 먹고 그것을 지방으로 전환하는 것은 이러한 유형의 손실과 저장된 식량을 관리하는 데 드는 에너지 비용을 피한다.

⓫ A large accumulation of body fat adds to an animal's fasting capacity, especially large animals, permitting some animals to enter prolonged dormancy in the relative security of a hibernaculum.
체지방의 많은 축적은 동물의 금식 능력을 높여주는데, 특히 큰 동물에게 그러하며, 어떤 동물들이 동면 장소의 상대적인 안전함 속에서 장기간의 휴면 상태에 들게 해 준다.

⓬ Thus, both fat accumulation and food storage have some decided advantages.
따라서 지방 축적과 식량 저장 둘 다 몇 가지 결정적인 이점이 있다.

25-09-고2-43~45

❶ Collin's dad had a 15-year-old car, which was the same age as Collin.
Collin의 아버지는 15년 된 차를 가지고 있었는데, 그것은 Collin과 같은 나이였다.

❷ He decided that it was finally time to replace it with a newer model. One evening at dinner, he shared his plan to buy a new car with his family.
그는 그것을 마침내 더 새로운 모델로 교체할 때라고 결심했다. 어느 날 밤 저녁 식사에서 그는 새 차를 사려는 그의 계획을 그의 가족들과 공유했다.

❸ Excited by the news, Collin became determined to contribute to his dad's big purchase.
그 소식에 기뻐서, Collin은 그의 아버지의 큰 구매에 기여하겠다고 결심하게 되었다.

❹ Over the past several years, Collin had saved his allowance money. He felt that this was the perfect opportunity to do something special for his dad.
지난 수년 동안, Collin은 그의 용돈을 모아 왔다. 그는 이번이 아버지를 위해 특별한 무언가를 할 완벽한 기회라고 느꼈다.

❺ The next morning, before heading to school, Collin put an envelope on the kitchen table. When his dad came into the kitchen, he noticed the envelope and asked his wife about it.
다음 날 아침, 학교로 향하기 전, Collin은 봉투를 주방 탁자 위에 두었다. 그의 아버지가 주방으로 들어왔을 때, 그는 그 봉투를 알아차리고 그의 아내에게 그것에 관해 물었다.

❻ She explained that Collin had left it there before leaving for school. Collin's dad opened the envelope and saw a thick stack of money. "There's $1,000 in here!" he exclaimed, after counting it. His wife smiled and said, "Collin wanted to help you pay for the new car."
그녀는 Collin이 학교로 떠나기 전에 그것을 거기에 두었다고 설명했다. Collin의 아버지는 그 봉투를 열었고 두꺼운 돈다발을 보았다. "여기 1,000달러가 있어!" 그가 그것을 세어 본 후 외쳤다. 그의 아내는 미소를 지었고, "Collin이 당신이 새 차를 위한 비용을 내는 것을 돕고 싶어 했어요."라고 말했다.

❼ That afternoon, Collin's dad went to the car dealership and purchased a car that was only one year old. He picked a red car because that was Collin's favorite color.
그날 오후, Collin의 아버지는 자동차 판매 대리점에 가서 1년밖에 안 된 차를 구입했다. 그는 빨간색이 Collin이 가장 좋아하는 색깔이기 때문에 빨간 차를 골랐다.

❽ The money that his son had left for him was enough to cover the remaining cost, and he even had some funds left over!
그의 아들이 그를 위해 놓아두었던 돈은 나머지 금액을 충당하기에 충분했고, 그는 심지어 약간의 돈을 남겼다!

❾ Collin's dad decided to buy his son a small gift with the extra money.
Collin의 아버지는 그 여분의 돈으로 그의 아들에게 작은 선물을 사 주기로 결심했다.

❿ That evening, when Collin came home, he was amazed to see the new car parked in the driveway. His dad thanked him sincerely, and told Collin how proud he was of his thoughtful gesture.
그날 저녁, Collin이 집에 왔을 때, 그는 진입로에 새로운 차가 주차된 것을 보게 되어 놀랐다. 그의 아버지는 그에게 진심으로 고마워했고, 그가 Collin의 사려 깊은 행동을 얼마나 자랑스러워하는지 Collin에게 말했다.

⓫ Then, he handed Collin a small box with a bow on top of it, and a brand-new baseball was inside. Collin loved it!
그러고 나서 Collin에게 리본이 위에 달린 작은 상자를 건넸고, 새 야구공이 그 안에 있었다. Collin은 그것을 좋아했다!

⓬ He beamed with excitement and said, "Not only do we have a new car, but I also got an awesome new baseball!" His dad smiled warmly and hugged him.
그는 기쁨으로 얼굴이 환히 빛났고 "우리가 새 차를 가지게 됐을 뿐만 아니라, 저도 아주 멋진 새 야구공을 받았어요!"라고 말했다. 그의 아버지는 따뜻하게 미소 짓고 그를 안아 주었다.

⓭ Collin's kind and generous heart had created a beautiful moment for his family.
Collin의 친절하고 너그러운 마음이 그의 가족에게 아름다운 순간을 만들었다.

2025 고2 9월 모의고사　　　　　점수 :　　　　　점 / 250점

❶ voca　❷ text　❸ [/]　❹ ＿＿＿　❺ quiz 1　❻ quiz 2　❼ quiz 3　❽ quiz 4　❾ quiz 5

25-09-고2-18

Dear Principal Smith,

My name is Kara Peterson, and I am the Community Event Coordinator at the Greenfield Community Center. We are [**organized / organizing**]1) a drone show for the local community and are [**excited / exciting**]2) about this special event. While searching for the ideal location, we found that your school is the best place to [**ensure / be ensured**]3) the safety and accessibility of all attendees. I kindly request your permission to [**use / using**]4) the school playground on Saturday, December 6th, from 6 p.m. to 8 p.m. We will ensure [**that / what**]5) all safety rules are strictly followed, and that any cleanup will be handled [**efficient / efficiently**]6). Please let me [**know / to know**]7) if there are any specific [**procedure / procedures**]8) for obtaining approval. Thank you for your time and consideration. I will be [**eager / eagerly**]9) awaiting your response.

Sincerely,

Kara Peterson

Smith 교장 선생님께,

제 이름은 Kara Peterson이고, 저는 Greenfield 주민 센터의 지역 행사 코디네이터입니다. 저희는 지역 사회를 위한 드론 쇼를 기획하고 있고 이 특별한 행사에 대해 기대감이 큽니다. 이상적인 장소를 찾던 중, 귀 학교가 모든 참석자의 안전과 접근성을 보장할 수 있는 최적의 장소라는 것을 알게 되었습니다. 12월 6일 토요일 오후 6 시부터 오후 8시까지 학교 운동장을 사용하는 것에 대한 허가를 정중히 요청드립니다. 저희는 모든 안전 수칙이 엄격하게 지켜지고, 어떠한 청소 작업도 효율적으로 처리될 것을 확실히 할 것입니다. 승인을 받기 위한 특정한 절차가 있으면 알려주시기 바랍니다. 시간을 내어 고려해 주셔서 감사합니다. 간절히 답변을 기다리겠습니다.

Kara Peterson 드림

25-09-고2-19

When Amina returned home from the river with her full clay water jar, she [**noticed / was noticed**]10) men with tools near her family's hut. She [**wandered / wondered**]11) who they were. Her uncle stood among them, [**pointed / pointing**]12) to a spot beyond the baobab tree. She put the jar down and [**walked / walking**]13) closer, wanting to know [**that / what**]14) was happening. The men began clearing and marking the ground. Amina ran to her uncle with a mind full of questions. "Uncle, what's happening?" she asked. "We're preparing the land. Something [**important / importantly**]15) will be built. A school!" her uncle said with a [**proud / proudly**]16) smile. Amina's eyes sparkled with joy. The school nearest to her village was hours away on foot. "It's for all the children in the village," her uncle continued. Amina imagined learning how to read and write, and her heart [**swelled / swelling**]17) with excitement.

Amina가 물이 가득 찬 점토 물 항아리를 가지고 강에서 집으로 돌아왔을 때, 그녀는 그녀 가족의 오두막 근처에서 연장을 든 남자들을 발견했다. 그녀는 그들이 누구인지 궁금했다. 그녀의 삼촌이 그들 사이에 서 있었는데, 바오밥나무 너머의 한 지점을 가리키고 있었다. 그녀는 무슨 일이 일어나고 있는 건지 알고 싶어서 항아리를 내려놓고 가까이 다가갔다. 남자들은 땅바닥을 치우고 거기에 표시하기 시작했다. Amina는 수많은 질문을 마음에 품고 삼촌에게 달려갔다. "삼촌, 무슨 일이에요?" 그녀가 물었다. "부지를 준비하고 있어. 뭔가 중요한 것이 지어질 거야. 바로 학교지!" 삼촌이 자랑스러운 미소를 띠고 말했다. Amina의 눈이 즐거움으로 반짝거렸다. 마을에서 가장 가까운 학교는 걸어서 몇 시간이나 걸리는 곳에 있었다. "이것은 마을의 모든 아이를 위한 거야." 삼촌이 말을 이었다. Amina는 읽고 쓰는 것을 배우는 상상을 했고, 흥분으로 가슴이 벅차올랐다.

25-09-고2-20

"Tactics" is a term [**drawing** / **drawn**]18) from military usage. Strategies are plans of action [**directed** / **directing**]19) a military force when [**attacked** / **attacking**]20) another, and tactics are responses to conditions on the ground. In this vein, time is [**imposed** / **imposing**]21) on us by our cultures, by the technologies that [**had** / **have**]22) regimented time down to the nanosecond, and by its own [**finite** / **infinite**]23) nature and the fact that we're going to live only so long. In response, we must [**develop** / **be developed**]24) tactics for dealing with time and waiting. These aren't tactics to eliminate waiting; [**instead** / **instead of**]25), these are tactics for teaching us how to [**learn** / **be learned**]26) from the seams. These tactics [**had** / **have**]27) the potential to reorient us in profound ways, [**transformed** / **transforming**]28) our perspectives on our wait times. Such [**renewed** / **renewing**]29) perspectives transform waiting from a burden to a springboard toward things like creativity, social critique, or reflection on our [**inner** / **outer**]30) state and the state of our relationships.

"전술은 군사 용어에서 가져온 말이다. 전략은 다른 군대를 공격할 때 군대를 지휘하는 행동 계획이며, 전술은 전장의 상황에 대한 대응책이다. 이러한 맥락에서, 우리의 문화에 의해, 시간을 나노초 단위로 조직화한 기술에 의해, 그리고 그것의 유한한 본질과 우리가 오직 그 정도만 살 것이라는 사실에 의해 시간이 우리에게 부과된다. 이에 대응하여 우리는 시간과 기다림을 다루는 전술을 개발해야 한다. 이는 기다림을 없애기 위한 전술이 아니다. 대신에, 이는 우리에게 이음매로부터 배우는 방법을 가르치기 위한 전술이다. 이러한 전술은 우리의 기다림의 시간에 대한 우리의 관점을 변화시키면서 심오한 방식으로 우리의 방향을 바꿀 수 있는 잠재력을 가지고 있다. 이러한 새로운 관점은 기다림을 부담에서 창의성, 사회적 비판, 우리 내면의 상태와 우리 관계의 상태에 대한 성찰과 같은 것을 향한 도약의 발판으로 바꿔 준다.

25-09-고2-21

Mirror neurons are the hardware of empathy, and so what would make [**less** / **more**]31) sense than to look and see which animals [**possess** / **are possessed**]32) these cells? And this is exactly [**where** / **which**]33) modern research now stands: all researchers know so far is [**that** / **what**]34) apes possess mirror neurons. We still need to test to see which [**another** / **other**]35) species are like us in this respect. Scientists often publicly speculate [**that** / **what**]36) we can probably expect surprises here, too. They assume that all animals that live in herds or large groups possess [**distinctive** / **similar**]37) brain mechanisms, [**because** / **because of**]38) social units function only if individuals can see things from the perspective of others in the group and feel what they are feeling. I can see a goldfish [**waved** / **waving**]39) its fin at us. As an animal that [**travels** / **traveling**]40) around in a tightly-knit group, it's on board with this idea — or at least swimming alongside the boat.

거울 뉴런은 공감의 하드웨어이고, 그러니 어떤 동물이 이 세포를 가지고 있는지 살펴보는 것보다 어떤 것이 더 타당하겠는가? 그리고 이것이 바로 현대 연구가 서 있는 곳으로, 현재까지 연구자들이 아는 것은 유인원이 거울 뉴런을 갖고 있다는 것뿐이다. 우리는 여전히 어떤 다른 종이 이 점에서 우리와 비슷한지 알아보기 위해 검증할 필요가 있다. 과학자들은 종종 우리가 아마도 여기서 놀라움을 기대할 수도 있을 것이라고 공공연하게 추측한다. 그들은 무리나 큰 집단으로 사는 모든 동물은 비슷한 두뇌 작동 기제를 가지고 있다고 가정하는데, 왜냐하면 사회적 (구성)단위는 개인이 집단 내 다른 이들의 관점에서 사물을 보고 그들이 느끼고 있는 것을 느낄 수 있어야만 기능하기 때문이다. 나는 우리를 향해 지느러미를 흔들고 있는 금붕어를 볼 수 있다. 긴밀하게 결속된 무리를 지어 다니는 동물로서, 그것은 이러한 생각에 부합하는 배에 올라타 있거나 적어도 그 배와 나란히 헤엄치고 있다.

25-09-고2-22

The future of work [**depending** / **depends**]41) on two forces: a harmful substituting force and a helpful [**complementing** / **complimenting**]42) one. [**Many** / **Much**]43) tales have a hero and a villain fighting each other for dominance, but in our story, technology plays [**both** / **either**]44) roles at once, [**displaced** / **displacing**]45) workers while simultaneously raising the demand for their efforts elsewhere in the economy. This interaction helps explain why past worries about automation [**was** / **were**]46) misplaced: our ancestors [**had** / **have**]47) predicted the wrong winner in that fight, [**underestimated** / **underestimating**]48) quite how powerful the complementing force would prove to be or simply ignoring that factor altogether. It also helps to explain why economists have traditionally been [**dismissive** / **inclusive**]49) of the idea of technological unemployment: there appeared to be firm limits to the substituting force, leaving lots of tasks that could not be performed by machines, and a [**growing** / **grown**]50) demand for human beings to do them instead.

일의 미래는 해로운 대체하는 힘과 도움이 되는 보완하는 힘이라는 두 가지 힘에 달려 있다. 많은 이야기에는 지배권을 놓고 서로 싸우는 영웅과 악당이 있지만, 우리의 이야기에서는 기술이 둘 다의 역할을 동시에 수행하는데, 노동자를 대 체하는 동시에 경제의 다른 곳에서 그들의 노력에 대한 수요를 증가시킨다. 이러한 상호작용은 자동화에 대한 과거의 우려가 왜 잘못된 것인지 설명하는 데 도움이 된다. 우리 조상들은 그 싸움의 승자를 잘못 예측하며, 보완하는 힘이 얼마만큼 강력하다고 드러날지를 꽤 과소평가하거나 혹은 단순히 그 요소를 완전히 무시했었다. 이는 또한 왜 경제학자들이 전통적으로 기술 실업이라는 개념을 무시해 왔는지를 설명하는 데 도움이 된다. 대체하는 힘에는 확고한 한계가 있어 보이고, 기계에 의해서 수행될 수 없는 많은 과업들과, 그것들을 대신 수행할 수 있는 인간에 대한 증가하는 수요를 남겼다.

25-09-고2-23

It's conceivable [**that** / **what**]51) in a world where solar panels are incredibly [**expensive** / **inexpensive**]52) and there's an [**extreme** / **extremely**]53) collapse in the cost of launching objects to space, you might want to [**maximize** / **minimize**]54) your energy per panel by putting them above the atmosphere. But panels are [**cheap** / **expensive**]55), and even if we assume pretty steep drops in the cost of space launch, the numbers don't add up. This becomes especially [**clear** / **clearly**]56) when you start to think about maintenance. Try to [**imagine** / **imagining**]57) acres upon acres of glass panels in space, regularly hit by intense radiation and bits of space debris [**during** / **while**]58) enduring the extreme heat of constant sunlight. They'll have to be repaired and cared for [**either** / **neither**]59) by astronauts [**nor** / **or**]60) an army of advanced robots. Solar panels in Australia can be cleaned by a teenager with a spray bottle and a cloth.

태양광 패널이 엄청나게 비싸고 우주로 물체를 발사하는 비용에 극단적인 폭락이 있는 세상에서, 여러분이 패널을 대기권 위에 설치하여 패널당 에너지를 극대화하고 싶어 할 수도 있다고 생각할 수 있다. 그러나 패널은 저렴하고, 우리가 우주 발사 비용의 상당히 가파른 하락을 가정하더라도, 계산이 맞지 않는다. 여러분이 유지보수에 대해 생각하기 시작하면 이것은 특히 분명해진다. 우주에 수 에이커에 달하는 유리 패널들이 끊임없는 햇빛의 극심한 열을 견뎌 내며 강렬한 방사선과 우주 파편에 정기적으로 충격을 받는 상상을 해 보라. 그것들은 우주 비행사나 첨단 로봇 군단에 의해 수리되고 관리되어야 할 것이다. 호주에 있는 태양광 패널은 분무기와 헝겊으로 십대 청소년에 의해 청소될 수 있다.

25-09-고2-24

Everything in the world [**exist** / **exists**]61) on a continuum, whether in speed, size, or any other possible descriptor you could think of. Still, we create and mindlessly [**adapt** / **adopt**]62) sharp distinctions, and those distinctions [**change** / **are changed**]63) lives far more dramatically than marginal differences ever do. Indeed, all differences are arbitrary, but [**draw** / **drawing**]64) hard lines between categories [**hide** / **hides**]65) this arbitrariness and can be severely damaging. I call this resulting damage "the borderline effect." The examples are endless. Someone's IQ is 69 and someone else's is 70 — but only the score of 70 is deemed to be within the range of [**abnormal** / **normal**]66). We don't have to be statisticians to know there is not a meaningful [**difference** / **similarity**]67) between 69 and 70. Yet once the person with the [**higher** / **lower**]68) score is labeled "cognitively impaired," his or her life will [**fold** / **unfold**]69) differently than the person with a one-point [**advantage** / **disadvantage**]70).

세상의 모든 것은 속도, 크기, 또는 여러분, 이 생각할 수 있는 어떤 다른 가능한 기술어(記述 語)에서든, 연속선상에 존재한다. 그럼에도, 우리는 뚜렷한 구분을 만들고 생각 없이 받아들이며, 그러한 구분은 근소한 차이가 그렇게 하는(삶을 변화시키는) 것보다 훨씬 더 극적으로 삶을 변화시킨다. 사실, 모든 차이는 자의적이지만, 범주들 사이에 확고한 선을 긋는 것은 이러한 자의성을 숨기고 심각하게 피해를 줄 수 있다. 나는 이러한 결과적인 피해를 '경계선 효과'라고 부른다. 그 예는 끝이 없다. 어떤 사람의 IQ가 69이고 다른 사람의 IQ가 70인데, 70이라는 점수만 정상 범위 내에 있는 것으로 간주된다. 우리는 69와 70 사이에 의미 있는 차이가 없다는 것을 알기 위해 통계학자가 되어야 할 필요는 없다. 하지만 일단 점수가 더 낮은 사람이 '인지적으로 어려움이 있는'이라고 꼬리표가 붙게 되면, 그 사람의 삶은 1점의 우위가 있는 사람과는 다르게 전개될 것이다.

25-09-고2-26

Barry Commoner, [**born** / **was born**]71) in Brooklyn in 1917, was the son of Jewish immigrants from Russia. Commoner was a leading ecologist and one of the [**founder** / **founders**]72) of the modern environmental movement. He [**earned** / **was earned**]73) his doctoral degree in cellular biology from Harvard University in 1941. After [**served** / **serving**]74) in the US Navy during World War II, Commoner moved to Missouri, and became a professor of plant [**physiology** / **psychology**]75) at Washington University in 1947, [**where** / **which**]76) he taught for 34 years. In the late 1950s, Commoner became widely known for his opposition to nuclear weapons testing and went on to [**write** / **writing**]77) several books about the negative ecological effects of atmospheric nuclear testing. In 1980, Commoner [**founded** / **was founded**]78) the Citizens Party to serve as a vehicle for his ecological message. In his later years, Commoner continued his efforts to [**raise** / **rise**]79) awareness about the impact that human activity [**had** / **has**]80) on the environment.

1917년에 브루클린에서 태어난 Barry Commoner는 러시아에서 온 유대인 이민자의 아들이었다. Commoner는 선도적인 생태학자이자 현대 환경 운동의 창시자 중 한 명이었다. 그는 1941년에 Harvard University에서 세포 생물학 박사 학위를 받았다. 2차 세계대전 중 미 해군에서 복무한 후, Commoner는 Missouri로 이주하였고, 1947년에 Washington University에서 식물 생리학 교수가 되었으며, 그곳에서 34년 동안 가르쳤다. 1950년대 후반에, Commoner는 핵무기 실험에 대한 그의 반대로 널리 알려졌고 나아가 대기권 핵실험의 부정적인 생태학적 영향에 관한 여러 권의 책을 썼다. 1980년에, Commoner는 그의 생태학적 메시지의 전달 수단으로서 역할을 하는 Citizens Party를 설립했다. 말년에, Commoner는 인간 활동이 환경에 미치는 영향에 대한 인식을 높이기 위해 계속해서 노력했다.

25-09-고2-29

All human cultures mark the passing of time by the differences they [observe / are observed]81) in the world around them. Our choice of which differences to mark depends firstly on what we can observe and secondly on [that / what]82) is important in our lives. How we [mark / are marked]83) the differences — the shapes of our calendars and our rituals — [depends / depending]84) on the connections we make between those two things. In the agricultural society of pre-modern Europe, [where / which]85) higher latitudes make the seasons easily observable, it was [natural / naturally]86) to monitor the solar cycle. Conversely, among the largely nomadic peoples of Arabia, for whom seasonal changes were [less / more]87) significant, the lunar calendar was a more sensible choice. That did not make it [evitable / inevitable]88) that Islam would use a lunar calendar and Roman Christianity a solar [one / ones]89), but political and religious decisions [made / were made]90) from options limited by geography and lifestyle, filtered through tradition.

인류의 모든 문화들은 그것들을 둘러싼 세계에서 그것들이 관찰하는 차이에 따라 시간의 흐름을 표시한다. 어떤 차이를 표시할지에 대한 우리의 선택은 첫째로 우리가 무엇을 관찰할 수 있는지와 둘째로 우리 삶에서 무엇이 중요한지에 따라 달라진다. 우리의 달력과 의식의 형태처럼 우리가 그 차이들을 표시하는 방법은 그 두 가지 사이에 우리가 만드는 연결에 따라 달라진다. 위도가 높아 계절을 쉽게 관찰할 수 있었던 전근대 유럽의 농경 사회에서는 태양의 주기를 관찰하는 것은 자연스러운 일이었다. 반대로, 계절 변화가 덜 중요한 아라비아의 대체로 유목 생활을 하는 민족들에게는 음력이 더 합리적인 선택이었다. 그렇다고 해서 이슬람교가 음력을, 로마 기독교가 양력을 사용하는 것이 필연적인 것은 아니었지만, 지리와 생활 방식에 의해 제한된 선택지 중에서 전 통을 통해 걸러져 정치적, 종교적 결정이 이루어졌다.

25-09-고2-30

[Although / Despite]91) empathy is widely praised by scholars and public figures, not everyone is an empathy booster. Critics of empathy argue that empathy will not [save / be saved]92) us from [interpersonal / intrapersonal]93) and intergroup conflict. In fact, they argue, empathy makes such conflicts [better / worse]94). These critics maintain that empathy can be [exhausted / exhausting]95) and lead to burnout or [insensitivity / sensitivity]96) to suffering. They argue [that / what]97) we tend to empathize strongly with our in-group and resist empathizing with out-groups, and even enjoy the suffering of out-groups in competitive or threatening contexts. Thus, the [description / prescription]98) for more empathy is often [counterproductive / productive]99) in cases of conflict. Empathy, they argue, can [farther / further]100) encourage conflict and [force / forcing]101) us into an us vs. them mentality. Finally, even when we try to empathize with [others / the others]102) who are [dissimilar / similar]103) from us or in [familiar / unfamiliar]104) contexts, sometimes we are unable to accurately empathize with their experiences, causing [farther / further]105) misunderstandings and frustration. Critics of empathy argue that we should give up on empathy and employ [other / the other]106) tools in pursuit of social harmony, e.g., rational compassion or moral emotions like fear, anger, and shame.

공감은 학자들과 유명 인사들에 의해 널리 칭송받지만, 모든 사람이 공감을 지지하는 사람인 것은 아니다. 공감에 대해 비판하는 사람들은 공감이 사람 간 그리고 집단 간 갈등으로부터 우리를 구해주지 않을 것이라고 주장한다. 사실, 그들은 공감이 그러한 갈등을 더 악화시킨다고 주장한다. 이런 비평가들은 공감은 소모적일 수 있으며, 번아웃 또는 고통에 대한 무감각으로 이어질 수 있다고 주장한다. 그들은 우리가 내집단에는 강하게 공감하고 외집단에 대한 공감에는 저항하며, 심지어 경쟁적이거나 위협적인 상황에서는 외집단의 고통을 즐기는 경향이 있다고 주장한다. 따라서, 더 많은 공감을 처방하는 것은 갈등 상황에서 종종 역효과를 낸다. 그들이 주장 하기로는, 공감은 더 나아가 갈등을 조장하고 우리를 우리 대 그들이라는 사고방식으로 몰아넣을 수 있다. 마지막으로, 우리와 다르거나 낯선 상황에 있는 타인에게 공감하려고 할 때조차도, 때때로 우리는 그들의 경험을 정확하게 공감하지 못하고, 그 이상의 오해와 좌절을 유발한다. 공감을 비판하는 사람들은 우리가 공감을 포기하고 사회적 조화를 얻기 위해 다른 도구를 이용해야 한다고 주장하는데, 예를 들면 이성적 연민 또는 두려움, 분노, 수치심과 같은 도덕적 감정들이다.

25-09-고2-31

Paradoxically, it's uncertainty [**that** / **what**]107) makes us feel most alive. Think of events that shake you out of your everyday routine: maybe [**attend** / **attending**]108) a family wedding, making a big presentation, or going somewhere you've never been. It's on those occasions that time seems to slow down a little, and you feel more fully [**engaged** / **engaging**]109). The same holds [**false** / **true**]110) if the experience is risky, like mountain climbing or parasailing. Your senses are sharper. You notice [**less** / **more**]111). Thanks to the release of a feel-good chemical in the brain called dopamine, you get a greater rush of [**displeasure** / **pleasure**]112) from chance encounters with people than [**planned** / **planning**]113) meetings. Good news, financial rewards, and gifts are [**less** / **more**]114) enjoyable if they are surprises. It's [**because** / **why**]115) the most popular television shows and movies are the [**one** / **ones**]116) with unexpected plot twists and [**astonished** / **astonishing**]117) endings.

역설적으로, 우리가 가장 살아있다고 느끼게 만드는 것은 바로 불확실성이다. 여러분을 일상적인 삶에서 벗어나게 만드는 사건들을 생각해 보아라. 아마도 가족 결혼식에 참석하거나, 중대한 발표를 하거나, 한 번도 가보지 못한 곳에 가는 것 같은 일들 말이다. 시간이 약간 느려지는 것 같고, 여러분이 더 온전히 몰입한다고 느끼는 때는 바로 그러한 순간들이다. 등산이나 패러세일링처럼 그 경험이 위험한 경우에도 마찬가지이다. 여러분의 감각들이 더 예민해진다. 여러분은 더 많은 것을 알아차린다. '도파민'이라고 불리는 기분 좋게 하는 화학 물질이 뇌 안에서 분비되는 덕분에, 여러분은 계획된 만남보다 사람들과의 우연한 만남에서 더 크게 몰려오는 즐거움을 얻게 된다. 좋은 소식, 금전적 보상, 그리고 선물은 뜻밖의 일일 때 더 즐겁다. 그것이 가장 인기 있는 텔레비전 쇼와 영화가 예기치 않은 줄거리의 반전과 놀라운 결말을 가진 것들인 이유다.

25-09-고2-32

A great strength of the market mechanism is [**that** / **what**]118) there are incentives for individuals to [**conceal** / **reveal**]119) their knowledge through their behavior. This stands in contrast to [**many** / **much**]120) strategic situations — for example, in political negotiations — [**in** / **x**]121) which it is wise not to let [**the** / **x**]122) other side know [**that** / **what**]123) one's true preferences or production capacities are. A [**perfect** / **perfectly**]124) competitive market that clears on the spot leaves no room for such strategies. If prices are not sticky — as many models [**assume** / **are assumed**]125) — individuals adapt their behavior instantaneously, whenever their preferences or the circumstances change. They stop [**buying** / **to buy**]126) items that do not satisfy their needs and stop selling items that do not provide them with optimal gains, maybe [**switch** / **switching**]127) to the production of other items. If they have motivational problems, for example, falling into denial about the fact that there is [**no** / **x**]128) demand for their products, markets [**conceal** / **reveal**]129) to them, sometimes in quite brutal ways, that they better [**accept** / **are accepted**]130) this fact.

시장 메커니즘의 한 가지 큰 장점은 사람들이 자신의 행동을 통해 자신이 알고 있는 것을 드러내도록 하는 유인이 있다는 것이다. 이는 자신의 진성한 선호나 생산 능력이 무엇인지 상대측이 알게 하지 않는 것이 현명한 여러 전략적 상황과 대조적인데, 정치적 협상을 예로 들 수 있다. 상품이 바로바로 다 팔리는 완전 경쟁 시장은 그러한 전략을 위한 여지를 남겨두지 않는다. 많은 모델이 가정하는 것처럼 가격이 고착되어 있지 않다면, 사람들은 자신의 선호나 상황이 변할 때마다 즉각적으로 행동을 조정한다. 그들은 자신의 필요를 충족시키지 못하는 물품의 구매를 중단하고 그들에게 최적의 이익을 제공하지 않는 물품의 판매를 중단하고, 다른 물품의 생산으로 전환할지도 모른다. 예를 들어, 그들이 그들의 제품에 대한 수요가 없다는 사실을 부정하는 것에 빠지는 동기적 문제가 있다면, 시장은 그들이 이 사실을 받아들이는 편이 좋다는 것을 때로는 꽤 잔혹한 방법으로 그들에게 드러낸다.

25-09-고2-33

Dictionary definitions are [constant / constantly]131) revised to keep up with our [changed / changing]132) uses and knowledge. In Roman times, "addicts" were people who were [able / unable]133) to pay their debts and gave [them / themselves]134) as slaves to their creditors. The word eventually came to be associated with drug dependency: one becomes a slave to one's addiction. The word "husband" originally referred to being a homeowner; it had [nothing / something]135) to do with being married. But [because / because of]136) owning your own property made it [less / more]137) likely you'd find a mate, the word eventually came to mean a male who [had / has]138) been wed. On November 5th, 1605, Guy Fawkes tried to blow up the British Parliament. He was captured and put to death. Loyalists [burned / were burned]139) his effigy, which they nicknamed the "guy." Centuries later, the word lost its [negative / positive]140) connotation and a musical named Guys and Dolls ran on Broadway. In American slang, bad means good, cool means great, and wicked means [excellent / excellently]141). If you could [transport / be transported]142) yourself one hundred years into the future, you'd find yourself [confused / confusing]143) by your great-grandchildren's speech [because / because of]144) language itself is an ever-changing reflection of human [intervention / invention]145).

사전적 정의는 우리의 변화하는 용례와 지식에 뒤처지지 않기 위해 끊임없이 수정된다. 로마 시대에 'addicts'는 빚을 갚을 수 없어서 스스로 채권자의 노예가 된 사람들이었다. 그 단어는 결국 약물 의존과 연관되었는데, 사람은 자신이 중독된 것에 노예가 된다는 것이다. 'husband'라는 단어는 원래 주택 소유자가 되는 것을 가리켰고, 기혼 상태와는 아무런 관련이 없었다. 그러나 재산을 소유하는 것은 여러분이 배우자를 찾을 가능성을 더 높게 만들었기 때문에 결국 그 단어는 결혼한 남성을 의미하게 되었다. 1605년 11월 5일, Guy Fawkes는 영국 의사당을 폭파하려 했다. 그는 체포되어 처형당했다. 로열리스트들은 그를 닮은 인형을 불태웠는데 그들은 그것에 'guy'라는 별명을 붙였다. 수 세기 후, 그 단어는 부정적인 함축을 잃었고 Guys and Dolls라는 제목의 뮤지컬이 브로드웨이에서 상연되었다. 미국 속어에서 'bad'는 '좋은'을, 'cool'은 '멋진'을, 'wicked'는 '탁월한'을 의미한다. 언어 자체가 인간이 만들어내는 것의 계속 변화하는 반영물이기 때문에 여러분이 100년 후 미래로 이동할 수 있다면 여러분의 증손자의 말에 당황하게 될 것이다.

25-09-고2-34

The term "anchoring" was introduced by Roland Barthes who observed [that / what]146) text is often used next to images (his focus was on photographs) to [confine / define]147) meaning. Of all possible [literal / literally]148) or implied interpretations an image could elicit, text would point the viewer towards a desired, specific direction. In advertising, as Barthes argues, the symbolic message does not guide identification but interpretation. The viewer is not asked to recognize [that / what]149) they see but to understand why they see it and what it means to [them / themselves]150). By combining images with text, advertising produces symbolic meaning that is [accurate / accurately]151) and [specific / specifically]152) on the one hand, richer on the other, thus adding depth and eliminating breadth of [rational / rationally]153) and [emotional / emotionally]154) interpretations. The headline or tagline of an ad directs the reader through the intended meanings of the image, so that the reader avoids some and receives [others / the others]155). It "remote-controls" the reader towards a meaning chosen in advance.

"anchoring"이라는 용어는 의미를 한정하기 위해 텍스트가 자주 이미지 옆에 사용되는 점을 관찰한 Roland Barthes(그는 사진에 중점을 두었다)에 의해 도입되었다. 이미지가 이끌어 낼 수 있는 모든 가능한 있는 그대로의 또는 함축된 해석 중에서, 텍스트는 보는 사람을 원하는 특정한 방향으로 향하게 할 것이다. 광고할 때, Barthes가 주장하는 것처럼, 상징적 메시지는 식별이 아니라 해석을 유도한다. 보는 사람은 그들이 보는 것을 인식하도록 요구되는 것이 아니라 왜 그들이 그것을 보는지 그리고 그것이 그들에게 무엇을 의미하는지를 이해하도록 요구된다. 이미지와 텍스트를 결합함으로써, 광고는 한편으로는 정확하고 구체적이며, 다른 한편으로는 더욱 풍부한 상징적 의미를 만들어 내어, 그 결과 이성적이고 감성적 해석의 깊이를 더하고 폭은 제거한다. 광고의 헤드라인이나 끝맺음말이 이미지의 의도된 의미를 통해 독자를 안내하여, 독자는 어떤 것은 피하고 다른 것은 받아들인다. 그것은 독자를 미리 선택된 의미 쪽으로 '원격 제어한다'.

25-09-고2-35

According to Einstein's theory, a large mass like the Sun 'bends' space-time. Newton's theory makes no such prediction. This bending of space-time leads to phenomena such as 'gravitational lensing' [where / which]156) the light of distant stars [appear / appears]157) to be in [different / similar]158) locations when they pass by a large mass like the Sun. We don't normally see this lensing [because / because of]159) stars aren't visible [during / while]160) the day when the Sun is out, but a solar eclipse in 1919 allowed scientists to [observe / be observed]161) what the Sun's gravity was doing to the light from distant stars. The stars around the Sun appeared to [had / have]162) moved from their [normal / normally]163) positions in the night sky. The shift was much [larger / smaller]164) than Newton's theory predicted, but exactly in the positions [predicted / were predicted]165) by Einstein's theory.

아인슈타인의 이론에 따르면, 태양과 같은 큰 질량은 시공간을 '휘어지게 한다'. 뉴턴의 이론은 그런 예측을 하지 않는다. 이런 시공간의 휘어짐은 멀리 있는 별의 빛이 태양과 같은 거대한 질량 옆을 지날 때 다른 위치에 있는 것처럼 보이는 '중력 렌즈 효과'와 같은 현상으로 이어진다. 우리는 낮에 태양이 떠 있을 때 별들이 보이지 않기 때문에 이러한 렌즈 효과를 보통 보지 못하지만, 1919년의 일식은 태양의 중력이 멀리 있는 별로부터 오는 빛에 어떤 영향을 주는지 과학자들이 관찰할 수 있게 해 주었다. 태양 주변의 별들은 밤하늘의 그것들의 정상적인 위치에서부터 이동한 것처럼 보였다. 그 이동은 뉴턴의 이론이 예측한 것보다 훨씬 컸지만, 아인슈타인의 이론에 의해 예측된 위치에 정확히 있었다.

25-09-고2-36

We're naturally wired to [organize / be organized]166) the world into a hierarchy. We do this to help make sense of the world, maintain our beliefs, and generally [feel / feeling]167) better. But when someone infringes on our place in the world and our understanding of how it works, we react [with / without]168) thinking. When someone cuts you off on the highway and road rage kicks in, that's your [conscious / unconscious]169) mind saying, "Who are you to cut me off?" You're reacting to a threat to your [inherent / learned]170) sense of hierarchy. On the road we [are / are not]171) all equals. We're all supposed to play by the same rules. Cutting someone off violates those rules and [implies / imply]172) higher status. Or [consider / considering]173) when you get frustrated with your kids and end an argument with "[Because / Because of]174) I said so." (Or the office equivalent: "Because I'm the boss.") In these moments you've stopped thinking and regressed to your biological tendencies of [affirming / reaffirming]175) the hierarchy.

우리는 본래 세상을 위계로 조직화하도록 되어 있다. 우리는 세상을 이해하고, 우리의 신념을 유지하며, 일반적으로 기분이 나아지도록 하기 위해 이것을 한다. 그러나 누군가가 세상에서의 우리의 위시와 그것이 어떻게 작동하는지에 대한 우리의 이해를 침해할 때 우리는 생각하지 않고 반응한다. 누군가가 고속도로에서 여러분에게 끼어들어 운전자의 분노가 발생했을 때, 그것은 "네가 뭔데 나에게 끼어들었어?"라고 말하는 여러분의 무의식적인 마음이다. 여러분은 여러분의 내재한 위계 의식에 대한 위협에 반응하고 있다. 도로 위에서 우리는 모두 평등하다. 우리는 모두 같은 규칙에 따라 행동해야 한다. 누군가에게 끼어드는 것은 그러한 규칙을 위반하는 것이며 더 높은 지위를 의미한다. 또는 여러분이 여러분의 자녀에게 실망하게 되어 말다툼을 "내가 그렇게 말했으니까."라고 말하며 끝낼 때(또는 동일한 사무실 상황, "내가 상사니까.")를 생각해 봐라. 이런 순간에 여러분은 생각하는 것을 멈추었고 위계를 재확인하는 여러분의 생물학적 성향으로 되돌아갔다.

25-09-고2-37

Once a nail is hammered [in / out]176), it is friction that holds [it / them]177) in place. Friction is the force that arises when two surfaces are sliding, or trying to slide, [against / with]178) each other. If you try to pull apart two blocks of wood that [had / have]179) been nailed together, the wood fibers grip the shaft of the nail. The nail feels a force trying to rip [it / them]180) apart along its length, and we call that force tension. Your experiment can now fail in one of two ways — [either / neither]181) the nail stretches and splits in half because the tension force is too large for the nail, [nor / or]182) the nail comes loose because the friction force is overcome. The force it would take to stretch the nail is much [larger / smaller]183) than the friction forces on the surface, so we don't have to worry too much about the [former / latter]184). It's the friction with which we need to [concern / be concerned]185) ourselves.

일단 못이 망치로 두들겨 박히면 그것을 제자리에 붙들고 있는 것은 바로 마찰이다. 마찰은 두 표면이 서로에 저항해 미끄러지거나 미끄러지려고 할 때 발생하는 힘이다. 만약 여러분이 함께 못 박혀 있는 두 개의 나무 블록을 떼어내려고 하면, 나무 섬유가 못의 축을 잡고 있다. 못은 그것의 길이대로 그것을 쪼개려고 하는 힘을 받고, 우리는 그 힘을 장력이라고 부른다. 여러분의 시도는 이제 두 가지 방법 중 하나로 실패할 수 있는데, 장력이 못이 견디기에는 너무 커서 못이 늘어나 반으로 갈라지거나, 또는 마찰력이 극복되어 못이 헐거워지는 둘 중 하나이다. 못을 늘리는 데 들 힘은 표면의 마찰력보다 훨씬 더 커서 전자에 대해 우리는 너무 많이 걱정할 필요가 없다. 우리가 신경 쓸 필요가 있는 것은 바로 마찰이다.

25-09-고2-38

The [traditional / traditionally]186) bank manager in the 1950s was usually a [respected / respecting]187) pillar of the community, a cautious, careful sort of person who probably went to bed [early / late]188) and didn't drink too much. But from the 1970s a new kind of banker appeared — loud, flashy, and arrogant. These bankers loved taking [big / small]189) risks. They wanted to get rich quick and [blow / blowing]190) their money on fast cars and expensive champagne. They made their money through what's called 'speculation'. Normally, people buy things because they want to use [them / themselves]191), such as wheat to make bread and petrol to run the car. But when people speculate, they buy things even when they have [no / some]192) interest in using them. They might buy a load of wheat simply because they think [that / what]193) its price is going to [raise / rise]194) when a drought is predicted in wheat-growing areas. If their guess is right, they later [sell / are sold]195) the wheat for a profit.

1950년대의 전통적인 은행 지점장은 대개 지역 사회의 존경받는 기둥이자, 아마도 일찍 잠자리에 들고 술을 많이 마시지 않는 조심스럽고 신중한 부류의 사람이었다. 하지만 1970년대부터 큰소리치고 화려하며 거만한 새로운 종류의 은행가가 등장했다. 이 은행가들은 큰 위험을 감수하는 것을 좋아했다. 그들은 빨리 부유해지고 싶어 했으며 빠른 차와 비싼 샴페인에 그들의 돈을 펑펑 쓰고 싶어 했다. 그들은 소위 '투기'를 통해 돈을 벌었다. 보통, 사람들은 빵을 만들기 위한 밀이나 자동차를 운행하기 위한 휘발유와 같이, 그것들을 사용하고 싶어서 물건을 구입한다. 하지만 사람들이 투기할 때는 그들은 물건들을 사용하는 것에 관심이 없을 때조차도 그것들을 구입한다. 밀 재배 지역에 가뭄이 예상될 때 단지 그것의 가격이 오를 것이라고 생각하기 때문에 그들은 많은 양의 밀을 사들일지도 모른다. 만약 그들의 추측이 맞다면, 그들은 나중에 이익을 위해 밀을 판다.

25-09-고2-39

Paper's mechanical properties lend [**to** / **themselves**]196) to folding and bending. The cellulose fibers of which it [**is** / **x**]197) made can be partially snapped in the area of [**maximum** / **minimum**]198) bend, allowing a [**permanent** / **temporary**]199) crease to form, while [**sufficient** / **insufficient**]200) fibers remain undamaged for the material not to crack and fall apart. Indeed, in this state it pretty much maintains its ability to resist being pulled apart, but it can also be torn [**easily** / **easy**]201) and [**accurate** / **accurately**]202) along the crease if a point of weakness — a small, [**initial** / **initially**]203) tear — is opened up. This winning combination of mechanical properties allows [**it** / **them**]204) to assume the shape of any object through creasing and folding — hence the art of origami. There are very [**few** / **a few**]205) materials as good: metal foils [**can** / **cannot**]206) hold a crease, but control of the crease is somewhat more [**difficult** / **easy**]207). Plastic sheeting doesn't tend to hold a crease at all, unless it is very soft, in which case it lacks the rigidity [**required** / **reqioring**]208) of a good wrapping material. So it is its ability to hold a crease [**during** / **while**]209) remaining stiff that makes paper [**unique** / **uniquely**]210) suited to this purpose.

종이의 물리적 특성은 접고 구부리기에 적합하다. 그것을 만드는 셀룰로오스 섬유는 최대로 구부러지는 부분에서 부분적으로 꺾일 수 있어 영구적인 주름이 형성되도록 하는 동시에, 충분한 섬유가 완전하게 남아 재료가 갈라지고 떨어지지 않는다. 실제로, 이러한 상태에서 그것은 잡아당겨짐에 저항하는 능력을 상당히 유지하지만, 그것은 또한 작은 초기의 찢김 같은 약한 지점이 열리면 주름을 따라 쉽고 정확하게 찢어질 수 있다. 이러한 물리적 특성의 우수한 조합은 그것이 주름짐과 접힘을 통해 어떤 물체의 모양도 취할 수 있도록 하며, 이러한 점에서 종이접기 예술이 생겼다. 이만큼 좋은 재료들은 매우 드문데, 금속 호일은 주름을 유지할 수 있지만, 주름의 통제가 다소 더 어렵다. 플라스틱 시트는 매우 부드럽지 않은 한 주름을 전혀 유지하지 않는 경향이 있고, 매우 부드러운 경우에는 좋은 포장재에 요구되는 단단함이 부족하다. 따라서 종이를 이 용도에 특별히 적합하도록 만드는 것은 바로 뻣뻣한 상태를 유지하면서 주름을 유지하는 그것의 능력이다.

25-09-고2-40

Mother cats can tell which kittens belong to [**them** / **themselves**]211) — when litters are mixed up they use their kittens' scent to distinguish them from offspring of [**other** / **the other**]212) mothers. [**Although** / **Despite**]213) this, when [**faced** / **facing**]214) with a selection of kittens who have wandered from the nest, her own and [**others** / **the others**]215) that aren't hers, a mother cat doesn't appear to favor her own offspring when retrieving [**them** / **themselves**]216). The reason for this is uncertain, [**although** / **despite**]217) distress vocalizations from kittens that are lost from their nest are known to be very powerful, so it may just be hard for the mother to resist retrieving them, [**regarding** / **regardless of**]218) whether they are hers. In the wild, a squeaking kitten out in the open is likely to [**attract** / **distract**]219) predators, which is bad news for any other kittens around it. A rapid rescue of any crying kitten would be a [**bad** / **good**]220) strategy to prevent them from drawing unwanted attention.

어미 고양이는 어느 새끼 고양이가 자신의 것인지를 구별할 수 있는데, 새끼들이 섞여 있으면 그것들은 자신의 새끼 고양이를 다른 어미 고양이의 새끼와 구별하기 위해 자기 새끼 고양이의 냄새를 사용한다. 이에도 불구하고, 보금자리에서 벗어나 헤매는 그녀 자신의 것과 그녀의 것이 아닌 새끼 고양이들을 선별하는 상황을 직면했을 때, 어미 고양이는 새끼들을 되찾아올 때 자기 자신의 새끼를 편애하는 것으로 보이지 않는다. 비록 보금자리에서 길을 잃은 새끼 고양이의 조난 발성이 매우 강력하다고 알려져 있고, 그래서 자신의 새끼인지의 여부와 상관없이 어미가 새끼들을 되찾아오는 것을 거부하는 것이 어려울 수 있음에도 불구하고, 이것에 대한 이유는 불확실하다. 야생에서는 외부 개방된 곳에서 끽끽하는 소리를 내는 새끼 고양이는 포식자를 유인할 가능성이 높은데, 이는 그것 주변의 다른 어떤 새끼 고양이들에게도 나쁜 소식이다. 어떤 울고 있는 새끼 고양이라도 신속하게 구조하는 것은 원치 않는 관심을 끄는 것을 막는 좋은 전략일 것이다.

25-09-고2-41~42

Many animals [pursue / are pursued]221) a mixed strategy of accumulating both body fat and food, which leads one to ask, "What are the [relative / relatively]222) advantages and disadvantages of these two forms of energy storage?" [Maximum / Miminum]223) fat deposition increases with body mass whereas [maximum / minimum]224) food storage is not constrained by body size. This means that animals, especially small animals, can [accumulate / be accumulated]225) much greater energy reserves in the form of stored food than they can in the form of body fat. Further, stored food is [less / more]226) economical than body fat [because / because of]227) fat contributes to body mass, and metabolic rate [decreases / increases]228) with body mass. In other words, there is a metabolic expense to maintaining fat. [Excessive / Excessively]229) fat accumulations may also have a [negative / positive]230) effect on an animal's ability to avoid predators. And, if [maintained / maintaining]231) a high body temperature is advantageous, animals might be expected to accumulate more energy in the form of a food store than as body fat. On the other hand, stored food may rot over time, may be removed by robbers, or may simply be lost. Many animals must expend energy managing and [protect / protecting]232) their food stores. Eating food and converting it to fat [avoid / avoids]233) these types of losses and the energetic costs of managing stored food. A large accumulation of body fat adds to an animal's fasting capacity, especially [large / small]234) animals, permitting some animals to enter prolonged dormancy in the relative security of a hibernaculum. Thus, both fat accumulation and food storage have some decided [advantages / disadvantages]235).

avoids these types

많은 동물은 체지방과 식량 둘 다 축적하는 혼합 전략을 추구하는데, 이는 우리가 "이 두 가지 에너지 저장 형태의 상대적인 장점과 단점은 무엇인가?"라고 질문하게 한다. 최대 지방 축적량은 체질량에 따라 증가하는 반면 최대 식량 저장량은 신체 크기에 제한을 받지 않는다. 이는 동물, 특히 작은 동물은 그들이 체지방 형태로 축적할 수 있는 것보다 훨씬 더 많은 에너지 비축량을 저장된 식량의 형태로 축적할 수 있다는 것을 의미한다. 게다가, 지방은 체질량에 기여하고, 신진대사율도 체질량에 따라 높아지기 때문에 저장된 식량은 체지방보다 더 경제적이다. 다시 말해, 체지방을 유지하는 데 신진대사 비용이 존재한다. 과도한 체지방 축적은 또한 포식자를 피하는 동물의 능력에 부정적인 영향을 미칠지도 모른다. 그리고, 만약 높은 체온을 유지하는 것이 유리하다면, 동물은 체지방으로보다 저장된 식량의 형태로 더 많은 에너지를 축적할 것으로 예상될 수 있다. 반면에 저장된 식량은 시간이 지남에 따라 상할 수 있고, 도둑에 의해 제거되거나, 단순히 분실될 수 있다. 많은 동물은 저장된 식량을 관리하고 보호하는 데 에너지를 소비해야 한다. 식량을 먹고 그것을 지방으로 전환하는 것은 이러한 유형의 손실과 저장된 식량을 관리하는 데 드는 에너지 비용을 피한다. 체지방의 많은 축적은 동물의 금식 능력을 높여주는데, 특히 큰 동물에게 그러하며, 어떤 동물들이 동면 장소의 상대적인 안전함 속에서 장기간의 휴면 상태에 들게 해 준다. 따라서 지방 축적과 식량 저장 둘 다 몇 가지 결정적인 이점이 있다.

25-09-고2-43~45

Collin's dad had a 15-year-old car, [which / in which]236) was the same age as Collin. He decided [that / what]237) it was finally time to replace it with a newer model. One evening at dinner, he shared his plan to buy a new car with his family. [Excited / Exciting]238) by the news, Collin became [determined / determining]239) to contribute to his dad's big purchase. Over the past several years, Collin [had / has]240) saved his allowance money. He felt that this was the perfect opportunity to do something special for his dad.

The next morning, [after / before]241) heading to school, Collin put an envelope on the kitchen table. When his dad came into the kitchen, he noticed the envelope and asked his wife about [it / them]242). She explained that Collin had left it there [before / after]243) leaving for school. Collin's dad opened the envelope and saw a thick stack of money. "There's $1,000 in here!" he exclaimed, after counting it. His wife smiled and said, "Collin wanted to help you [pay / paying]244) for the new car."

That afternoon, Collin's dad went to the car dealership and purchased a car that was only one year old. He picked a red car [because / because of]245) that was Collin's favorite color. The money that his son had left for him was enough to [cover / uncover]246) the remaining cost, and he even had some funds left over! Collin's dad decided to buy his son a small gift with the extra money. That evening, when Collin came home, he was [amazed / amazing]247) to see the new car parked in the driveway.

His dad thanked him [sincere / sincerely]248), and told Collin how proud he was of his thoughtful gesture. Then, he handed Collin a small box with a bow on top of it, and a brand-new baseball was inside. Collin loved it! He beamed with excitement and said, "Not only [are / do]249) we have a new car, but I also got an awesome new baseball!" His dad smiled [warm / warmly]250) and hugged him. Collin's kind and generous heart had created a beautiful moment for his family.

Collin의 아버지는 15년 된 차를 가지고 있었는데, 그것은 Collin과 같은 나이였다. 그는 그것을 마침내 더 새로운 모델로 교체할 때라고 결심했다. 어느 날 밤 저녁 식사에서 그는 새 차를 사려는 그의 계획을 그의 가족들과 공유했다. 그 소식에 기뻐서, Collin은 그의 아버지의 큰 구매에 기여하겠다고 결심하게 되었다. 지난 수년 동안, Collin은 그의 용돈을 모아 왔다. 그는 이번이 아버지를 위해 특별한 무언가를 할 완벽한 기회라고 느꼈다.

다음 날 아침, 학교로 향하기 전, Collin은 봉투를 주방 탁자 위에 두었다. 그의 아버지가 주방으로 들어왔을 때, 그는 그 봉투를 알아차리고 그의 아내에게 그것에 관해 물었다. 그녀는 Collin이 학교로 떠나기 전에 그것을 거기에 두었다고 설명했다. Collin의 아버지는 그 봉투를 열었고 두꺼운 돈다발을 보았다. "여기 1,000달러가 있어!" 그가 그것을 세어 본 후 외쳤다. 그의 아내는 미소를 지었고, "Collin이 당신이 새 차를 위한 비용을 내는 것을 돕고 싶어 했어요."라고 말했다.

그날 오후, Collin의 아버지는 자동차 판매 대리점에 가서 1년밖에 안 된 차를 구입했다. 그는 빨간색이 Collin이 가장 좋아하는 색깔이기 때문에 빨간 차를 골랐다. 그의 아들이 그를 위해 놓아두었던 돈은 나머지 금액을 충당하기에 충분했고, 그는 심지어 약간의 돈을 남겼다! Collin의 아버지는 그 여분의 돈으로 그의 아들에게 작은 선물을 사 주기로 결심했다. 그날 저녁, Collin이 집에 왔을 때, 그는 진입로에 새로운 차가 주차된 것을 보게 되어 놀랐다.

그의 아버지는 그에게 진심으로 고마워했고, 그가 Collin의 사려 깊은 행동을 얼마나 자랑스러워하는지 Collin에게 말했다. 그러고 나서 Collin에게 리본이 위에 달린 작은 상자를 건넸고, 새 야구공이 그 안에 있었다. Collin은 그것을 좋아했다! 그는 기쁨으로 얼굴이 환히 빛났고 "우리가 새 차를 가지게 됐을 뿐만 아니라, 저도 아주 멋진 새 야구공을 받았어요!"라고 말했다. 그의 아버지는 따뜻하게 미소 짓고 그를 안아 주었다. Collin의 친절하고 너그러운 마음이 그의 가족에게 아름다운 순간을 만들었다.

2025 고2 9월 모의고사　　　　　점수　:　　　　점 / 300점

❶ voca　　❷ text　　❸ [/]　　❹ _____　　❺ quiz 1　　❻ quiz 2　　❼ quiz 3　　❽ quiz 4　　❾ quiz 5

25-09-고2-18

Dear Principal Smith,
My name is Kara Peterson, and I am the Community Event Coordinator at the Greenfield Community Center. We are o___________1) a drone show for the local community and are e___________2) about this special event. W___________3) searching for the ideal location, we found that your school is the best place to e___________4) the safety and a___________5) of all attendees. I kindly request your p___________6) to use the school playground on Saturday, December 6th, from 6 p.m. to 8 p.m. We will ensure that all safety rules are s___________7) followed, and that any cleanup will be h___________8) efficiently. Please let me know if there are any specific p___________9) for o___________10) approval. Thank you for your time and c___________11). I will be eagerly a___________12) your response.
Sincerely,
Kara Peterson

Smith 교장 선생님께,
제 이름은 Kara Peterson이고, 저는 Greenfield 주민 센터의 지역 행사 코디네이터입니다. 저희는 지역 사회를 위한 드론 쇼를 기획하고 있고 이 특별한 행사에 대해 기대감이 큽니다. 이상적인 장소를 찾던 중, 귀 학교가 모든 참석자의 안전과 접근성을 보장할 수 있는 최적의 장소라는 것을 알게 되었습니다. 12월 6일 토요일 오후 6 시부터 오후 8시까지 학교 운동장을 사용하는 것에 대한 허가를 정중히 요청드립니다. 저희는 모든 안전 수칙이 엄격하게 지켜지고, 어떠한 청소 작업도 효율적으로 처리될 것을 확실히 할 것입니다. 승인을 받기 위한 특정한 절차가 있으면 알려주시기 바랍니다. 시간을 내어 고려해 주셔서 감사합니다. 간절히 답변을 기다리겠습니다.
Kara Peterson 드림

25-09-고2-19

When Amina r___________13) home from the river with her full clay water jar, she n___________14) men with tools near her family's hut. She wondered w___________15) they were. Her uncle stood among them, p___________16) to a spot beyond the baobab tree. She put the jar down and walked closer, w___________17) to know w___________18) was happening. The men began c___________19) and marking the ground. Amina ran to her uncle with a mind full of questions. "Uncle, what's happening?" she asked. "We're p___________20) the land. Something important will be b___________21) A school!" her uncle said with a proud smile. Amina's eyes s___________22) with joy. The school n___________23) to her village was hours away on foot. "It's for all the children in the village," her uncle continued. Amina imagined l___________24) how to read and write, and her heart s___________25) with excitement.

Amina가 물이 가득 찬 점토 물 항아리를 가지고 강에서 집으로 돌아왔을 때, 그녀는 그녀 가족의 오두막 근처에서 연장을 든 남자들을 발견했다. 그녀는 그들이 누구인지 궁금했다. 그녀의 삼촌이 그들 사이에 서 있었는데, 바오밥나무 너머의 한 지점을 가리키고 있었다. 그녀는 무슨 일이 일어나고 있는 건지 알고 싶어서 항아리를 내려놓고 가까이 다가갔다. 남자들은 땅바닥을 치우고 거기에 표시하기 시작했다. Amina는 수많은 질문을 마음에 품고 삼촌에게 달려갔다. "삼촌, 무슨 일이에요?" 그녀가 물었다. "부지를 준비하고 있어. 뭔가 중요한 것이 지어질 거야. 바로 학교지!" 삼촌이 자랑스러운 미소를 띠고 말했다. Amina의 눈이 즐거움으로 반짝거렸다. 마을에서 가장 가까운 학교는 걸어서 몇 시간이나 걸리는 곳에 있었다. "이것은 마을의 모든 아이를 위한 거야." 삼촌이 말을 이었다. Amina는 읽고 쓰는 것을 배우는 상상을 했고, 흥분으로 가슴이 벅차올랐다.

25-09-고2-20

"Tactics" is a term d___________26) from military usage. Strategies are plans of action d___________27) a military force when attacking another, and tactics are r___________28) to conditions on the ground. In this vein, time is i___________29) on us by our cultures, by the technologies that have r___________30) time down to the nanosecond, and by its own finite nature and the fact that we're going to live only so long. In response, we must develop tactics for d___________31) with time and waiting. These aren't tactics to e___________32) waiting; instead, these are tactics for t___________33) us how to learn from the seams. These tactics have the p___________34) to r___________35) us in profound ways, t___________36) our perspectives on our wait times. Such r___________37) perspectives transform waiting from a b___________38) to a springboard toward things like creativity, social critique, or r___________39) on our inner state and the state of our relationships.

"'전술'은 군사 용어에서 가져온 말이다. 전략은 다른 군대를 공격할 때 군대를 지휘하는 행동 계획이며, 전술은 전장의 상황에 대한 대응책이다. 이러한 맥락에서, 우리의 문화에 의해, 시간을 나노초 단위로 조직화한 기술에 의해, 그리고 그것의 유한한 본질과 우리가 오직 그 정도만 살 것이라는 사실에 의해 시간이 우리에게 부과된다. 이에 대응하여 우리는 시간과 기다림을 다루는 전술을 개발해야 한다. 이는 기다림을 없애기 위한 전술이 아니다. 대신에, 이는 우리에게 이음매로부터 배우는 방법을 가르치기 위한 전술이다. 이러한 전술은 우리의 기다림의 시간에 대한 우리의 관점을 변화시키면서 심오한 방식으로 우리의 방향을 바꿀 수 있는 잠재력을 가지고 있다. 이러한 새로운 관점은 기다림을 부담에서 창의성, 사회적 비판, 우리 내면의 상태와 우리 관계의 상태에 대한 성찰과 같은 것을 향한 도약의 발판으로 바꿔 준다.

25-09-고2-21

Mirror neurons are the hardware of empathy, and so what would make more sense than to look and see w___________40) animals possess these cells? And this is exactly where modern research now s___________41) all researchers know so far is that apes p___________42) mirror neurons. We still need to test to see which other species are l___________43) us in this respect. Scientists often publicly s___________44) that we can probably expect surprises here, too. They a___________45) that all animals that live in h___________46) or large groups possess s___________47) brain mechanisms, because social units f___________48) only if individuals can see things from the p___________49) of others in the group and feel what they are f___________50) I can see a goldfish waving its fin at us. As an animal that t___________51) around in a tightly-knit group, it's on board with this idea — or at least swimming a___________52) the boat.

거울 뉴런은 공감의 하드웨어이고, 그러니 어떤 동물이 이 세포를 가지고 있는지 살펴보는 것보다 어떤 것이 더 타당하겠는가? 그리고 이것이 바로 현대 연구가 서 있는 곳으로, 현재까지 연구자들이 아는 것은 유인원이 거울 뉴런을 갖고 있다는 것뿐이다. 우리는 여전히 어떤 다른 종이 이 점에서 우리와 비슷한지 알아보기 위해 검증할 필요가 있다. 과학자들은 종종 우리가 아마도 여기서 놀라움을 기대할 수도 있을 것이라고 공공연하게 추측한다. 그들은 무리나 큰 집단으로 사는 모든 동물은 비슷한 두뇌 작동 기제를 가지고 있다고 가정하는데, 왜냐하면 사회적 (구성)단위는 개인이 집단 내 다른 이들의 관점에서 사물을 보고 그들이 느끼고 있는 것을 느낄 수 있어야만 기능하기 때문이다. 나는 우리를 향해 지느러미를 흔들고 있는 금붕어를 볼 수 있다. 긴밀하게 결속된 무리를 지어 다니는 동물로서, 그것은 이러한 생각에 부합하는 배에 올라타 있거나 적어도 그 배와 나란히 헤엄치고 있다.

25-09-고2-22

The future of work d___________53) on two forces: a h___________54) substituting force and a helpful c___________55) one. Many tales have a hero and a villain fighting each other for d___________56) but in our story, technology plays both roles at once, d___________57) workers while s___________58) r___________59) the demand for their efforts elsewhere in the economy. This interaction helps explain why past worries about automation were m___________60) our ancestors had p___________61) the wrong winner in that fight, u___________62) quite how powerful the complementing force would prove to be or simply i___________63) that factor altogether. It also helps to explain why economists have traditionally been d___________64) of the idea of technological u___________65): there appeared to be firm limits to the s___________66) force, leaving lots of tasks that could not be performed by machines, and a g___________67) demand for human beings to do them instead.

일의 미래는 해로운 대체하는 힘과 도움이 되는 보완하는 힘이라는 두 가지 힘에 달려 있다. 많은 이야기에는 지배권을 놓고 서로 싸우는 영웅과 악당이 있지만, 우리의 이야기에서는 기술이 둘 다의 역할을 동시에 수행하는데, 노동자를 대 체하는 동시에 경제의 다른 곳에서 그들의 노력에 대한 수요를 증가시킨다. 이러한 상호작용은 자동화에 대한 과거의 우려가 왜 잘못된 것인지 설명하는 데 도움이 된다. 우리 조상들은 그 싸움의 승자를 잘못 예측하며, 보완하는 힘이 얼마만큼 강력하다고 드러날지를 꽤 과소평가하거나 혹은 단순히 그 요소를 완전히 무시했었다. 이는 또한 왜 경제학자들이 전통적으로 기술 실업이라는 개념을 무시해 왔는지를 설명하는 데 도움이 된다. 대체하는 힘에는 확고한 한계가 있어 보이고, 기계에 의해서 수행될 수 없는 많은 과업들과, 그것들을 대신 수행할 수 있는 인간에 대한 증가하는 수요를 남겼다.

25-09-고2-23

It's c___________68) that in a world where solar panels are incredibly expensive and there's an extreme c___________69) in the cost of launching objects to space, you might want to m___________70) your energy per panel by p___________71) them above the atmosphere. But panels are cheap, and even if we assume p___________72) steep drops in the cost of space launch, the numbers don't add up. This becomes especially clear when you start to think about m___________73) Try to imagine acres upon acres of glass panels in space, regularly hit by i___________74) radiation and bits of space debris while e___________75) the extreme heat of c___________76) sunlight. They'll have to be r___________77) and c___________78) for either by astronauts or an army of a___________79) robots. Solar panels in Australia can be c___________80) by a teenager with a spray bottle and a cloth.

태양광 패널이 엄청나게 비싸고 우주로 물체를 발사하는 비용에 극단적인 폭락이 있는 세상에서, 여러분이 패널을 대기권 위에 설치하여 패널당 에너지를 극대화하고 싶어 할 수도 있다고 생각할 수 있다. 그러나 패널은 저렴하고, 우리가 우주 발사 비용의 상당히 가파른 하락을 가정하더라도, 계산이 맞지 않는다. 여러분이 유지보수에 대해 생각하기 시작하면 이것은 특히 분명해진다. 우주에 수 에이커에 달하는 유리 패널들이 끊임없는 햇빛의 극심한 열을 견뎌 내며 강렬한 방사선과 우주 파편에 정기적으로 충격을 받는 상상을 해 보라. 그것들은 우주 비행사나 첨단 로봇 군단에 의해 수리되고 관리되어야 할 것이다. 호주에 있는 태양광 패널은 분무기와 헝겊으로 십대 청소년에 의해 청소될 수 있다.

25-09-고2-24

Everything in the world exists on a c___________81) whether in speed, size, or any other possible d___________82) you could think of. Still, we create and mindlessly a___________83) sharp d___________84) and those distinctions change lives far more d___________85) than marginal differences ever do. I___________86), all differences are a___________87) but drawing hard lines between categories h___________88) this a___________89) and can be severely d___________90) I call this resulting damage "the borderline effect." The examples are e___________91). Someone's IQ is 69 and someone else's is 70 — but only the score of 70 is d___________92) to be within the range of normal. We don't have to be statisticians to know there is not a m___________93) difference between 69 and 70. Yet once the person with the lower score is l___________94) "cognitively impaired," his or her life will u___________95) differently than the person with a one-point advantage.

세상의 모든 것은 속도, 크기, 또는 여러분, 이 생각할 수 있는 어떤 다른 가능한 기술어(記述 語)에서든, 연속선상에 존재한다. 그럼에도, 우리는 뚜렷한 구분을 만들고 생각 없이 받아들이며, 그러한 구분은 근소한 차이가 그렇게 하는(삶을 변화시키는) 것보다 훨씬 더 극적으로 삶을 변화시킨다. 사실, 모든 차이는 자의적이지만, 범주들 사이에 확고한 선을 긋는 것은 이러한 자의성을 숨기고 심각하게 피해를 줄 수 있다. 나는 이러한 결과적인 피해를 '경계선 효과'라고 부른다. 그 예는 끝이 없다. 어떤 사람의 IQ가 69이고 다른 사람의 IQ가 70인데, 70이라는 점수만 정상 범위 내에 있는 것으로 간주된다. 우리는 69와 70 사이에 의미 있는 차이가 없다는 것을 알기 위해 통계학자가 되어야 할 필요는 없다. 하지만 일단 점수가 더 낮은 사람이 '인지적으로 어려움이 있는'이라고 꼬리표가 붙게 되면, 그 사람의 삶은 1점의 우위가 있는 사람과는 다르게 전개될 것이다.

25-09-고2-26

Barry Commoner, born in Brooklyn in 1917, was the son of Jewish i___________96) from Russia. Commoner was a leading ecologist and one of the founders of the modern e___________97) movement. He earned his doctoral degree in cellular biology from Harvard University in 1941. After s___________98) in the US Navy during World War II, Commoner moved to Missouri, and became a professor of plant physiology at Washington University in 1947, w___________99) he taught for 34 years. In the late 1950s, Commoner became w___________100) known for his o___________101) to nuclear weapons testing and went on to write several books about the n___________102) ecological effects of a___________103) nuclear testing. In 1980, Commoner f___________104) the Citizens Party to serve as a vehicle for his ecological message. In his later years, Commoner continued his efforts to r___________105) awareness about the i___________106) that human activity has on the environment.

1917년에 브루클린에서 태어난 Barry Commoner는 러시아에서 온 유대인 이민자의 아들이었다. Commoner는 선도적인 생태학자이자 현대 환경 운동의 창시자 중 한 명이었다. 그는 1941년에 Harvard University에서 세포 생물학 박사 학위를 받았다. 2차 세계대전 중 미 해군에서 복무한 후, Commoner는 Missouri로 이주하였고, 1947년에 Washington University에서 식물 생리학 교수가 되었으며, 그곳에서 34년 동안 가르쳤다. 1950년대 후반에, Commoner는 핵무기 실험에 대한 그의 반대로 널리 알려졌고 나아가 대기권 핵실험의 부정적인 생태학적 영향에 관한 여러 권의 책을 썼다. 1980년에, Commoner는 그의 생태학적 메시지의 전달 수단으로서 역할을 하는 Citizens Party를 설립했다. 말년에, Commoner는 인간 활동이 환경에 미치는 영향에 대한 인식을 높이기 위해 계속해서 노력했다.

25-09-고2-29

All human cultures mark the passing of time by the differences they o___________107) in the world around them. Our choice of which differences to mark d___________108) firstly on what we can observe and secondly on what is important in our lives. How we mark the differences — the shapes of our calendars and our r___________109) — depends on the c___________110) we make between those two things. In the a___________111) society of pre-modern Europe, where h___________112) latitudes make the seasons easily o___________113), it was natural to m___________114) the solar cycle. C___________115), among the largely nomadic peoples of Arabia, for whom seasonal changes were less s___________116), the lunar calendar was a more s___________117) choice. That did not make it i___________118) that Islam would use a l___________119) calendar and Roman Christianity a s___________120) one, but political and religious decisions were m___________121) from options limited by geography and lifestyle, f___________122) through tradition.

인류의 모든 문화들은 그것들을 둘러싼 세계에서 그것들이 관찰하는 차이에 따라 시간의 흐름을 표시한다. 어떤 차이를 표시할지에 대한 우리의 선택은 첫째로 우리가 무엇을 관찰할 수 있는지와 둘째로 우리 삶에서 무엇이 중요한지에 따라 달라진다. 우리의 달력과 의식의 형태처럼 우리가 그 차이들을 표시하는 방법은 그 두 가지 사이에 우리가 만드는 연결에 따라 달라진다. 위도가 높아 계절을 쉽게 관찰할 수 있었던 전근대 유럽의 농경 사회에서는 태양의 주기를 관찰하는 것은 자연스러운 일이었다. 반대로, 계절 변화가 덜 중요한 아라비아의 대체로 유목 생활을 하는 민족들에게는 음력이 더 합리적인 선택이었다. 그렇다고 해서 이슬람교가 음력을, 로마 기독교가 양력을 사용하는 것이 필연적인 것은 아니었지만, 지리와 생활 방식에 의해 제한된 선택지 중에서 전 통을 통해 걸러져 정치적, 종교적 결정이 이루어졌다.

25-09-고2-30

Although empathy is widely p___________123) by scholars and public figures, not everyone is an empathy booster. C___________124) of empathy argue that empathy will not save us from interpersonal and intergroup c___________125). In fact, they argue, empathy makes such conflicts w___________126). These critics maintain that empathy can be e___________127) and lead to burnout or i___________128) to suffering. They argue that we tend to empathize strongly with our in-group and r___________129) empathizing with out-groups, and even enjoy the s___________130) of out-groups in competitive or t___________131) contexts. Thus, the p___________132) for more empathy is often c___________133) in cases of conflict. Empathy, they argue, can further encourage conflict and force us into an us vs. them mentality. Finally, even when we try to empathize with others who are d___________134) from us or in u___________135) contexts, sometimes we are unable to a___________136) empathize with their experiences, causing further misunderstandings and f___________137) Critics of empathy argue that we should give up on empathy and employ other tools in pursuit of social harmony, e.g., r___________138) compassion or m___________139) emotions like fear, anger, and shame.

공감은 학자들과 유명 인사들에 의해 널리 칭송받지만, 모든 사람이 공감을 지지하는 사람인 것은 아니다. 공감에 대해 비판하는 사람들은 공감이 사람 간 그리고 집단 간 갈등으로부터 우리를 구해주지 않을 것이라고 주장한다. 사실, 그들은 공감이 그러한 갈등을 더 악화시킨다고 주장한다. 이런 비평가들은 공감은 소모적일 수 있으며, 번아웃 또는 고통에 대한 무감각으로 이어질 수 있다고 주장한다. 그들은 우리가 내집단에는 강하게 공감하고 외집단에 대한 공감에는 저항하며, 심지어 경쟁적이거나 위협적인 상황에서는 외집단의 고통을 즐기는 경향이 있다고 주장한다. 따라서, 더 많은 공감을 처방하는 것은 갈등 상황에서 종종 역효과를 낸다. 그들이 주장 하기로는, 공감은 더 나아가 갈등을 조장하고 우리를 우리 대 그들이라는 사고방식으로 몰아넣을 수 있다. 마지막으로, 우리와 다르거나 낯선 상황에 있는 타인에게 공감하려고 할 때조차도, 때때로 우리는 그들의 경험을 정확하게 공감하지 못하고, 그 이상의 오해와 좌절을 유발한다. 공감을 비판하는 사람들은 우리가 공감을 포기하고 사회적 조화를 얻기 위해 다른 도구를 이용해야 한다고 주장하는데, 예를 들면 이성적 연민 또는 두려움, 분노, 수치심과 같은 도덕적 감정들이다.

25-09-고2-31

Paradoxically, it's u___________140) that makes us feel most alive. Think of events that shake you out of your everyday routine: maybe attending a family wedding, making a big presentation, or going somewhere you've never been. It's on those occasions that time seems to slow down a little, and you feel more fully e___________141). The same holds true if the experience is r___________142), like mountain climbing or parasailing. Your senses are s___________143). You notice more. Thanks to the release of a feel-good chemical in the brain called dopamine, you get a greater rush of pleasure from chance e___________144) with people than p___________145) meetings. Good news, financial rewards, and gifts are more e___________146) if they are surprises. It's why the most popular television shows and movies are the ones with u___________147) plot twists and a___________148) endings.

역설적으로, 우리가 가장 살아있다고 느끼게 만드는 것은 바로 불확실성이다. 여러분을 일상적인 삶에서 벗어나게 만드는 사건들을 생각해 보아라. 아마도 가족 결혼식에 참석하거나, 중대한 발표를 하거나, 한 번도 가보지 못한 곳에 가는 것 같은 일들 말이다. 시간이 약간 느려지는 것 같고, 여러분이 더 온전히 몰입한다고 느끼는 때는 바로 그러한 순간들이다. 등산이나 패러세일링처럼 그 경험이 위험한 경우에도 마찬가지이다. 여러분의 감각들이 더 예민해진다. 여러분은 더 많은 것을 알아차린다. '도파민'이라고 불리는 기분 좋게 하는 화학 물질이 뇌 안에서 분비되는 덕분에, 여러분은 계획된 만남보다 사람들과의 우연한 만남에서 더 크게 몰려오는 즐거움을 얻게 된다. 좋은 소식, 금전적 보상, 그리고 선물은 뜻밖의 일일 때 더 즐겁다. 그것이 가장 인기 있는 텔레비전 쇼와 영화가 예기치 않은 줄거리의 반전과 놀라운 결말을 가진 것들인 이유다.

25-09-고2-32

A great strength of the market mechanism is that there are i___________149) for individuals to r___________150) their knowledge through their behavior. This s___________151) in contrast to many s___________152) situations — for example, in political n___________153) — in which it is wise not to let the other side know what one's true p___________154) or production capacities are. A perfectly c___________155) market that clears on the spot leaves no room for such strategies. If prices are not s___________156) — as many models assume — individuals adapt their behavior i___________157), whenever their p___________158) or the c___________159) change. They stop buying items that do not s___________160) their needs and stop selling items that do not provide them with o___________161) gains, maybe s___________162) to the production of other items. If they have m___________163) problems, for example, falling into d___________164) about the fact that there is no demand for their products, markets reveal to them, sometimes in quite b___________165) ways, that they better accept this fact.

시장 메커니즘의 한 가지 큰 장점은 사람들이 자신의 행동을 통해 자신이 알고 있는 것을 드러내도록 하는 유인이 있다는 것이다. 이는 자신의 진정한 선호나 생산 능력이 무엇인지 상대측이 알게 하지 않는 것이 현명한 여러 전략적 상황과 대조적인데, 정치적 협상을 예로 들 수 있다. 상품이 바로바로 다 팔리는 완전 경쟁 시장은 그러한 전략을 위한 여지를 남겨두지 않는다. 많은 모델이 가정하는 것처럼 가격이 고착되어 있지 않다면, 사람들은 자신의 선호나 상황이 변할 때마다 즉각적으로 행동을 조정한다. 그들은 자신의 필요를 충족시키지 못하는 물품의 구매를 중단하고 그들에게 최적의 이익을 제공하지 않는 물품의 판매를 중단하고, 다른 물품의 생산으로 전환할지도 모른다. 예를 들어, 그들이 그들의 제품에 대한 수요가 없다는 사실을 부정하는 것에 빠지는 동기적 문제가 있다면, 시장은 그들이 이 사실을 받아들이는 편이 좋다는 것을 때로는 꽤 잔혹한 방법으로 그들에게 드러낸다.

25-09-고2-33

Dictionary definitions are constantly r___________166) to keep up with our changing uses and knowledge. In Roman times, "___________167)" were people who were u___________168) to pay their debts and gave themselves as slaves to their c___________169). The word eventually came to be a___________170) with drug dependency: one becomes a slave to one's addiction. The word "husband" originally referred to being a homeowner; it had n___________171) to do with being married. But because owning your own p___________172) made it more likely you'd find a mate, the word e___________173) came to mean a male who has been wed. On November 5th, 1605, Guy Fawkes tried to blow up the British Parliament. He was c___________174) and put to death. Loyalists burned his e___________175), which they nicknamed the "guy." Centuries later, the word lost its negative c___________176) and a musical named Guys and Dolls ran on Broadway. In American slang, bad means good, cool means great, and wicked means excellent. If you could t___________177) yourself one hundred years into the future, you'd find yourself c___________178) by your great-grandchildren's speech because language itself is an ever-changing r___________179) of human invention.

사전적 정의는 우리의 변화하는 용례와 지식에 뒤처지지 않기 위해 끊임없이 수정된다. 로마 시대에 'addicts'는 빚을 갚을 수 없어서 스스로 채권자의 노예가 된 사람들이었다. 그 단어는 결국 약물 의존과 연관되었는데, 사람은 자신이 중독된 것에 노예가 된다는 것이다. 'husband'라는 단어는 원래 주택 소유자가 되는 것을 가리켰고, 기혼 상태와는 아무런 관련이 없었다. 그러나 재산을 소유하는 것은 여러분이 배우자를 찾을 가능성을 더 높게 만들었기 때문에 결국 그 단어는 결혼한 남성을 의미하게 되었다. 1605년 11월 5일, Guy Fawkes는 영국 의사당을 폭파하려 했다. 그는 체포되어 처형당했다. 로열리스트들은 그를 닮은 인형을 불태웠는데 그들은 그것에 'guy'라는 별명을 붙였다. 수 세기 후, 그 단어는 부정적인 함축을 잃었고 Guys and Dolls라는 제목의 뮤지컬이 브로드웨이에서 상연되었다. 미국 속어에서 'bad'는 '좋은'을, 'cool'은 '멋진'을, 'wicked'는 '탁월한'을 의미한다. 언어 자체가 인간이 만들어내는 것의 계속 변화하는 반영물이기 때문에 여러분이 100년 후 미래로 이동할 수 있다면 여러분의 증손자의 말에 당황하게 될 것이다.

25-09-고2-34

The term "anchoring" was i___________180) by Roland Barthes who observed that text is often used next to images (his focus was on photographs) to c___________181) meaning. Of all possible literal or i___________182) interpretations an image could e___________183), text would point the viewer towards a d___________184), specific direction. In advertising, as Barthes argues, the s___________185) message does not guide i___________186) but interpretation. The viewer is not asked to r___________187) what they see but to understand why they see it and what it means to them. By c___________188) images with text, advertising produces symbolic meaning that is accurate and s___________189) on the one hand, richer on the other, thus adding depth and e___________190) breadth of rational and emotional interpretations. The headline or tagline of an ad d___________191) the reader through the i___________192) meanings of the image, so that the reader a___________193) some and receives others. It "remote-controls" the reader towards a meaning c___________194) in advance.

"anchoring"이라는 용어는 의미를 한정하기 위해 텍스트가 자주 이미지 옆에 사용되는 점을 관찰한 Roland Barthes(그는 사진에 중점을 두었다)에 의해 도입되었다. 이미지가 이끌어 낼 수 있는 모든 가능한 있는 그대로의 또는 함축된 해석 중에서, 텍스트는 보는 사람을 원하는 특정한 방향으로 향하게 할 것이다. 광고할 때, Barthes가 주장하는 것처럼, 상징적 메시지는 식별이 아니라 해석을 유도한다. 보는 사람은 그들이 보는 것을 인식하도록 요구되는 것이 아니라 왜 그들이 그것을 보는지 그리고 그것이 그들에게 무엇을 의미하는지를 이해하도록 요구된다. 이미지와 텍스트를 결합함으로써, 광고는 한편으로는 정확하고 구체적이며, 다른 한편으로는 더욱 풍부한 상징적 의미를 만들어 내어, 그 결과 이성적이고 감성적 해석의 깊이를 더하고 폭은 제거한다. 광고의 헤드라인이나 끝맺음말이 이미지의 의도된 의미를 통해 독자를 안내하여, 독자는 어떤 것은 피하고 다른 것은 받아들인다. 그것은 독자를 미리 선택된 의미 쪽으로 '원격 제어한다'.

25-09-고2-35

According to Einstein's theory, a large m__________195) like the Sun 'bends' space-time. Newton's theory makes no such p__________196). This bending of space-time leads to p__________197) such as 'g__________198) lensing' where the light of distant stars appears to be in different locations when they p__________199) by a large mass like the Sun. We don't normally see this lensing because stars aren't v__________200) during the day when the Sun is out, but a solar e__________201) in 1919 allowed scientists to observe what the Sun's gravity was doing to the light from d__________202) stars. The stars around the Sun appeared to have moved from their normal positions in the night sky. The shift was much l__________203) than Newton's theory predicted, but exactly in the positions predicted by Einstein's theory.

아인슈타인의 이론에 따르면, 태양과 같은 큰 질량은 시공간을 '휘어지게 한다'. 뉴턴의 이론은 그런 예측을 하지 않는다. 이런 시공간의 휘어짐은 멀리 있는 별의 빛이 태양과 같은 거대한 질량 옆을 지날 때 다른 위치에 있는 것처럼 보이는 '중력 렌즈 효과'와 같은 현상으로 이어진다. 우리는 낮에 태양이 떠 있을 때 별들이 보이지 않기 때문에 이러한 렌즈 효과를 보통 보지 못하지만, 1919년의 일식은 태양의 중력이 멀리 있는 별로부터 오는 빛에 어떤 영향을 주는지 과학자들이 관찰할 수 있게 해 주었다. 태양 주변의 별들은 밤하늘의 그것들의 정상적인 위치에서부터 이동한 것처럼 보였다. 그 이동은 뉴턴의 이론이 예측한 것보다 훨씬 컸지만, 아인슈타인의 이론에 의해 예측된 위치에 정확히 있었다.

25-09-고2-36

We're naturally w__________204) to organize the world into a h__________205). We do this to help make sense of the world, m__________206) our beliefs, and generally feel better. But when someone i__________207) on our place in the world and our understanding of how it works, we react without thinking. When someone cuts you off on the highway and road rage k__________208) in, that's your u__________209) mind saying, "Who are you to cut me off?" You're reacting to a t__________210) to your i__________211) sense of hierarchy. On the road we are all e__________212). We're all s__________213) to play by the same rules. Cutting someone off v__________214) those rules and implies higher status. Or consider when you get f__________215) with your kids and end an argument with "Because I said so." (Or the office e__________216) : "Because I'm the boss.") In these moments you've stopped thinking and r__________217) to your b__________218) tendencies of r__________219) the hierarchy.

우리는 본래 세상을 위계로 조직화하도록 되어 있다. 우리는 세상을 이해하고, 우리의 신념을 유지하며, 일반적으로 기분이 나아지도록 하기 위해 이것을 한다. 그러나 누군가가 세상에서의 우리의 위치와 그것이 어떻게 작동하는지에 대한 우리의 이해를 침해할 때 우리는 생각하지 않고 반응한다. 누군가가 고속도로에서 여러분에게 끼어들어 운전자의 분노가 발생했을 때, 그것은 "네가 뭔데 나에게 끼어들었어?"라고 말하는 여러분의 무의식적인 마음이다. 여러분은 여러분의 내재한 위계 의식에 대한 위협에 반응하고 있다. 도로 위에서 우리는 모두 평등하다. 우리는 모두 같은 규칙에 따라 행동해야 한다. 누군가에게 끼어드는 것은 그러한 규칙을 위반하는 것이며 더 높은 지위를 의미한다. 또는 여러분이 여러분의 자녀에게 실망하게 되어 말다툼을 "내가 그렇게 말했으니까."라고 말하며 끝낼 때(또는 동일한 사무실 상황, "내가 상사니까.")를 생각해 봐라. 이런 순간에 여러분은 생각하는 것을 멈추었고 위계를 재확인하는 여러분의 생물학적 성향으로 되돌아갔다.

25-09-고2-37

Once a nail is h__________220) in, it is f__________221) that holds it in place. Friction is the force that a__________222) when two surfaces are sliding, or trying to slide, against each other. If you try to pull a___________223) two blocks of wood that have been nailed together, the wood fibers grip the shaft of the nail. The nail feels a force trying to rip it apart along its length, and we call that force t__________224). Your experiment can now fail in one of two ways — either the nail s__________225) and splits in half because the t__________226) force is too large for the nail, or the nail comes l__________227) because the friction force is o__________228). The force it would take to stretch the nail is much larger than the friction forces on the surface, so we don't have to worry too much about the f__________229). It's the friction with which we need to concern ourselves.

일단 못이 망치로 두들겨 박히면 그것을 제자리에 붙들고 있는 것은 바로 마찰이다. 마찰은 두 표면이 서로에 저항해 미끄러지거나 미끄러지려고 할 때 발생하는 힘이다. 만약 여러분이 함께 못 박혀 있는 두 개의 나무 블록을 떼어내려고 하면, 나무 섬유가 못의 축을 잡고 있다. 못은 그것의 길이대로 그것을 쪼개려고 하는 힘을 받고, 우리는 그 힘을 장력이라고 부른다. 여러분의 시도는 이제 두 가지 방법 중 하나로 실패할 수 있는데, 장력이 못이 견디기에는 너무 커서 못이 늘어나 반으로 갈라지거나, 또는 마찰력이 극복되어 못이 헐거워지는 둘 중 하나이다. 못을 늘리는 데 들 힘은 표면의 마찰력보다 훨씬 더 커서 전자에 대해 우리는 너무 많이 걱정할 필요가 없다. 우리가 신경 쓸 필요가 있는 것은 바로 마찰이다.

25-09-고2-38

The traditional bank manager in the 1950s was usually a r__________230) p__________231) of the community, a cautious, careful sort of person who probably went to bed early and didn't drink too much. But from the 1970s a new kind of banker appeared — loud, flashy, and a__________232). These bankers loved taking big r__________233). They wanted to get rich quick and blow their money on fast cars and expensive champagne. They made their money through what's called 's__________'. 234) Normally, people buy things because they want to use them, such as w__________235) to make bread and p__________236) to run the car. But when people s__________237), they buy things even when they have no interest in using them. They might buy a load of wheat simply because they think that its price is going to rise when a d__________238) is predicted in wheat-growing areas. If their guess is right, they later sell the wheat for a p__________239).

1950년대의 전통적인 은행 지점장은 대개 지역 사회의 존경받는 기둥이자, 아마도 일찍 잠자리에 들고 술을 많이 마시지 않는 조심스럽고 신중한 부류의 사람이었다. 하지만 1970년대부터 큰소리치고 화려하며 거만한 새로운 종류의 은행가가 등장했다. 이 은행가들은 큰 위험을 감수하는 것을 좋아했다. 그들은 빨리 부유해지고 싶어 했으며 빠른 차와 비싼 샴페인에 그들의 돈을 펑펑 쓰고 싶어 했다. 그들은 소위 '투기'를 통해 돈을 벌었다. 보통, 사람들은 빵을 만들기 위한 밀이나 자동차를 운행하기 위한 휘발유와 같이, 그것들을 사용하고 싶어서 물건을 구입한다. 하지만 사람들이 투기할 때는 그들은 물건들을 사용하는 것에 관심이 없을 때조차도 그것들을 구입한다. 밀 재배 지역에 가뭄이 예상될 때 단지 그것의 가격이 오를 것이라고 생각하기 때문에 그들은 많은 양의 밀을 사들일지도 모른다. 만약 그들의 추측이 맞다면, 그들은 나중에 이익을 위해 밀을 판다.

25-09-고2-39

Paper's mechanical p___________240) lend themselves to folding and bending. The cellulose f___________241) of which it is made can be partially s___________242) in the area of maximum bend, allowing a p___________243) crease to form, while s___________244) fibers remain undamaged for the material not to crack and fall apart. Indeed, in this state it pretty much maintains its ability to r___________245) being pulled apart, but it can also be t___________246) easily and accurately along the crease if a point of weakness — a small, i___________247) tear — is opened up. This winning c___________248) of mechanical p___________249) allows it to assume the shape of any object through creasing and folding — hence the art of origami. There are very f___________250) materials as good: metal foils can hold a crease, but control of the crease is somewhat more difficult. Plastic sheeting doesn't tend to hold a crease at all, unless it is very soft, in which case it l___________251) the rigidity required of a good wrapping material. So it is its ability to hold a c___________252) while r___________253) stiff that makes paper uniquely suited to this purpose.

종이의 물리적 특성은 접고 구부리기에 적합하다. 그것을 만드는 셀룰로오스 섬유는 최대로 구부러지는 부분에서 부분적으로 꺾일 수 있어 영구적인 주름이 형성되도록 하는 동시에, 충분한 섬유가 완전하게 남아 재료가 갈라지고 떨어지지 않는다. 실제로, 이러한 상태에서 그것은 잡아당겨짐에 저항하는 능력을 상당히 유지하지만, 그것은 또한 작은 초기의 찢김 같은 약한 지점이 열리면 주름을 따라 쉽고 정확하게 찢어질 수 있다. 이러한 물리적 특성의 우수한 조합은 그것이 주름짐과 접힘을 통해 어떤 물체의 모양도 취할 수 있도록 하며, 이러한 점에서 종이접기 예술이 생겼다. 이만큼 좋은 재료들은 매우 드문데, 금속 호일은 주름을 유지할 수 있지만, 주름의 통제가 다소 더 어렵다. 플라스틱 시트는 매우 부드럽지 않은 한 주름을 전혀 유지하지 않는 경향이 있고, 매우 부드러운 경우에는 좋은 포장재에 요구되는 단단함이 부족하다. 따라서 종이를 이 용도에 특별히 적합하도록 만드는 것은 바로 뻣뻣한 상태를 유지하면서 주름을 유지하는 그것의 능력이다.

25-09-고2-40

Mother cats can tell which k___________254) belong to them — when litters are mixed up they use their kittens' scent to d___________255) them from o___________256) of other mothers. D___________257) this, when faced with a selection of kittens who have w___________258) from the nest, her own and others that aren't hers, a mother cat doesn't appear to f___________259) her own offspring when r___________260) them. The reason for this is u___________261), although distress vocalizations from kittens that are l___________262) from their nest are known to be very powerful, so it may just be hard for the mother to resist r___________263) them, r___________264) of whether they are hers. In the wild, a s___________265) kitten out in the open is l___________266) to attract predators, which is bad news for any other kittens around it. A rapid rescue of any crying kitten would be a good strategy to p___________267) them from drawing unwanted attention.

어미 고양이는 어느 새끼 고양이가 자신의 것인지를 구별할 수 있는데, 새끼들이 섞여 있으면 그것들은 자신의 새끼 고양이를 다른 어미 고양이의 새끼와 구별하기 위해 자기 새끼 고양이의 냄새를 사용한다. 이에도 불구하고, 보금자리에서 벗어나 헤매는 그녀 자신의 것과 그녀의 것이 아닌 새끼 고양이들을 선별하는 상황을 직면했을 때, 어미 고양이는 새끼들을 되찾아올 때 자기 자신의 새끼를 편애하는 것으로 보이지 않는다. 비록 보금자리에서 길을 잃은 새끼 고양이의 조난 발성이 매우 강력하다고 알려져 있고, 그래서 자신의 새끼인지의 여부와 상관없이 어미가 새끼들을 되찾아오는 것을 거부하는 것이 어려울 수 있음에도 불구하고, 이것에 대한 이유는 불확실하다. 야생에서는 외부 개방된 곳에서 끽하는 소리를 내는 새끼 고양이는 포식자를 유인할 가능성이 높은데, 이는 그것 주변의 다른 어떤 새끼 고양이들에게도 나쁜 소식이다. 어떤 울고 있는 새끼 고양이라도 신속하게 구조하는 것은 원치 않는 관심을 끄는 것을 막는 좋은 전략일 것이다.

25-09-고2-41~42

Many animals p___________268) a mixed strategy of a___________269) both body fat and food, which leads one to ask, "What are the relative advantages and disadvantages of these two forms of energy storage?" Maximum fat d___________270) increases with body mass w___________271) maximum food storage is not c___________272) by body size. This means that animals, especially small animals, can accumulate much greater energy r___________273) in the form of stored food than they can in the form of body fat. Further, stored food is more economical than body fat because fat c___________274) to body mass, and m___________275) rate increases with body mass. In other words, there is a metabolic e___________276) to maintaining fat. E___________277) fat accumulations may also have a negative effect on an animal's ability to avoid p___________278). And, if m___________279) a high body temperature is advantageous, animals might be expected to accumulate more energy in the form of a food store than as body fat. On the other hand, stored food may rot over time, may be removed by robbers, or may simply be lost. Many animals must e___________280) energy managing and protecting their food stores. Eating food and c___________281) it to fat avoids these types of losses and the energetic costs of managing stored food. A large accumulation of body fat adds to an animal's fasting c___________282), especially large animals, p___________283) some animals to enter p___________284) dormancy in the r___________285) security of a hibernaculum. Thus, both fat accumulation and food storage have some decided advantages.

많은 동물은 체지방과 식량 둘 다 축적하는 혼합 전략을 추구하는데, 이는 우리가 "이 두 가지 에너지 저장 형태의 상대적인 장점과 단점은 무엇인가?"라고 질문하게 한다. 최대 지방 축적량은 체질량에 따라 증가하는 반면 최대 식량 저장량은 신체 크기에 제한을 받지 않는다. 이는 동물, 특히 작은 동물은 그들이 체지방 형태로 축적할 수 있는 것보다 훨씬 더 많은 에너지 비축량을 저장된 식량의 형태로 축적할 수 있다는 것을 의미한다. 게다가, 지방은 체질량에 기여하고, 신진대사율도 체질량에 따라 높아지기 때문에 저장된 식량은 체지방보다 더 경제적이다. 다시 말해, 체지방을 유지하는 데 신진대사 비용이 존재한다. 과도한 체지방 축적은 또한 포식자를 피하는 동물의 능력에 부정적인 영향을 미칠지도 모른다. 그리고, 만약 높은 체온을 유지하는 것이 유리하다면, 동물은 체지방으로보다 저장된 식량의 형태로 더 많은 에너지를 축적할 것으로 예상될 수 있다. 반면에 저장된 식량은 시간이 지남에 따라 상할 수 있고, 도둑에 의해 제거되거나, 단순히 분실될 수 있다. 많은 동물은 저장된 식량을 관리하고 보호하는 데 에너지를 소비해야 한다. 식량을 먹고 그것을 지방으로 전환하는 것은 이러한 유형의 손실과 저장된 식량을 관리하는 데 드는 에너지 비용을 피한다. 체지방의 많은 축적은 동물의 금식 능력을 높여주는데, 특히 큰 동물에게 그러하며, 어떤 동물들이 동면 장소의 상대적인 안전함 속에서 장기간의 휴면 상태에 들게 해 준다. 따라서 지방 축적과 식량 저장 둘 다 몇 가지 결정적인 이점이 있다.

25-09-고2-43~45

Collin's dad had a 15-year-old car, which was the same age as Collin. He decided that it was finally time to r___________286) it with a newer model. One evening at dinner, he shared his plan to buy a new car with his family. E___________287) by the news, Collin became determined to contribute to his dad's big p___________288). Over the past several years, Collin had saved his a___________289) money. He felt that this was the perfect opportunity to do something special for his dad.

The next morning, before heading to school, Collin put an e___________290) on the kitchen table. When his dad came into the kitchen, he noticed the envelope and asked his wife about it. She explained that Collin had left it there before l___________291) for school. Collin's dad opened the envelope and saw a thick stack of money. "There's $1,000 in here!" he e___________292), after counting it. His wife smiled and said, "Collin wanted to help you p___________293) for the new car."

That afternoon, Collin's dad went to the car dealership and purchased a car that was only one year old. He picked a red car because that was Collin's favorite color. The money that his son had l___________294) for him was enough to cover the remaining cost, and he even had some funds left over! Collin's dad decided to buy his son a small gift with the extra money. That evening, when Collin came home, he was a___________295) to see the new car parked in the driveway.

His dad thanked him sincerely, and told Collin how proud he was of his t___________296) gesture. Then, he handed Collin a small box with a bow on top of it, and a brand-new baseball was inside. Collin loved it! He b___________297) with excitement and said, "Not o___________298) do we have a new car, but I a___________299) got an awesome new baseball!" His dad smiled warmly and hugged him. Collin's kind and g___________300) heart had created a beautiful moment for his family.

Collin의 아버지는 15년 된 차를 가지고 있었는데, 그것은 Collin과 같은 나이였다. 그는 그것을 마침내 더 새로운 모델로 교체할 때라고 결심했다. 어느 날 밤 저녁 식사에서 그는 새 차를 사려는 그의 계획을 그의 가족들과 공유했다. 그 소식에 기뻐서, Collin은 그의 아버지의 큰 구매에 기여하겠다고 결심하게 되었다. 지난 수년 동안, Collin은 그의 용돈을 모아 왔다. 그는 이번이 아버지를 위해 특별한 무언가를 할 완벽한 기회라고 느꼈다.

다음 날 아침, 학교로 향하기 전, Collin은 봉투를 주방 탁자 위에 두었다. 그의 아버지가 주방으로 들어왔을 때, 그는 그 봉투를 알아차리고 그의 아내에게 그것에 관해 물었다. 그녀는 Collin이 학교로 떠나기 전에 그것을 거기에 두었다고 설명했다. Collin의 아버지는 그 봉투를 열었고 두꺼운 돈다발을 보았다. "여기 1,000달러가 있어!" 그가 그것을 세어 본 후 외쳤다. 그의 아내는 미소를 지었고, "Collin이 당신이 새 차를 위한 비용을 내는 것을 돕고 싶어 했어요."라고 말했다.

그날 오후, Collin의 아버지는 자동차 판매 대리점에 가서 1년밖에 안 된 차를 구입했다. 그는 빨간색이 Collin이 가장 좋아하는 색깔이기 때문에 빨간 차를 골랐다. 그의 아들이 그를 위해 놓아두었던 돈은 나머지 금액을 충당하기에 충분했고, 그는 심지어 약간의 돈을 남겼다! Collin의 아버지는 그 여분의 돈으로 그의 아들에게 작은 선물을 사 주기로 결심했다. 그날 저녁, Collin이 집에 왔을 때, 그는 진입로에 새로운 차가 주차된 것을 보게 되어 놀랐다.

그의 아버지는 그에게 진심으로 고마워했고, 그가 Collin의 사려 깊은 행동을 얼마나 자랑스러워하는지 Collin에게 말했다. 그러고 나서 Collin에게 리본이 위에 달린 작은 상자를 건넸고, 새 야구공이 그 안에 있었다. Collin은 그것을 좋아했다! 그는 기쁨으로 얼굴이 환히 빛났고 "우리가 새 차를 가지게 됐을 뿐만 아니라, 저도 아주 멋진 새 야구공을 받았어요!"라고 말했다. 그의 아버지는 따뜻하게 미소 짓고 그를 안아 주었다. Collin의 친절하고 너그러운 마음이 그의 가족에게 아름다운 순간을 만들었다.

2025 고2 9월 모의고사

❶ voca　　❷ text　　❸ [/]　　❹ ＿＿＿　　❺ quiz 1　　❻ quiz 2　　❼ quiz 3　　❽ quiz 4　　❾ quiz 5

1. 글의 흐름으로 보아, 주어진 문장이 들어가기에 가장 적절한 곳은? 25-09-고2-18

While searching for the ideal location, we found that your school is the best place to ensure the safety and accessibility of all attendees.

Dear Principal Smith,
My name is Kara Peterson, and I am the Community Event Coordinator at the Greenfield Community Center. We are organizing a drone show for the local community and are excited about this special event. (①) I kindly request your permission to use the school playground on Saturday, December 6th, from 6 p.m. (②) to 8 p.m. (③) We will ensure that all safety rules are strictly followed, and that any cleanup will be handled efficiently. (④) Please let me know if there are any specific procedures for obtaining approval. Thank you for your time and consideration. I will be eagerly awaiting your response. (⑤)
Sincerely, Kara Peterson

2. 글의 흐름으로 보아, 주어진 문장이 들어가기에 가장 적절한 곳은? 25-09-고2-19

She wondered who they were.

When Amina returned home from the river with her full clay water jar, she noticed men with tools near her family's hut. (①) Her uncle stood among them, pointing to a spot beyond the baobab tree. She put the jar down and walked closer, wanting to know what was happening. (②) The men began clearing and marking the ground. (③) Amina ran to her uncle with a mind full of questions. (④) "Uncle, what's happening?" she asked. "We're preparing the land. Something important will be built. (⑤) A school!" her uncle said with a proud smile. Amina's eyes sparkled with joy. The school nearest to her village was hours away on foot. "It's for all the children in the village," her uncle continued. Amina imagined learning how to read and write, and her heart swelled with excitement.

3. 글의 흐름으로 보아, 주어진 문장이 들어가기에 가장 적절한 곳은? 25-09-고2-20

> In this vein, time is imposed on us by our cultures, by the technologies that have regimented time down to the nanosecond, and by its own finite nature and the fact that we're going to live only so long.

"Tactics" is a term drawn from military usage. Strategies are plans of action directing a military force when attacking another, and tactics are responses to conditions on the ground. (①) In response, we must develop tactics for dealing with time and waiting. (②) These aren't tactics to eliminate waiting; instead, these are tactics for teaching us how to learn from the seams. (③) These tactics have the potential to reorient us in profound ways, transforming our perspectives on our wait times. (④) Such renewed perspectives transform waiting from a burden to a springboard toward things like creativity, social critique, or reflection on our inner state and the state of our relationships. (⑤)

4. 글의 흐름으로 보아, 주어진 문장이 들어가기에 가장 적절한 곳은? 25-09-고2-21

> They assume that all animals that live in herds or large groups possess similar brain mechanisms, because social units function only if individuals can see things from the perspective of others in the group and feel what they are feeling.

Mirror neurons are the hardware of empathy, and so what would make more sense than to look and see which animals possess these cells? (①) And this is exactly where modern research now stands: all researchers know so far is that apes possess mirror neurons. (②) We still need to test to see which other species are like us in this respect. Scientists often publicly speculate that we can probably expect surprises here, too. (③) I can see a goldfish waving its fin at us. (④) As an animal that travels around in a tightly-knit group, it's on board with this idea — or at least swimming alongside the boat. (⑤)

5. 글의 흐름으로 보아, 주어진 문장이 들어가기에 가장 적절한 곳은? 25-09-고2-22

> This interaction helps explain why past worries about automation were misplaced.

The future of work depends on two forces: a harmful substituting force and a helpful complementing one. (①) Many tales have a hero and a villain fighting each other for dominance, but in our story, technology plays both roles at once, displacing workers while simultaneously raising the demand for their efforts elsewhere in the economy. (②) Our ancestors had predicted the wrong winner in that fight, underestimating quite how powerful the complementing force would prove to be or simply ignoring that factor altogether. (③) It also helps to explain why economists have traditionally been dismissive of the idea of technological unemployment: there appeared to be firm limits to the substituting force, leaving lots of tasks that could not be performed by machines, and a growing demand for human beings to do them instead. (④)

6. 글의 흐름으로 보아, 주어진 문장이 들어가기에 가장 적절한 곳은? 25-09-고2-23

> But panels are cheap, and even if we assume pretty steep drops in the cost of space launch, the numbers don't add up.

It's conceivable that in a world where solar panels are incredibly expensive and there's an extreme collapse in the cost of launching objects to space, you might want to maximize your energy per panel by putting them above the atmosphere. (①) This becomes especially clear when you start to think about maintenance. (②) Try to imagine acres upon acres of glass panels in space, regularly hit by intense radiation and bits of space debris while enduring the extreme heat of constant sunlight. (③) They'll have to be repaired and cared for either by astronauts or an army of advanced robots. (④) Solar panels in Australia can be cleaned by a teenager with a spray bottle and a cloth. (⑤)

7. 글의 흐름으로 보아, 주어진 문장이 들어가기에 가장 적절한 곳은? 25-09-고2-24

> I call this resulting damage "the borderline effect." The examples are endless.

Everything in the world exists on a continuum, whether in speed, size, or any other possible descriptor you could think of. (①) Still, we create and mindlessly adopt sharp distinctions, and those distinctions change lives far more dramatically than marginal differences ever do. (②) Indeed, all differences are arbitrary, but drawing hard lines between categories hides this arbitrariness and can be severely damaging. (③) Someone's IQ is 69 and someone else's is 70 — but only the score of 70 is deemed to be within the range of normal. We don't have to be statisticians to know there is not a meaningful difference between 69 and 70. (④) Yet once the person with the lower score is labeled "cognitively impaired," his or her life will unfold differently than the person with a one-point advantage. (⑤)

8. 글의 흐름으로 보아, 주어진 문장이 들어가기에 가장 적절한 곳은? 25-09-고2-26

> In his later years, Commoner continued his efforts to raise awareness about the impact that human activity has on the environment.

Barry Commoner, born in Brooklyn in 1917, was the son of Jewish immigrants from Russia. (①) Commoner was a leading ecologist and one of the founders of the modern environmental movement. (②) He earned his doctoral degree in cellular biology from Harvard University in 1941. After serving in the US Navy during World War II, Commoner moved to Missouri, and became a professor of plant physiology at Washington University in 1947, where he taught for 34 years. (③) In the late 1950s, Commoner became widely known for his opposition to nuclear weapons testing and went on to write several books about the negative ecological effects of atmospheric nuclear testing. (④) In 1980, Commoner founded the Citizens Party to serve as a vehicle for his ecological message. (⑤)

9. 글의 흐름으로 보아, 주어진 문장이 들어가기에 가장 적절한 곳은? 25-09-고2-29

Conversely, among the largely nomadic peoples of Arabia, for whom seasonal changes were less significant, the lunar calendar was a more sensible choice.

All human cultures mark the passing of time by the differences they observe in the world around them. (①) Our choice of which differences to mark depends firstly on what we can observe and secondly on what is important in our lives. (②) How we mark the differences — the shapes of our calendars and our rituals — depends on the connections we make between those two things. (③) In the agricultural society of pre-modern Europe, where higher latitudes make the seasons easily observable, it was natural to monitor the solar cycle. (④) That did not make it inevitable that Islam would use a lunar calendar and Roman Christianity a solar one, but political and religious decisions were made from options limited by geography and lifestyle, filtered through tradition. (⑤)

10. 글의 흐름으로 보아, 주어진 문장이 들어가기에 가장 적절한 곳은? 25-09-고2-30

Thus, the prescription for more empathy is often counterproductive in cases of conflict.

Although empathy is widely praised by scholars and public figures, not everyone is an empathy booster. (①) Critics of empathy argue that empathy will not save us from interpersonal and intergroup conflict. (②) In fact, they argue, empathy makes such conflicts worse. These critics maintain that empathy can be exhausting and lead to burnout or insensitivity to suffering. (③) They argue that we tend to empathize strongly with our in-group and resist empathizing with out-groups, and even enjoy the suffering of out-groups in competitive or threatening contexts. (④) Empathy, they argue, can further encourage conflict and force us into an us vs. them mentality. Finally, even when we try to empathize with others who are dissimilar from us or in unfamiliar contexts, sometimes we are unable to accurately empathize with their experiences, causing further misunderstandings and frustration. Critics of empathy argue that we should give up on empathy and employ other tools in pursuit of social harmony, e.g., rational compassion or moral emotions like fear, anger, and shame. (⑤)

11. 글의 흐름으로 보아, 주어진 문장이 들어가기에 가장 적절한 곳은? 25-09-고2-31

> It's why the most popular television shows and movies are the ones with unexpected plot twists and astonishing endings.

Paradoxically, it's uncertainty that makes us feel most alive. (①) Think of events that shake you out of your everyday routine: maybe attending a family wedding, making a big presentation, or going somewhere you've never been. (②) It's on those occasions that time seems to slow down a little, and you feel more fully engaged. The same holds true if the experience is risky, like mountain climbing or parasailing. Your senses are sharper. You notice more. (③) Thanks to the release of a feel-good chemical in the brain called dopamine, you get a greater rush of pleasure from chance encounters with people than planned meetings. (④) Good news, financial rewards, and gifts are more enjoyable if they are surprises. (⑤)

12. 글의 흐름으로 보아, 주어진 문장이 들어가기에 가장 적절한 곳은? 25-09-고2-32

> If prices are not sticky — as many models assume — individuals adapt their behavior instantaneously, whenever their preferences or the circumstances change.

A great strength of the market mechanism is that there are incentives for individuals to reveal their knowledge through their behavior. (①) This stands in contrast to many strategic situations — for example, in political negotiations — in which it is wise not to let the other side know what one's true preferences or production capacities are. (②) A perfectly competitive market that clears on the spot leaves no room for such strategies. (③) They stop buying items that do not satisfy their needs and stop selling items that do not provide them with optimal gains, maybe switching to the production of other items. (④) If they have motivational problems, for example, falling into denial about the fact that there is no demand for their products, markets reveal to them, sometimes in quite brutal ways, that they better accept this fact. (⑤)

13. 글의 흐름으로 보아, 주어진 문장이 들어가기에 가장 적절한 곳은? 25-09-고2-33

> But because owning your own property made it more likely you'd find a mate, the word eventually came to mean a male who has been wed.

Dictionary definitions are constantly revised to keep up with our changing uses and knowledge. (①) In Roman times, "addicts" were people who were unable to pay their debts and gave themselves as slaves to their creditors. The word eventually came to be associated with drug dependency: one becomes a slave to one's addiction. (②) The word "husband" originally referred to being a homeowner; it had nothing to do with being married. (③) On November 5th, 1605, Guy Fawkes tried to blow up the British Parliament. (④) He was captured and put to death. Loyalists burned his effigy, which they nicknamed the "guy." Centuries later, the word lost its negative connotation and a musical named Guys and Dolls ran on Broadway. In American slang, bad means good, cool means great, and wicked means excellent. (⑤) If you could transport yourself one hundred years into the future, you'd find yourself confused by your great-grandchildren's speech because language itself is an ever-changing reflection of human invention.

14. 글의 흐름으로 보아, 주어진 문장이 들어가기에 가장 적절한 곳은? 25-09-고2-34

> In advertising, as Barthes argues, the symbolic message does not guide identification but interpretation.

The term "anchoring" was introduced by Roland Barthes who observed that text is often used next to images (his focus was on photographs) to confine meaning. (①) Of all possible literal or implied interpretations an image could elicit, text would point the viewer towards a desired, specific direction. (②) The viewer is not asked to recognize what they see but to understand why they see it and what it means to them. (③) By combining images with text, advertising produces symbolic meaning that is accurate and specific on the one hand, richer on the other, thus adding depth and eliminating breadth of rational and emotional interpretations. (④) The headline or tagline of an ad directs the reader through the intended meanings of the image, so that the reader avoids some and receives others. It "remote-controls" the reader towards a meaning chosen in advance. (⑤)

15. 글의 흐름으로 보아, 주어진 문장이 들어가기에 가장 적절한 곳은? 25-09-고2-35

> The shift was much larger than Newton's theory predicted, but exactly in the positions predicted by Einstein's theory.

According to Einstein's theory, a large mass like the Sun 'bends' space-time. (①) Newton's theory makes no such prediction. (②) This bending of space-time leads to phenomena such as 'gravitational lensing' where the light of distant stars appears to be in different locations when they pass by a large mass like the Sun. (③) We don't normally see this lensing because stars aren't visible during the day when the Sun is out, but a solar eclipse in 1919 allowed scientists to observe what the Sun's gravity was doing to the light from distant stars. (④) The stars around the Sun appeared to have moved from their normal positions in the night sky. (⑤)

16. 글의 흐름으로 보아, 주어진 문장이 들어가기에 가장 적절한 곳은? 25-09-고2-36

> But when someone infringes on our place in the world and our understanding of how it works, we react without thinking.

We're naturally wired to organize the world into a hierarchy. We do this to help make sense of the world, maintain our beliefs, and generally feel better. (①) When someone cuts you off on the highway and road rage kicks in, that's your unconscious mind saying, "Who are you to cut me off?" You're reacting to a threat to your inherent sense of hierarchy. On the road we are all equals. (②) We're all supposed to play by the same rules. (③) Cutting someone off violates those rules and implies higher status. (④) Or consider when you get frustrated with your kids and end an argument with "Because I said so." (Or the office equivalent: "Because I'm the boss.") In these moments you've stopped thinking and regressed to your biological tendencies of reaffirming the hierarchy. (⑤)

17. 글의 흐름으로 보아, 주어진 문장이 들어가기에 가장 적절한 곳은? 25-09-고2-37

The force it would take to stretch the nail is much larger than the friction forces on the surface, so we don't have to worry too much about the former.

Once a nail is hammered in, it is friction that holds it in place. (①) Friction is the force that arises when two surfaces are sliding, or trying to slide, against each other. (②) If you try to pull apart two blocks of wood that have been nailed together, the wood fibers grip the shaft of the nail. (③) The nail feels a force trying to rip it apart along its length, and we call that force tension. (④) Your experiment can now fail in one of two ways — either the nail stretches and splits in half because the tension force is too large for the nail, or the nail comes loose because the friction force is overcome. (⑤) It's the friction with which we need to concern ourselves.

18. 글의 흐름으로 보아, 주어진 문장이 들어가기에 가장 적절한 곳은? 25-09-고2-38

Normally, people buy things because they want to use them, such as wheat to make bread and petrol to run the car.

The traditional bank manager in the 1950s was usually a respected pillar of the community, a cautious, careful sort of person who probably went to bed early and didn't drink too much. (①) But from the 1970s a new kind of banker appeared — loud, flashy, and arrogant. (②) These bankers loved taking big risks. (③) They wanted to get rich quick and blow their money on fast cars and expensive champagne. They made their money through what's called 'speculation'. (④) But when people speculate, they buy things even when they have no interest in using them. They might buy a load of wheat simply because they think that its price is going to rise when a drought is predicted in wheat-growing areas. (⑤) If their guess is right, they later sell the wheat for a profit.

19. 글의 흐름으로 보아, 주어진 문장이 들어가기에 가장 적절한 곳은? 25-09-고2-39

> Indeed, in this state it pretty much maintains its ability to resist being pulled apart, but it can also be torn easily and accurately along the crease if a point of weakness — a small, initial tear — is opened up.

Paper's mechanical properties lend themselves to folding and bending. (①) The cellulose fibers of which it is made can be partially snapped in the area of maximum bend, allowing a permanent crease to form, while sufficient fibers remain undamaged for the material not to crack and fall apart. (②) This winning combination of mechanical properties allows it to assume the shape of any object through creasing and folding — hence the art of origami. (③) There are very few materials as good: metal foils can hold a crease, but control of the crease is somewhat more difficult. Plastic sheeting doesn't tend to hold a crease at all, unless it is very soft, in which case it lacks the rigidity required of a good wrapping material. (④) So it is its ability to hold a crease while remaining stiff that makes paper uniquely suited to this purpose. (⑤)

20. 글의 흐름으로 보아, 주어진 문장이 들어가기에 가장 적절한 곳은? 25-09-고2-40

> Despite this, when faced with a selection of kittens who have wandered from the nest, her own and others that aren't hers, a mother cat doesn't appear to favor her own offspring when retrieving them.

Mother cats can tell which kittens belong to them — when litters are mixed up they use their kittens' scent to distinguish them from offspring of other mothers. (①) The reason for this is uncertain, although distress vocalizations from kittens that are lost from their nest are known to be very powerful, so it may just be hard for the mother to resist retrieving them, regardless of whether they are hers. (②) In the wild, a squeaking kitten out in the open is likely to attract predators, which is bad news for any other kittens around it. (③) A rapid rescue of any crying kitten would be a good strategy to prevent them from drawing unwanted attention. (④)

21. 글의 흐름으로 보아, 주어진 문장이 들어가기에 가장 적절한 곳은? 25-09-고2-41~42

> Further, stored food is more economical than body fat because fat contributes to body mass, and metabolic rate increases with body mass.

Many animals pursue a mixed strategy of accumulating both body fat and food, which leads one to ask, "What are the relative advantages and disadvantages of these two forms of energy storage?" Maximum fat deposition increases with body mass whereas maximum food storage is not constrained by body size. This means that animals, especially small animals, can accumulate much greater energy reserves in the form of stored food than they can in the form of body fat. (①) In other words, there is a metabolic expense to maintaining fat. Excessive fat accumulations may also have a negative effect on an animal's ability to avoid predators. (②) And, if maintaining a high body temperature is advantageous, animals might be expected to accumulate more energy in the form of a food store than as body fat. (③) On the other hand, stored food may rot over time, may be removed by robbers, or may simply be lost. Many animals must expend energy managing and protecting their food stores. Eating food and converting it to fat avoids these types of losses and the energetic costs of managing stored food. (④) A large accumulation of body fat adds to an animal's fasting capacity, especially large animals, permitting some animals to enter prolonged dormancy in the relative security of a hibernaculum. (⑤) Thus, both fat accumulation and food storage have some decided advantages. avoids these types

22. 글의 흐름으로 보아, 주어진 문장이 들어가기에 가장 적절한 곳은? 25-09-고2-43~45

> Collin's dad decided to buy his son a small gift with the extra money.

Collin's dad had a 15-year-old car, which was the same age as Collin. (①) He decided that it was finally time to replace it with a newer model. One evening at dinner, he shared his plan to buy a new car with his family. Excited by the news, Collin became determined to contribute to his dad's big purchase. (②) Over the past several years, Collin had saved his allowance money. He felt that this was the perfect opportunity to do something special for his dad. The next morning, before heading to school, Collin put an envelope on the kitchen table. When his dad came into the kitchen, he noticed the envelope and asked his wife about it. She explained that Collin had left it there before leaving for school. Collin's dad opened the envelope and saw a thick stack of money. "There's $1,000 in here!" he exclaimed, after counting it. (③) His wife smiled and said, "Collin wanted to help you pay for the new car."
That afternoon, Collin's dad went to the car dealership and purchased a car that was only one year old. He picked a red car because that was Collin's favorite color. The money that his son had left for him was enough to cover the remaining cost, and he even had some funds left over! (④) That evening, when Collin came home, he was amazed to see the new car parked in the driveway. His dad thanked him sincerely, and told Collin how proud he was of his thoughtful gesture. Then, he handed Collin a small box with a bow on top of it, and a brand-new baseball was inside. (⑤) Collin loved it! He beamed with excitement and said, "Not only do we have a new car, but I also got an awesome new baseball!" His dad smiled warmly and hugged him. Collin's kind and generous heart had created a beautiful moment for his family.

23. 다음 주어진 문장 다음에 이어질 글의 순서로 가장 적절한 것은? 25-09-고2-18

Dear Principal Smith,
My name is Kara Peterson, and I am the Community Event Coordinator at the Greenfield Community Center.

(A) We are organizing a drone show for the local community and are excited about this special event. While searching for the ideal location, we found that your school is the best place to ensure the safety and accessibility of all attendees.

(B) I kindly request your permission to use the school playground on Saturday, December 6th, from 6 p.m. to 8 p.m. We will ensure that all safety rules are strictly followed, and that any cleanup will be handled efficiently.

(C) Please let me know if there are any specific procedures for obtaining approval. Thank you for your time and consideration. I will be eagerly awaiting your response.

24. 다음 주어진 문장 다음에 이어질 글의 순서로 가장 적절한 것은? 25-09-고2-19

When Amina returned home from the river with her full clay water jar, she noticed men with tools near her family's hut.

(A) "A school!" her uncle said with a proud smile. Amina's eyes sparkled with joy. The school nearest to her village was hours away on foot. "It's for all the children in the village," her uncle continued. Amina imagined learning how to read and write, and her heart swelled with excitement.

(B) Amina ran to her uncle with a mind full of questions. "Uncle, what's happening?" she asked. "We're preparing the land. Something important will be built."

(C) She wondered who they were. Her uncle stood among them, pointing to a spot beyond the baobab tree. She put the jar down and walked closer, wanting to know what was happening. The men began clearing and marking the ground.

25. 다음 주어진 문장 다음에 이어질 글의 순서로 가장 적절한 것은? 25-09-고2-20

"Tactics" is a term drawn from military usage.

(A) These tactics have the potential to reorient us in profound ways, transforming our perspectives on our wait times. Such renewed perspectives transform waiting from a burden to a springboard toward things like creativity, social critique, or reflection on our inner state and the state of our relationships.

(B) Strategies are plans of action directing a military force when attacking another, and tactics are responses to conditions on the ground. In this vein, time is imposed on us by our cultures, by the technologies that have regimented time down to the nanosecond, and by its own finite nature and the fact that we're going to live only so long.

(C) In response, we must develop tactics for dealing with time and waiting. These aren't tactics to eliminate waiting; instead, these are tactics for teaching us how to learn from the seams.

26. 다음 주어진 문장 다음에 이어질 글의 순서로 가장 적절한 것은? 25-09-고2-21

Mirror neurons are the hardware of empathy, and so what would make more sense than to look and see which animals possess these cells?

(A) Scientists often publicly speculate that we can probably expect surprises here, too. They assume that all animals that live in herds or large groups possess similar brain mechanisms, because social units function only if individuals can see things from the perspective of others in the group and feel what they are feeling.

(B) I can see a goldfish waving its fin at us. As an animal that travels around in a tightly-knit group, it's on board with this idea — or at least swimming alongside the boat.

(C) And this is exactly where modern research now stands: all researchers know so far is that apes possess mirror neurons. We still need to test to see which other species are like us in this respect.

27. 다음 주어진 문장 다음에 이어질 글의 순서로 가장 적절한 것은? 25-09-고2-22

The future of work depends on two forces: a harmful substituting force and a helpful complementing one.

(A) Many tales have a hero and a villain fighting each other for dominance, but in our story, technology plays both roles at once, displacing workers while simultaneously raising the demand for their efforts elsewhere in the economy.

(B) This interaction helps explain why past worries about automation were misplaced: our ancestors had predicted the wrong winner in that fight, underestimating quite how powerful the complementing force would prove to be or simply ignoring that factor altogether.

(C) It also helps to explain why economists have traditionally been dismissive of the idea of technological unemployment: there appeared to be firm limits to the substituting force, leaving lots of tasks that could not be performed by machines, and a growing demand for human beings to do them instead.

28. 다음 주어진 문장 다음에 이어질 글의 순서로 가장 적절한 것은? 25-09-고2-23

It's conceivable that in a world where solar panels are incredibly expensive and there's an extreme collapse in the cost of launching objects to space, you might want to maximize your energy per panel by putting them above the atmosphere.

(A) But panels are cheap, and even if we assume pretty steep drops in the cost of space launch, the numbers don't add up.

(B) They'll have to be repaired and cared for either by astronauts or an army of advanced robots. Solar panels in Australia can be cleaned by a teenager with a spray bottle and a cloth.

(C) This becomes especially clear when you start to think about maintenance. Try to imagine acres upon acres of glass panels in space, regularly hit by intense radiation and bits of space debris while enduring the extreme heat of constant sunlight.

29. 다음 주어진 문장 다음에 이어질 글의 순서로 가장 적절한 것은? 25-09-고2-24

Everything in the world exists on a continuum, whether in speed, size, or any other possible descriptor you could think of.

(A) I call this resulting damage "the borderline effect." The examples are endless. Someone's IQ is 69 and someone else's is 70 — but only the score of 70 is deemed to be within the range of normal.

(B) We don't have to be statisticians to know there is not a meaningful difference between 69 and 70. Yet once the person with the lower score is labeled "cognitively impaired," his or her life will unfold differently than the person with a one-point advantage.

(C) Still, we create and mindlessly adopt sharp distinctions, and those distinctions change lives far more dramatically than marginal differences ever do. Indeed, all differences are arbitrary, but drawing hard lines between categories hides this arbitrariness and can be severely damaging.

30. 다음 주어진 문장 다음에 이어질 글의 순서로 가장 적절한 것은? 25-09-고2-26

Barry Commoner, born in Brooklyn in 1917, was the son of Jewish immigrants from Russia.

(A) In 1980, Commoner founded the Citizens Party to serve as a vehicle for his ecological message. In his later years, Commoner continued his efforts to raise awareness about the impact that human activity has on the environment.

(B) After serving in the US Navy during World War II, Commoner moved to Missouri, and became a professor of plant physiology at Washington University in 1947, where he taught for 34 years. In the late 1950s, Commoner became widely known for his opposition to nuclear weapons testing and went on to write several books about the negative ecological effects of atmospheric nuclear testing.

(C) Commoner was a leading ecologist and one of the founders of the modern environmental movement. He earned his doctoral degree in cellular biology from Harvard University in 1941.

31. 다음 주어진 문장 다음에 이어질 글의 순서로 가장 적절한 것은? 25-09-고2-29

All human cultures mark the passing of time by the differences they observe in the world around them.

(A) Our choice of which differences to mark depends firstly on what we can observe and secondly on what is important in our lives. How we mark the differences — the shapes of our calendars and our rituals — depends on the connections we make between those two things.

(B) In the agricultural society of pre-modern Europe, where higher latitudes make the seasons easily observable, it was natural to monitor the solar cycle. Conversely, among the largely nomadic peoples of Arabia, for whom seasonal changes were less significant, the lunar calendar was a more sensible choice.

(C) That did not make it inevitable that Islam would use a lunar calendar and Roman Christianity a solar one, but political and religious decisions were made from options limited by geography and lifestyle, filtered through tradition.

32. 다음 주어진 문장 다음에 이어질 글의 순서로 가장 적절한 것은? 25-09-고2-30

Although empathy is widely praised by scholars and public figures, not everyone is an empathy booster.

(A) They argue that we tend to empathize strongly with our in-group and resist empathizing with out-groups, and even enjoy the suffering of out-groups in competitive or threatening contexts. Thus, the prescription for more empathy is often counterproductive in cases of conflict. Empathy, they argue, can further encourage conflict and force us into an us vs. them mentality.

(B) Critics of empathy argue that empathy will not save us from interpersonal and intergroup conflict. In fact, they argue, empathy makes such conflicts worse. These critics maintain that empathy can be exhausting and lead to burnout or insensitivity to suffering.

(C) Finally, even when we try to empathize with others who are dissimilar from us or in unfamiliar contexts, sometimes we are unable to accurately empathize with their experiences, causing further misunderstandings and frustration. Critics of empathy argue that we should give up on empathy and employ other tools in pursuit of social harmony, e.g., rational compassion or moral emotions like fear, anger, and shame.

33. 다음 주어진 문장 다음에 이어질 글의 순서로 가장 적절한 것은? 25-09-고2-31

Paradoxically, it's uncertainty that makes us feel most alive.

(A) Thanks to the release of a feel-good chemical in the brain called dopamine, you get a greater rush of pleasure from chance encounters with people than planned meetings. Good news, financial rewards, and gifts are more enjoyable if they are surprises. It's why the most popular television shows and movies are the ones with unexpected plot twists and astonishing endings.

(B) Think of events that shake you out of your everyday routine: maybe attending a family wedding, making a big presentation, or going somewhere you've never been. It's on those occasions that time seems to slow down a little, and you feel more fully engaged.

(C) The same holds true if the experience is risky, like mountain climbing or parasailing. Your senses are sharper. You notice more.

34. 다음 주어진 문장 다음에 이어질 글의 순서로 가장 적절한 것은? 25-09-고2-32

A great strength of the market mechanism is that there are incentives for individuals to reveal their knowledge through their behavior.

(A) They stop buying items that do not satisfy their needs and stop selling items that do not provide them with optimal gains, maybe switching to the production of other items. If they have motivational problems, for example, falling into denial about the fact that there is no demand for their products, markets reveal to them, sometimes in quite brutal ways, that they better accept this fact.

(B) This stands in contrast to many strategic situations — for example, in political negotiations — in which it is wise not to let the other side know what one's true preferences or production capacities are.

(C) A perfectly competitive market that clears on the spot leaves no room for such strategies. If prices are not sticky — as many models assume — individuals adapt their behavior instantaneously, whenever their preferences or the circumstances change.

35. 다음 주어진 문장 다음에 이어질 글의 순서로 가장 적절한 것은? 25-09-고2-33

Dictionary definitions are constantly revised to keep up with our changing uses and knowledge.

(A) But because owning your own property made it more likely you'd find a mate, the word eventually came to mean a male who has been wed. On November 5th, 1605, Guy Fawkes tried to blow up the British Parliament. He was captured and put to death.

(B) Loyalists burned his effigy, which they nicknamed the "guy." Centuries later, the word lost its negative connotation and a musical named Guys and Dolls ran on Broadway. In American slang, bad means good, cool means great, and wicked means excellent. If you could transport yourself one hundred years into the future, you'd find yourself confused by your great-grandchildren's speech because language itself is an ever-changing reflection of human invention.

(C) In Roman times, "addicts" were people who were unable to pay their debts and gave themselves as slaves to their creditors. The word eventually came to be associated with drug dependency: one becomes a slave to one's addiction. The word "husband" originally referred to being a homeowner; it had nothing to do with being married.

36. 다음 주어진 문장 다음에 이어질 글의 순서로 가장 적절한 것은? 25-09-고2-34

The term "anchoring" was introduced by Roland Barthes who observed that text is often used next to images (his focus was on photographs) to confine meaning.

(A) The headline or tagline of an ad directs the reader through the intended meanings of the image, so that the reader avoids some and receives others. It "remote-controls" the reader towards a meaning chosen in advance.

(B) Of all possible literal or implied interpretations an image could elicit, text would point the viewer towards a desired, specific direction. In advertising, as Barthes argues, the symbolic message does not guide identification but interpretation.

(C) The viewer is not asked to recognize what they see but to understand why they see it and what it means to them. By combining images with text, advertising produces symbolic meaning that is accurate and specific on the one hand, richer on the other, thus adding depth and eliminating breadth of rational and emotional interpretations.

37. 다음 주어진 문장 다음에 이어질 글의 순서로 가장 적절한 것은? 25-09-고2-35

According to Einstein's theory, a large mass like the Sun 'bends' space-time.

(A) Newton's theory makes no such prediction. This bending of space-time leads to phenomena such as 'gravitational lensing' where the light of distant stars appears to be in different locations when they pass by a large mass like the Sun.

(B) The stars around the Sun appeared to have moved from their normal positions in the night sky. The shift was much larger than Newton's theory predicted, but exactly in the positions predicted by Einstein's theory.

(C) We don't normally see this lensing because stars aren't visible during the day when the Sun is out, but a solar eclipse in 1919 allowed scientists to observe what the Sun's gravity was doing to the light from distant stars.

38. 다음 주어진 문장 다음에 이어질 글의 순서로 가장 적절한 것은? 25-09-고2-36

We're naturally wired to organize the world into a hierarchy.

(A) When someone cuts you off on the highway and road rage kicks in, that's your unconscious mind saying, "Who are you to cut me off?" You're reacting to a threat to your inherent sense of hierarchy. On the road we are all equals.

(B) We're all supposed to play by the same rules. Cutting someone off violates those rules and implies higher status. Or consider when you get frustrated with your kids and end an argument with "Because I said so." (Or the office equivalent: "Because I'm the boss.") In these moments you've stopped thinking and regressed to your biological tendencies of reaffirming the hierarchy.

(C) We do this to help make sense of the world, maintain our beliefs, and generally feel better. But when someone infringes on our place in the world and our understanding of how it works, we react without thinking.

39. 다음 주어진 문장 다음에 이어질 글의 순서로 가장 적절한 것은? 25-09-고2-37

Once a nail is hammered in, it is friction that holds it in place.

(A) Friction is the force that arises when two surfaces are sliding, or trying to slide, against each other. If you try to pull apart two blocks of wood that have been nailed together, the wood fibers grip the shaft of the nail.

(B) The force it would take to stretch the nail is much larger than the friction forces on the surface, so we don't have to worry too much about the former. It's the friction with which we need to concern ourselves.

(C) The nail feels a force trying to rip it apart along its length, and we call that force tension. Your experiment can now fail in one of two ways — either the nail stretches and splits in half because the tension force is too large for the nail, or the nail comes loose because the friction force is overcome.

40. 다음 주어진 문장 다음에 이어질 글의 순서로 가장 적절한 것은? 25-09-고2-38

The traditional bank manager in the 1950s was usually a respected pillar of the community, a cautious, careful sort of person who probably went to bed early and didn't drink too much.

(A) They wanted to get rich quick and blow their money on fast cars and expensive champagne. They made their money through what's called 'speculation'. Normally, people buy things because they want to use them, such as wheat to make bread and petrol to run the car.

(B) But from the 1970s a new kind of banker appeared — loud, flashy, and arrogant. These bankers loved taking big risks.

(C) But when people speculate, they buy things even when they have no interest in using them. They might buy a load of wheat simply because they think that its price is going to rise when a drought is predicted in wheat-growing areas. If their guess is right, they later sell the wheat for a profit.

41. 다음 주어진 문장 다음에 이어질 글의 순서로 가장 적절한 것은? 25-09-고2-39

Paper's mechanical properties lend themselves to folding and bending.

(A) The cellulose fibers of which it is made can be partially snapped in the area of maximum bend, allowing a permanent crease to form, while sufficient fibers remain undamaged for the material not to crack and fall apart. Indeed, in this state it pretty much maintains its ability to resist being pulled apart, but it can also be torn easily and accurately along the crease if a point of weakness — a small, initial tear — is opened up.

(B) Plastic sheeting doesn't tend to hold a crease at all, unless it is very soft, in which case it lacks the rigidity required of a good wrapping material. So it is its ability to hold a crease while remaining stiff that makes paper uniquely suited to this purpose.

(C) This winning combination of mechanical properties allows it to assume the shape of any object through creasing and folding — hence the art of origami. There are very few materials as good: metal foils can hold a crease, but control of the crease is somewhat more difficult.

42. 다음 주어진 문장 다음에 이어질 글의 순서로 가장 적절한 것은? 25-09-고2-40

Mother cats can tell which kittens belong to them — when litters are mixed up they use their kittens' scent to distinguish them from offspring of other mothers.

(A) In the wild, a squeaking kitten out in the open is likely to attract predators, which is bad news for any other kittens around it. A rapid rescue of any crying kitten would be a good strategy to prevent them from drawing unwanted attention.

(B) Despite this, when faced with a selection of kittens who have wandered from the nest, her own and others that aren't hers, a mother cat doesn't appear to favor her own offspring when retrieving them.

(C) The reason for this is uncertain, although distress vocalizations from kittens that are lost from their nest are known to be very powerful, so it may just be hard for the mother to resist retrieving them, regardless of whether they are hers.

43. 다음 주어진 문장 다음에 이어질 글의 순서로 가장 적절한 것은? 25-09-고2-41~42

Many animals pursue a mixed strategy of accumulating both body fat and food, which leads one to ask, "What are the relative advantages and disadvantages of these two forms of energy storage?" Maximum fat deposition increases with body mass whereas maximum food storage is not constrained by body size.

(A) This means that animals, especially small animals, can accumulate much greater energy reserves in the form of stored food than they can in the form of body fat. Further, stored food is more economical than body fat because fat contributes to body mass, and metabolic rate increases with body mass. In other words, there is a metabolic expense to maintaining fat.

(B) Excessive fat accumulations may also have a negative effect on an animal's ability to avoid predators. And, if maintaining a high body temperature is advantageous, animals might be expected to accumulate more energy in the form of a food store than as body fat. On the other hand, stored food may rot over time, may be removed by robbers, or may simply be lost. Many animals must expend energy managing and protecting their food stores.

(C) Eating food and converting it to fat avoids these types of losses and the energetic costs of managing stored food. A large accumulation of body fat adds to an animal's fasting capacity, especially large animals, permitting some animals to enter prolonged dormancy in the relative security of a hibernaculum. Thus, both fat accumulation and food storage have some decided advantages. avoids these types

44. 다음 주어진 문장 다음에 이어질 글의 순서로 가장 적절한 것은? 25-09-고2-43~45

Collin's dad had a 15-year-old car, which was the same age as Collin.

(A) He decided that it was finally time to replace it with a newer model. One evening at dinner, he shared his plan to buy a new car with his family. Excited by the news, Collin became determined to contribute to his dad's big purchase. Over the past several years, Collin had saved his allowance money. He felt that this was the perfect opportunity to do something special for his dad. The next morning, before heading to school, Collin put an envelope on the kitchen table.

(B) When his dad came into the kitchen, he noticed the envelope and asked his wife about it. She explained that Collin had left it there before leaving for school. Collin's dad opened the envelope and saw a thick stack of money. "There's $1,000 in here!" he exclaimed, after counting it. His wife smiled and said, "Collin wanted to help you pay for the new car." That afternoon, Collin's dad went to the car dealership and purchased a car that was only one year old. He picked a red car because that was Collin's favorite color. The money that his son had left for him was enough to cover the remaining cost, and he even had some funds left over!

(C) Collin's dad decided to buy his son a small gift with the extra money. That evening, when Collin came home, he was amazed to see the new car parked in the driveway. His dad thanked him sincerely, and told Collin how proud he was of his thoughtful gesture. Then, he handed Collin a small box with a bow on top of it, and a brand-new baseball was inside. Collin loved it! He beamed with excitement and said, "Not only do we have a new car, but I also got an awesome new baseball!" His dad smiled warmly and hugged him. Collin's kind and generous heart had created a beautiful moment for his family.

2025 고2 9월 모의고사

❶ voca ❷ text ❸ [/] ❹ ____ ❺ quiz 1 ❻ quiz 2 ❼ quiz 3 ❽ quiz 4 ❾ quiz 5

1.밑줄 친 ⓐ~ⓖ 중 어법, 혹은 문맥상 어휘의 사용이 어색한 것끼리 짝지어진 것을 고르시오. 25-09-고2-18

Dear ⓐprinciple Smith,
My name is Kara Peterson, and I am the Community Event Coordinator at the Greenfield Community Center. We are organizing a drone show for the local community and are ⓑexciting about this special event. While searching for the ⓒideal location, we found that your school is the best place to ensure the safety and ⓓinaccessibility of all attendees. I kindly request your ⓔpermission to use the school playground on Saturday, December 6th, from 6 p.m. to 8 p.m. We will ensure that all safety rules are strictly followed, and that any cleanup will be handled efficiently. Please let me know if there are any ⓕspecific procedures for obtaining ⓖapproval . Thank you for your time and consideration. I will be eagerly awaiting your response.
Sincerely,
Kara Peterson

① ⓐ, ⓑ, ⓒ   ② ⓑ, ⓒ, ⓔ   ③ ⓔ, ⓕ
④ ⓐ, ⓑ, ⓓ   ⑤ ⓑ, ⓒ, ⓖ

2.밑줄 친 ⓐ~ⓘ 중 어법, 혹은 문맥상 어휘의 사용이 어색한 것끼리 짝지어진 것을 고르시오. 25-09-고2-19

When Amina returned home from the river with her full clay water jar, she noticed men with tools near her family's hut. She ⓐwondered who ⓑthey were. Her uncle stood among them, ⓒpointing to a spot beyond the baobab tree. She put the jar down and walked closer, wanting to know ⓓthat was happening. The men began clearing and marking the ground. Amina ran to her uncle with a mind full of questions. "Uncle, ⓔwhat's happening?" she asked. "We're preparing the land. ⓕimportant something will be built. A school!" her uncle said with a proud smile. Amina's eyes sparkled with joy. The school nearest to her village was hours away ⓖon foot. "It's for all the children in the village," her uncle continued. Amina imagined ⓗlearning how to read and write, and her heart ⓘswelled with excitement.

① ⓓ, ⓘ   ② ⓐ, ⓕ, ⓘ   ③ ⓓ, ⓕ
④ ⓐ, ⓕ   ⑤ ⓓ, ⓕ, ⓗ

3.밑줄 친 ⓐ~ⓚ 중 어법, 혹은 문맥상 어휘의 사용이 어색한 것끼리 짝지어진 것을 고르시오. 25-09-고2-20

"Tactics" is a term ⓐ<u>drawn from</u> military usage. Strategies are plans of action ⓑ<u>directing</u> a military force when attacking another, and tactics are ⓒ<u>responses</u> to conditions on the ground. In this vein, time is ⓓ<u>imposed</u> on us by our cultures, by the technologies that have ⓔ <u>regimented</u> time ⓕ<u>down</u> to the nanosecond, and by its own ⓖ<u>finite</u> nature and the fact that we're going to live only so long. In response, we must develop tactics for dealing with time and ⓗ<u>consuming</u> . These aren't tactics to eliminate waiting; instead, these are tactics for teaching us how to ⓘ<u>learn</u> from the seams. These tactics have the potential to ⓙ<u>reorient</u> us in profound ways, transforming our perspectives on our wait times. Such renewed perspectives transform waiting from a ⓚ<u>praise</u> to a springboard toward things like creativity, social critique, or reflection on our inner state and the state of our relationships.

① ⓕ, ⓗ, ⓘ   ② ⓗ, ⓚ   ③ ⓓ, ⓗ
④ ⓑ, ⓚ   ⑤ ⓓ, ⓙ

4.밑줄 친 ⓐ~ⓜ 중 어법, 혹은 문맥상 어휘의 사용이 어색한 것끼리 짝지어진 것을 고르시오. 25-09-고2-21

Mirror neurons are the hardware of ⓐ<u>empathy</u>, and so ⓑ<u>what</u> would make ⓒ<u>more</u> sense than to look and see which animals possess these cells? And this is exactly ⓓ <u>where</u> modern research now stands: all researchers know so far is that apes ⓔ<u>refuse</u> mirror neurons. We still need to test to see which other species are ⓕ<u>like</u> us in this respect. Scientists often publicly ⓖ<u>speculate</u> that we can probably expect surprises here, too. They ⓗ<u>assume</u> that all animals that live in herds or large groups possess similar brain mechanisms, because ⓘ<u>social</u> units function only if individuals can see things from the perspective of ⓙ<u>others</u> in the group and feel ⓚ<u>what</u> they are feeling. I can see a goldfish waving its fin at us. As an animal that travels around in a tightly-knit group, it's on ⓛ<u>abroad</u> with this idea — or at ⓜ<u>least</u> swimming alongside the boat.

① ⓓ, ⓜ   ② ⓔ, ⓛ   ③ ⓑ, ⓓ, ⓛ
④ ⓕ, ⓚ, ⓛ   ⑤ ⓒ, ⓓ, ⓜ

5.밑줄 친 ⓐ~ⓙ 중 어법, 혹은 문맥상 어휘의 사용이 어색한 것끼리 짝지어진 것을 고르시오. 25-09-고2-22

The future of work depends on two forces: a harmful ⓐ <u>substituting</u> force and a helpful ⓑ<u>complementing</u> one. Many tales have a hero and a villain fighting each other for dominance, but in our story, technology plays both roles at once, ⓒ<u>displacing</u> workers while ⓓ<u>simultaneously</u> raising the demand for their efforts elsewhere in the economy. This interaction helps explain why past worries about automation were ⓔ<u>misplaced</u> : our ancestors had predicted the ⓕ<u>appropriate</u> winner in that fight, ⓖ <u>underestimating</u> quite how powerful the complementing force would prove to be or simply ignoring that factor altogether. It also helps to explain why economists have traditionally been ⓗ<u>sympathetic</u> of the idea of technological unemployment: there appeared to be ⓘ <u>weak</u> limits to the substituting force, leaving lots of tasks that could not be performed by machines, and a ⓙ <u>growing</u> demand for human beings to do them instead.

① ⓕ, ⓘ   ② ⓕ, ⓗ, ⓘ   ③ ⓑ, ⓕ
④ ⓑ, ⓘ   ⑤ ⓒ, ⓓ, ⓙ

6.밑줄 친 ⓐ~ⓘ 중 어법, 혹은 문맥상 어휘의 사용이 어색한 것끼리 짝지어진 것을 고르시오. 25-09-고2-23

It's conceivable that in a world ⓐ<u>where</u> solar panels are incredibly ⓑ<u>expensive</u> and there's an extreme ⓒ<u>collapse</u> in the cost of launching objects to space, you might want to ⓓ<u>minimize</u> your energy per panel by putting them ⓔ<u>above</u> the atmosphere. But panels are cheap, and even if we assume pretty steep ⓕ<u>drops</u> in the cost of space launch, the numbers don't add up. This becomes especially clear when you start to think about ⓖ<u>maintenance</u> . Try to imagine acres upon acres of glass panels in space, regularly ⓗ<u>hitting</u> by intense radiation and bits of space debris while enduring the extreme heat of constant sunlight. They'll have to be repaired and cared for either by astronauts or an army of advanced robots. Solar panels in Australia ⓘ<u>can</u> be cleaned by a teenager with a spray bottle and a cloth.

① ⓓ, ⓘ   ② ⓓ, ⓗ   ③ ⓐ, ⓔ, ⓗ
④ ⓐ, ⓑ, ⓔ   ⑤ ⓐ, ⓗ

7. 밑줄 친 ⓐ~ⓙ 중 어법, 혹은 문맥상 어휘의 사용이 어색한 것끼리 짝지어진 것을 고르시오. 25-09-고2-24

Everything in the world exists on a ⓐ<u>continuum</u>, whether in speed, size, or any other possible descriptor you could think of. Still, we create and mindlessly ⓑ<u>adopt</u> sharp distinctions, and those distinctions change lives far ⓒ<u>less</u> dramatically than marginal ⓓ<u>differences</u> ever do. Indeed, all differences are ⓔ<u>arbitrary</u>, but drawing ⓕ<u>hard</u> lines between categories hides this arbitrariness and can be severely ⓖ<u>damaging</u>. I call this resulting damage "the borderline effect." The examples are endless. Someone's IQ is 69 and someone else's is 70 — but only the score of 70 is deemed to be within the range of normal. We don't have to be statisticians to know there is not a meaningful ⓗ<u>similarity</u> between 69 and 70. Yet once the person with the ⓘ<u>lower</u> score is labeled "cognitively impaired," his or her life will unfold ⓙ<u>differently</u> than the person with a one-point advantage.

① ⓗ, ⓙ   ② ⓑ, ⓗ   ③ ⓒ, ⓗ
④ ⓕ, ⓙ   ⑤ ⓕ, ⓗ, ⓙ

8. 밑줄 친 ⓐ~ⓖ 중 어법, 혹은 문맥상 어휘의 사용이 어색한 것끼리 짝지어진 것을 고르시오. 25-09-고2-26

Barry Commoner, born in Brooklyn in 1917, was the son of Jewish immigrants from Russia. Commoner was a leading ecologist and one of the ⓐ<u>founders</u> of the modern environmental movement. He earned his doctoral degree in cellular biology from Harvard University in 1941. After serving in the US Navy ⓑ<u>while</u> World War II, Commoner moved to Missouri, and became a professor of plant physiology at Washington University in 1947, ⓒ<u>where</u> he ⓓ<u>taught</u> for 34 years. In the late 1950s, Commoner became widely known for his ⓔ<u>opposition</u> to nuclear weapons testing and went on to write several books about the ⓕ<u>positive</u> ecological ⓖ<u>effects</u> of atmospheric nuclear testing. In 1980, Commoner founded the Citizens Party to serve as a vehicle for his ecological message. In his later years, Commoner continued his efforts to raise awareness about the impact that human activity has on the environment.

① ⓓ, ⓕ   ② ⓑ, ⓕ   ③ ⓔ, ⓖ
④ ⓓ, ⓖ   ⑤ ⓐ, ⓓ

9. 밑줄 친 ⓐ~ⓜ 중 어법, 혹은 문맥상 어휘의 사용이 어색한 것끼리 짝지어진 것을 고르시오. 25-09-고2-29

All human cultures mark the passing of time by the ⓐ<u>similarities</u> they observe in the world around them. Our choice of ⓑ<u>which</u> differences to mark depends firstly on ⓒ<u>that</u> we can observe and secondly on ⓓ<u>what</u> is important in our lives. How we mark the differences — the shapes of our calendars and our rituals — depends on the connections we make between those two things. In the agricultural society of pre-modern Europe, where higher ⓔ<u>latitudes</u> make the seasons easily observable, it was ⓕ<u>natural</u> to monitor the ⓖ<u>solar</u> cycle. Conversely, among the largely nomadic peoples of Arabia, for ⓗ<u>whom</u> seasonal changes were ⓘ<u>less</u> significant, the lunar calendar was a more ⓙ<u>sensible</u> choice. That did not make it ⓚ<u>evitable</u> that Islam would use a lunar calendar and Roman Christianity a solar one, but political and religious decisions were made from options ⓛ<u>limited</u> by geography and lifestyle, filtered through ⓜ<u>tradition</u>.

① ⓐ, ⓑ   ② ⓓ, ⓖ, ⓘ   ③ ⓐ, ⓒ, ⓚ
④ ⓑ, ⓒ, ⓓ   ⑤ ⓐ, ⓕ, ⓙ

10. 밑줄 친 ⓐ~ⓝ 중 어법, 혹은 문맥상 어휘의 사용이 어색한 것끼리 짝지어진 것을 고르시오. 25-09-고2-30

ⓐ<u>in spite of</u> empathy is widely praised by scholars and public figures, not everyone is an empathy booster. Critics of ⓑ<u>empathy</u> argue that empathy will not ⓒ<u>save</u> us from interpersonal and intergroup conflict. In fact, they argue, empathy makes such conflicts ⓓ<u>worse</u> . These critics maintain that empathy can be exhausting and lead to burnout or ⓔ<u>insensitivity</u> to suffering. They argue that we tend to empathize strongly with our in-group and ⓕ<u>resist</u> empathizing with out-groups, and even enjoy the suffering of out-groups in ⓖ<u>competitive</u> or threatening contexts. Thus, the prescription for ⓗ<u>more</u> empathy is often counterproductive in cases of conflict. Empathy, they argue, can further ⓘ<u>encourage</u> conflict and force us into an us vs. them mentality. Finally, even when we try to empathize with others who are dissimilar from us or in ⓙ<u>unfamiliar</u> contexts, sometimes we are ⓚ<u>unable</u> to accurately empathize with their experiences, causing further ⓛ<u>understandings</u> and frustration. Critics of empathy argue that we should give up on empathy and employ other tools in pursuit of social harmony, e.g., ⓜ<u>rational</u> compassion or ⓝ<u>moral</u> emotions like fear, anger, and shame.

① ⓐ, ⓛ　　　② ⓔ, ⓗ　　　③ ⓐ, ⓑ, ⓘ
④ ⓖ, ⓙ, ⓚ　　⑤ ⓒ, ⓙ, ⓝ

11. 밑줄 친 ⓐ~ⓙ 중 어법, 혹은 문맥상 어휘의 사용이 어색한 것끼리 짝지어진 것을 고르시오. 25-09-고2-31

Paradoxically, it's ⓐ<u>uncertainty</u> that makes us feel most alive. Think of events that ⓑ<u>shake</u> you out of your everyday routine: maybe ⓒ<u>attending</u> a family wedding, making a big presentation, or going somewhere you've never been. It's on those occasions that time seems to slow down a little, and you feel more fully engaged. The same holds true if the experience is ⓓ<u>risky</u>, like mountain climbing or parasailing. Your senses are ⓔ<u>duller</u>. You notice more. Thanks to the ⓕ<u>relief</u> of a feel-good chemical in the brain called dopamine, you get a greater rush of pleasure from ⓖ<u>chance</u> encounters with people than planned meetings. Good news, financial rewards, and gifts are more ⓗ<u>enjoyable</u> if they are surprises. It's why the most popular television shows and movies are the ones with ⓘ<u>unexpected</u> plot twists and ⓙ<u>astonishing</u> endings.

① ⓕ, ⓖ, ⓗ　　② ⓑ, ⓔ, ⓗ　　③ ⓔ, ⓕ
④ ⓐ, ⓕ, ⓘ　　⑤ ⓑ, ⓔ

12.밑줄 친 ⓐ~ⓜ 중 어법, 혹은 문맥상 어휘의 사용이 어색한 것끼리 짝지어진 것을 고르시오. 25-09-고2-32

A great strength of the market mechanism is that there are incentives for individuals to ⓐ<u>reveal</u> their knowledge through their behavior. This stands in contrast to many strategic situations — for example, in political negotiations — in which it is wise not to let the other side know ⓑ<u>that</u> one's true ⓒ<u>preferences</u> or production capacities are. A perfectly ⓓ<u>competent</u> market that clears on the spot leaves no room for such strategies. If prices are not ⓔ<u>sticky</u> — as many models assume — individuals ⓕ<u>adapt</u> their behavior instantaneously, whenever their ⓖ<u>inferences</u> or the circumstances change. They stop buying items that do not satisfy their needs and ⓗ<u>stop</u> selling items that do not provide them ⓘ<u>with</u> optimal gains, maybe ⓙ<u>switching</u> to the production of other items. If they have motivational problems, for example, ⓚ<u>falling</u> into ⓛ<u>denial</u> about the fact that there is no demand for their products, markets reveal to them, sometimes in quite brutal ways, that they better ⓜ<u>accept</u> this fact.

① ⓑ, ⓓ, ⓖ   ② ⓘ, ⓜ   ③ ⓑ, ⓔ
④ ⓐ, ⓑ   ⑤ ⓐ, ⓒ, ⓖ

13.밑줄 친 ⓐ~ⓜ 중 어법, 혹은 문맥상 어휘의 사용이 어색한 것끼리 짝지어진 것을 고르시오. 25-09-고2-33

Dictionary definitions are constantly ⓐ<u>revised</u> to keep up with our changing uses and knowledge. In Roman times, "addicts" were people who were ⓑ<u>able</u> to pay their debts and gave themselves as slaves to their creditors. The word eventually came to be associated with drug ⓒ<u>denial</u> : one becomes a slave to one's addiction. The word "husband" originally referred to being a ⓓ<u>homeowner</u>; it had nothing to do with being married. But because owning your own ⓔ<u>property</u> made it more likely you'd find a ⓕ<u>property</u> , the word eventually came to mean a male who has been wed. On November 5th, 1605, Guy Fawkes tried to ⓖ<u>blow</u> up the British Parliament. He was captured and put to death. Loyalists burned his effigy, which they nicknamed the "guy." Centuries later, the word lost its ⓗ<u>negative</u> connotation and a musical named Guys and Dolls ran on Broadway. In American slang, bad means ⓘ<u>good</u>, cool means ⓙ<u>great</u>, and wicked means ⓚ<u>excellent</u>. If you could transport yourself one hundred years into the ⓛ<u>future</u> , you'd find yourself ⓜ<u>confused</u> by your great-grandchildren's speech because language itself is an ever-changing reflection of human invention.

① ⓑ, ⓚ, ⓛ   ② ⓑ, ⓒ, ⓕ   ③ ⓑ, ⓓ
④ ⓑ, ⓜ   ⑤ ⓕ, ⓘ

14. 밑줄 친 ⓐ~ⓝ 중 어법, 혹은 문맥상 어휘의 사용이 어색한 것끼리 짝지어진 것을 고르시오. 25-09-고2-34

The term "anchoring" was introduced by Roland Barthes who observed that text is often used next to images (his focus was on photographs) to ⓐ<u>confine</u> meaning. Of all possible ⓑ<u>literate</u> or implied interpretations an image could ⓒ<u>elicit</u> , text would point the viewer towards a ⓓ<u>desired</u>, ⓔ<u>specific</u> direction. In advertising, as Barthes argues, the symbolic message does not guide ⓕ<u>identification</u> but ⓖ<u>interpretation</u> . The viewer is not asked to recognize ⓗ<u>what</u> they see but to understand why they see it and ⓘ<u>what</u> it means to them. By combining images with text, advertising produces symbolic meaning that is accurate and ⓙ<u>vague</u> on the one hand, richer on the other, thus adding depth and ⓚ<u>encouraging</u> breadth of rational and ⓛ<u>emotional</u> interpretations. The headline or tagline of an ad directs the reader through the ⓜ<u>intended</u> meanings of the image, so that the reader avoids some and receives others. It "remote-controls" the reader ⓝ<u>towards</u> a meaning chosen in advance.

① ⓐ, ⓖ, ⓙ   ② ⓑ, ⓔ, ⓖ   ③ ⓑ, ⓙ, ⓚ
④ ⓔ, ⓘ, ⓝ   ⑤ ⓒ, ⓔ, ⓕ

15. 밑줄 친 ⓐ~ⓙ 중 어법, 혹은 문맥상 어휘의 사용이 어색한 것끼리 짝지어진 것을 고르시오. 25-09-고2-35

According to Einstein's theory, a large mass ⓐ<u>like</u> the Sun 'bends' space-time. Newton's theory makes no such prediction. This bending of space-time leads to phenomena such as 'gravitational lensing' ⓑ<u>where</u> the light of distant stars ⓒ<u>appear</u> to be in ⓓ<u>different</u> locations when they pass by a large mass like the Sun. We don't normally see this lensing ⓔ<u>because</u> stars aren't ⓕ<u>visible</u> during the day when the Sun is out, but a solar eclipse in 1919 ⓖ<u>restircted</u> scientists to observe ⓗ<u>that</u> the Sun's gravity was doing to the light from distant stars. The stars around the Sun appeared to have ⓘ<u>moved from</u> their normal positions in the night sky. The shift was much larger than Newton's theory predicted, but exactly in the positions ⓙ<u>predicted</u> by Einstein's theory.

① ⓒ, ⓖ, ⓗ   ② ⓐ, ⓕ   ③ ⓐ, ⓗ, ⓘ
④ ⓕ, ⓖ, ⓗ   ⑤ ⓑ, ⓒ, ⓘ

16. 밑줄 친 ⓐ~ⓗ 중 어법, 혹은 문맥상 어휘의 사용이 어색한 것끼리 짝지어진 것을 고르시오. 25-09-고2-36

We're naturally wired to organize the world into a ⓐ<u>hierarchy</u> . We do this to help make sense of the world, maintain our beliefs, and generally feel better. But when someone ⓑ<u>obeys</u> our place in the world and our understanding of how it works, we react without thinking. When someone cuts you off on the highway and road rage kicks in, that's your ⓒ<u>unconscious</u> mind saying, "Who are you to cut me off?" You're reacting to a threat to your inherent sense of hierarchy. On the road we are all equals. We're all supposed to play by the ⓓ<u>same</u> rules. Cutting someone off violates those rules and implies ⓔ<u>higher</u> status. Or consider when you get ⓕ<u>frustrated</u> with your kids and end an argument with "Because I said so." (Or the office equivalent: "Because I'm the boss.") In these moments you've stopped thinking and regressed to your ⓖ<u>cultural</u> tendencies of ⓗ<u>reaffirming</u> the hierarchy.

① ⓑ, ⓖ   ② ⓔ, ⓕ   ③ ⓑ, ⓓ
④ ⓐ, ⓔ, ⓖ   ⑤ ⓓ, ⓔ

17. 밑줄 친 ⓐ~ⓙ 중 어법, 혹은 문맥상 어휘의 사용이 어색한 것끼리 짝지어진 것을 고르시오. 25-09-고2-37

Once a nail is hammered in, it is ⓐ<u>fiction</u> that holds it in place. ⓑ<u>Friction</u> is the force that arises when two surfaces are sliding, or trying to slide, against each other. If you try to pull ⓒ<u>together</u> two blocks of wood that have been nailed together, the wood fibers ⓓ<u>grip</u> the shaft of the nail. The nail feels a force ⓔ<u>trying</u> to rip it apart along its length, and we call that force tension. Your experiment can now fail in one of two ways — either the nail stretches and splits in half because the tension force is too ⓕ<u>weak</u> for the nail, or the nail comes loose because the friction force is ⓖ<u>overcome</u> . The force it would take to stretch the nail is much ⓗ<u>larger</u> than the friction forces on the surface, so we don't have to worry too much about the ⓘ<u>former</u> . It's the friction ⓙ<u>with which</u> we need to concern ourselves.

① ⓐ, ⓘ, ⓙ   ② ⓐ, ⓒ, ⓕ   ③ ⓔ, ⓖ, ⓙ
④ ⓑ, ⓙ   ⑤ ⓐ, ⓕ, ⓘ

18.밑줄 친 ⓐ~ⓙ 중 어법, 혹은 문맥상 어휘의 사용이 어색한 것끼리 짝지어진 것을 고르시오. 25-09-고2-38

The traditional bank manager in the 1950s was usually a respected ⓐ<u>pillar</u> of the community, a cautious, careful sort of person who probably went to bed early and didn't drink too ⓑ<u>many</u>. But from the 1970s a new kind of banker ⓒ<u>appeared</u> — loud, flashy, and arrogant. These bankers loved taking big ⓓ<u>risks</u>. They wanted to get rich quick and ⓔ<u>blow</u> their money on fast cars and expensive champagne. They made their money through what's called 'speculation'. Normally, people buy things because they want to ⓕ<u>use</u> them, such as wheat to make bread and petrol to run the car. But when people ⓖ<u>speculate</u> , they buy things even when they have no interest in ⓗ<u>using</u> them. They might buy a load of wheat simply because they think that its price is going to ⓘ<u>fall</u> when a drought is predicted in wheat-growing areas. If their guess is ⓙ<u>right</u>, they later sell the wheat for a profit.

① ⓑ, ⓒ, ⓕ　　② ⓐ, ⓑ, ⓗ　　③ ⓒ, ⓕ, ⓘ
④ ⓒ, ⓕ　　⑤ ⓑ, ⓘ

19.밑줄 친 ⓐ~ⓝ 중 어법, 혹은 문맥상 어휘의 사용이 어색한 것끼리 짝지어진 것을 고르시오. 25-09-고2-39

Paper's mechanical properties ⓐ<u>lend</u> themselves to ⓑ<u>folding</u> and bending. The cellulose fibers of which it is ⓒ<u>made</u> can be partially snapped in the area of maximum bend, allowing a permanent ⓓ<u>crease</u> to form, while sufficient fibers remain ⓔ<u>damaged</u> for the material not to crack and fall apart. Indeed, in this state it pretty much maintains its ability to ⓕ<u>resist</u> being pulled apart, but it can also be torn easily and accurately along the crease if a point of ⓖ<u>weakness</u> — a small, initial tear — is ⓗ<u>opened</u> up. This winning combination of mechanical properties allows it to ⓘ<u>consume</u> the shape of any object through creasing and folding — hence the art of origami. There are very few materials as ⓙ<u>good</u>: metal foils can hold a crease, but control of the crease is somewhat more ⓚ<u>difficult</u>. Plastic sheeting doesn't tend to hold a crease at all, unless it is very soft, in which case it lacks the ⓛ<u>rigidity</u> required of a good wrapping material. So it is its ability to hold a crease while remaining ⓜ<u>stiff</u> ⓝ<u>that</u> makes paper uniquely suited to this purpose.

① ⓐ, ⓖ, ⓛ　　② ⓐ, ⓕ, ⓗ　　③ ⓔ, ⓘ
④ ⓑ, ⓜ　　⑤ ⓒ, ⓔ, ⓘ

20. 밑줄 친 ⓐ~ⓛ 중 어법, 혹은 문맥상 어휘의 사용이 어색한 것끼리 짝지어진 것을 고르시오. _{25-09-고2-40}

Mother cats can tell which kittens ⓐ<u>belong to</u> them — when litters are mixed up they use their kittens' ⓑ<u>sound</u> to distinguish them ⓒ<u>from</u> offspring of other mothers. ⓓ<u>Despite</u> this, when faced with a selection of kittens who have wandered from the nest, her own and others that aren't hers, a mother cat doesn't appear to ⓔ<u>favor</u> her own offspring when ⓕ<u>retrieving</u> them. The reason for this is ⓖ<u>obvious</u>, although distress vocalizations from kittens that are lost from their nest are known to be very ⓗ<u>quiet</u>, so it may just be ⓘ<u>hard</u> for the mother to resist retrieving them, regardless of whether they are hers. In the wild, a squeaking kitten out in the open is likely to ⓙ<u>attract</u> predators, which is bad news for any other kittens around it. A rapid rescue of any crying kitten would be a good strategy to ⓚ<u>prevent</u> them from drawing ⓛ<u>unwanted</u> attention.

① ⓒ, ⓗ   ② ⓓ, ⓗ, ⓙ   ③ ⓑ, ⓖ, ⓗ
④ ⓕ, ⓘ   ⑤ ⓐ, ⓑ, ⓙ

21. 밑줄 친 ⓐ~ⓝ 중 어법, 혹은 문맥상 어휘의 사용이 어색한 것끼리 짝지어진 것을 고르시오. _{25-09-고2-41~42}

Many animals pursue a mixed strategy of ⓐ<u>accumulating</u> both body fat and food, which leads one to ask, "What are the relative advantages and disadvantages of these two forms of energy storage?" Maximum fat ⓑ<u>deposition</u> increases with body mass whereas maximum food storage is not ⓒ<u>constrained</u> by body size. This means that animals, especially small animals, can accumulate much ⓓ<u>greater</u> energy reserves in the form of stored food than they can in the form of body fat. Further, stored food is more ⓔ<u>economical</u> than body fat because fat contributes to body mass, and metabolic rate ⓕ<u>increases</u> with body mass. In other words, there is a metabolic ⓖ<u>expense</u> to maintaining fat. Excessive fat accumulations may also have a negative effect on an animal's ability to ⓗ<u>avoid</u> predators. And, if maintaining a high body temperature is ⓘ<u>advantageous</u>, animals might be expected to accumulate more energy in the form of a food store than as body fat. On the other hand, stored food may rot over time, may be removed by robbers, or may simply be ⓙ<u>found</u>. Many animals must expend energy ⓚ<u>managing</u> and protecting their food stores. Eating food and converting it to fat ⓛ<u>avoids</u> these types of losses and the energetic costs of managing stored food. A large accumulation of body fat adds to an animal's fasting capacity, especially large animals, ⓜ<u>prohibiting</u> some animals to enter prolonged dormancy in the relative security of a hibernaculum. Thus, both fat accumulation and food storage have some decided ⓝ<u>advantages</u>.

① ⓐ, ⓗ   ② ⓔ, ⓙ   ③ ⓙ, ⓜ
④ ⓓ, ⓔ, ⓜ   ⑤ ⓓ, ⓕ

22.밑줄 친 ⓐ~ⓘ 중 어법, 혹은 문맥상 어휘의 사용이 어색한 것끼리 짝지어진 것을 고르시오. 25-09-고2-43~45

Collin's dad had a 15-year-old car, which was the same age as Collin. He decided that it was finally time to replace it with a newer model. One evening at dinner, he shared his plan to buy a new car with his family. ⓐ<u>Excited</u> by the news, Collin became determined to ⓑ<u>distribute</u> to his dad's big purchase. Over the past several years, Collin had saved his allowance money. He felt that this was the ⓒ<u>perfect</u> opportunity to do something special for his dad.

The next morning, before heading to school, Collin put an envelope on the kitchen table. When his dad came into the kitchen, he ⓓ<u>noticed</u> the envelope and asked his wife about it. She explained that Collin had left it there before leaving for school. Collin's dad opened the envelope and saw a thick stack of money. "There's $1,000 in here!" he exclaimed, after counting it. His wife ⓔ<u>smiled</u> and said, "Collin wanted to help you pay for the new car."

That afternoon, Collin's dad went to the car dealership and purchased a car that was only one year old. He picked a red car ⓕ<u>because</u> that was Collin's favorite color. The money that his son had left for him was enough to cover the remaining cost, and he even had some funds left over! Collin's dad decided ⓖ<u>to buy</u> his son a small gift with the extra money. That evening, when Collin came home, he was ⓗ<u>amazing</u> to see the new car parked in the driveway.

His dad thanked him sincerely, and told Collin how proud he was of his thoughtful gesture. Then, he handed Collin a small box with a bow on top of it, and a brand-new baseball was inside. Collin loved it! He beamed with excitement and said, "Not only ⓘ<u>do</u> we have a new car, but I also got an awesome new baseball!" His dad smiled warmly and hugged him. Collin's kind and generous heart had created a beautiful moment for his family.

① ⓑ, ⓘ　　　② ⓒ, ⓓ　　　③ ⓗ, ⓘ
④ ⓐ, ⓘ　　　⑤ ⓑ, ⓗ

23.밑줄 부분 중 어법, 혹은 문맥상 어휘의 쓰임이 어색한 것을 올바르게 고쳐 쓰시오. (5개) 25-09-고2-18

Dear ①<u>Principal</u> Smith,
My name is Kara Peterson, and I am the Community Event Coordinator at the Greenfield Community Center. We are organizing a drone show for the local community and are ②<u>exciting</u> about this special event. While searching for the ③<u>idle</u> location, we found that your school is the best place to ensure the safety and ④<u>inaccessibility</u> of all attendees. I kindly request your ⑤ <u>admission</u> to use the school playground on Saturday, December 6th, from 6 p.m. to 8 p.m. We will ensure that all safety rules are strictly followed, and that any cleanup will be handled efficiently. Please let me know if there are any ⑥<u>vague</u> procedures for obtaining ⑦ <u>approval</u> . Thank you for your time and consideration. I will be eagerly awaiting your response.
Sincerely,
Kara Peterson

기호	어색한 표현		올바른 표현
(　　)	＿＿＿＿	➜	＿＿＿＿
(　　)	＿＿＿＿	➜	＿＿＿＿
(　　)	＿＿＿＿	➜	＿＿＿＿
(　　)	＿＿＿＿	➜	＿＿＿＿
(　　)	＿＿＿＿	➜	＿＿＿＿

24.밑줄 부분 중 어법, 혹은 문맥상 어휘의 쓰임이 어색한 것을 올바르게 고쳐 쓰시오. (5개) 25-09-고2-19

When Amina returned home from the river with her full clay water jar, she noticed men with tools near her family's hut. She ①<u>wondered</u> who ②<u>they were</u>. Her uncle stood among them, ③<u>pointing</u> to a spot beyond the baobab tree. She put the jar down and walked closer, wanting to know ④<u>what</u> was happening. The men began clearing and marking the ground. Amina ran to her uncle with a mind full of questions. "Uncle, ⑤<u>that</u>'s happening?" she asked. "We're preparing the land. ⑥<u>important something</u> will be built. A school!" her uncle said with a proud smile. Amina's eyes sparkled with joy. The school nearest to her village was hours away ⑦<u>by</u> foot. "It's for all the children in the village," her uncle continued. Amina imagined ⑧<u>to learn</u> how to read and write, and her heart ⑨<u>welled</u> with excitement.

기호	어색한 표현		올바른 표현
(　　)	＿＿＿＿	➜	＿＿＿＿
(　　)	＿＿＿＿	➜	＿＿＿＿
(　　)	＿＿＿＿	➜	＿＿＿＿
(　　)	＿＿＿＿	➜	＿＿＿＿
(　　)	＿＿＿＿	➜	＿＿＿＿

25. 밑줄 부분 중 어법, 혹은 문맥상 어휘의 쓰임이 어색한 것을 올바르게 고쳐 쓰시오. (5개) *25-09-고2-20*

"Tactics" is a term ①<u>drawn from</u> military usage. Strategies are plans of action ②<u>directing</u> a military force when attacking another, and tactics are ③<u>responses</u> to conditions on the ground. In this vein, time is ④<u>exposed</u> on us by our cultures, by the technologies that have ⑤<u>regimented</u> time ⑥<u>up</u> to the nanosecond, and by its own ⑦<u>infinite</u> nature and the fact that we're going to live only so long. In response, we must develop tactics for dealing with time and ⑧<u>consuming</u> . These aren't tactics to eliminate waiting; instead, these are tactics for teaching us how to ⑨<u>learn</u> from the seams. These tactics have the potential to ⑩<u>hurry</u> us in profound ways, transforming our perspectives on our wait times. Such renewed perspectives transform waiting from a ⑪<u>burden</u> to a springboard toward things like creativity, social critique, or reflection on our inner state and the state of our relationships.

기호	어색한 표현		올바른 표현
( )	__________	→	__________
( )	__________	→	__________
( )	__________	→	__________
( )	__________	→	__________
( )	__________	→	__________

26. 밑줄 부분 중 어법, 혹은 문맥상 어휘의 쓰임이 어색한 것을 올바르게 고쳐 쓰시오. (5개) *25-09-고2-21*

Mirror neurons are the hardware of ①<u>empathy</u>, and so ②<u>what</u> would make ③<u>more</u> sense than to look and see which animals possess these cells? And this is exactly ④<u>where</u> modern research now stands: all researchers know so far is that apes ⑤<u>refuse</u> mirror neurons. We still need to test to see which other species are ⑥<u>like</u> us in this respect. Scientists often publicly ⑦<u>speculate</u> that we can probably expect surprises here, too. They ⑧<u>assume</u> that all animals that live in herds or large groups possess similar brain mechanisms, because ⑨<u>independent</u> units function only if individuals can see things from the perspective of ⑩<u>oneself</u> in the group and feel ⑪<u>that</u> they are feeling. I can see a goldfish waving its fin at us. As an animal that travels around in a tightly-knit group, it's on ⑫<u>board</u> with this idea — or at ⑬<u>most</u> swimming alongside the boat.

기호	어색한 표현		올바른 표현
( )	__________	→	__________
( )	__________	→	__________
( )	__________	→	__________
( )	__________	→	__________
( )	__________	→	__________

27.밑줄 부분 중 어법, 혹은 문맥상 어휘의 쓰임이 어색한 것을 올바르게 고쳐 쓰시오. (5개) 25-09-고2-22

The future of work depends on two forces: a harmful ①<u>constituting</u> force and a helpful ②<u>complimenting</u> one. Many tales have a hero and a villain fighting each other for dominance, but in our story, technology plays both roles at once, ③<u>displacing</u> workers while ④<u>spontaneously</u> raising the demand for their efforts elsewhere in the economy. This interaction helps explain why past worries about automation were ⑤<u>misplaced</u> : our ancestors had predicted the ⑥<u>appropriate</u> winner in that fight, ⑦<u>underestimating</u> quite how powerful the complementing force would prove to be or simply ignoring that factor altogether. It also helps to explain why economists have traditionally been ⑧<u>dismissive</u> of the idea of technological unemployment: there appeared to be ⑨<u>weak</u> limits to the substituting force, leaving lots of tasks that could not be performed by machines, and a ⑩<u>growing</u> demand for human beings to do them instead.

기호	어색한 표현		올바른 표현
( )	__________	➜	__________
( )	__________	➜	__________
( )	__________	➜	__________
( )	__________	➜	__________
( )	__________	➜	__________

28.밑줄 부분 중 어법, 혹은 문맥상 어휘의 쓰임이 어색한 것을 올바르게 고쳐 쓰시오. (5개) 25-09-고2-23

It's conceivable that in a world ①<u>where</u> solar panels are incredibly ②<u>inexpensive</u> and there's an extreme ③<u>rise</u> in the cost of launching objects to space, you might want to ④<u>maximize</u> your energy per panel by putting them ⑤<u>within</u> the atmosphere. But panels are cheap, and even if we assume pretty steep ⑥<u>drops</u> in the cost of space launch, the numbers don't add up. This becomes especially clear when you start to think about ⑦<u>construction</u> . Try to imagine acres upon acres of glass panels in space, regularly ⑧<u>hit</u> by intense radiation and bits of space debris while enduring the extreme heat of constant sunlight. They'll have to be repaired and cared for either by astronauts or an army of advanced robots. Solar panels in Australia ⑨<u>can't</u> be cleaned by a teenager with a spray bottle and a cloth.

기호	어색한 표현		올바른 표현
( )	__________	➜	__________
( )	__________	➜	__________
( )	__________	➜	__________
( )	__________	➜	__________
( )	__________	➜	__________

29.밑줄 부분 중 어법, 혹은 문맥상 어휘의 쓰임이 어색한 것을 올바르게 고쳐 쓰시오. (5개) 25-09-고2-24

Everything in the world exists on a ①discontinuity , whether in speed, size, or any other possible descriptor you could think of. Still, we create and mindlessly ②adapt to sharp distinctions, and those distinctions change lives far ③more dramatically than marginal ④similarities ever do. Indeed, all differences are ⑤arbitrary , but drawing ⑥hard lines between categories hides this arbitrariness and can be severely ⑦damaging . I call this resulting damage "the borderline effect." The examples are endless. Someone's IQ is 69 and someone else's is 70 — but only the score of 70 is deemed to be within the range of normal. We don't have to be statisticians to know there is not a meaningful ⑧difference between 69 and 70. Yet once the person with the ⑨higher score is labeled "cognitively impaired," his or her life will unfold ⑩normally than the person with a one-point advantage.

기호   어색한 표현   올바른 표현

(   ) ___________ ➔ ___________

(   ) ___________ ➔ ___________

(   ) ___________ ➔ ___________

(   ) ___________ ➔ ___________

(   ) ___________ ➔ ___________

30.밑줄 부분 중 어법, 혹은 문맥상 어휘의 쓰임이 어색한 것을 올바르게 고쳐 쓰시오. (5개) 25-09-고2-26

Barry Commoner, born in Brooklyn in 1917, was the son of Jewish immigrants from Russia. Commoner was a leading ecologist and one of the ①founders of the modern environmental movement. He earned his doctoral degree in cellular biology from Harvard University in 1941. After serving in the US Navy ②during World War II, Commoner moved to Missouri, and became a professor of plant physiology at Washington University in 1947, ③which he ④thought for 34 years. In the late 1950s, Commoner became widely known for his ⑤agreement to nuclear weapons testing and went on to write several books about the ⑥positive ecological ⑦affects of atmospheric nuclear testing. In 1980, Commoner founded the Citizens Party to serve as a vehicle for his ecological message. In his later years, Commoner continued his efforts to raise awareness about the impact that human activity has on the environment.

기호   어색한 표현   올바른 표현

(   ) ___________ ➔ ___________

(   ) ___________ ➔ ___________

(   ) ___________ ➔ ___________

(   ) ___________ ➔ ___________

(   ) ___________ ➔ ___________

31. 밑줄 부분 중 어법, 혹은 문맥상 어휘의 쓰임이 어색한 것을 올바르게 고쳐 쓰시오. (5개) 25-09-고2-29

All human cultures mark the passing of time by the ① <u>differences</u> they observe in the world around them. Our choice of ② <u>which</u> differences to mark depends firstly on ③ <u>that</u> we can observe and secondly on ④ <u>what</u> is important in our lives. How we mark the differences — the shapes of our calendars and our rituals — depends on the connections we make between those two things. In the agricultural society of pre-modern Europe, where higher ⑤ <u>aptitudes</u> make the seasons easily observable, it was ⑥ <u>natural</u> to monitor the ⑦ <u>solar</u> cycle. Conversely, among the largely nomadic peoples of Arabia, for ⑧ <u>whom</u> seasonal changes were ⑨ <u>less</u> significant, the lunar calendar was a more ⑩ <u>sensitive</u> choice. That did not make it ⑪ <u>evitable</u> that Islam would use a lunar calendar and Roman Christianity a solar one, but political and religious decisions were made from options ⑫ <u>limited</u> by geography and lifestyle, filtered through ⑬ <u>latitude</u> .

기호	어색한 표현		올바른 표현
(　)	＿＿＿＿＿	→	＿＿＿＿＿
(　)	＿＿＿＿＿	→	＿＿＿＿＿
(　)	＿＿＿＿＿	→	＿＿＿＿＿
(　)	＿＿＿＿＿	→	＿＿＿＿＿
(　)	＿＿＿＿＿	→	＿＿＿＿＿

32. 밑줄 부분 중 어법, 혹은 문맥상 어휘의 쓰임이 어색한 것을 올바르게 고쳐 쓰시오. (5개) 25-09-고2-30

① <u>In spite of</u> empathy is widely praised by scholars and public figures, not everyone is an empathy booster. Critics of ② <u>empathy</u> argue that empathy will not ③ <u>prevent</u> us from interpersonal and intergroup conflict. In fact, they argue, empathy makes such conflicts ④ <u>worse</u> . These critics maintain that empathy can be exhausting and lead to burnout or ⑤ <u>sensitivity</u> to suffering. They argue that we tend to empathize strongly with our in-group and ⑥ <u>resist</u> empathizing with out-groups, and even enjoy the suffering of out-groups in ⑦ <u>competent</u> or threatening contexts. Thus, the prescription for ⑧ <u>more</u> empathy is often counterproductive in cases of conflict. Empathy, they argue, can further ⑨ <u>encourage</u> conflict and force us into an us vs. them mentality. Finally, even when we try to empathize with others who are dissimilar from us or in ⑩ <u>unfamiliar</u> contexts, sometimes we are ⑪ <u>able</u> to accurately empathize with their experiences, causing further ⑫ <u>misunderstandings</u> and frustration. Critics of empathy argue that we should give up on empathy and employ other tools in pursuit of social harmony, e.g., ⑬ <u>rational</u> compassion or ⑭ <u>moral</u> emotions like fear, anger, and shame.

기호	어색한 표현		올바른 표현
(　)	＿＿＿＿＿	→	＿＿＿＿＿
(　)	＿＿＿＿＿	→	＿＿＿＿＿
(　)	＿＿＿＿＿	→	＿＿＿＿＿
(　)	＿＿＿＿＿	→	＿＿＿＿＿
(　)	＿＿＿＿＿	→	＿＿＿＿＿

33. 밑줄 부분 중 어법, 혹은 문맥상 어휘의 쓰임이 어색한 것을 올바르게 고쳐 쓰시오. (5개) 25-09-고2-31

Paradoxically, it's ①<u>uncertainty</u> that makes us feel most alive. Think of events that ②<u>shakes</u> you out of your everyday routine: maybe ③<u>attending to</u> a family wedding, making a big presentation, or going somewhere you've never been. It's on those occasions that time seems to slow down a little, and you feel more fully engaged. The same holds true if the experience is ④<u>safe</u>, like mountain climbing or parasailing. Your senses are ⑤<u>sharper</u>. You notice more. Thanks to the ⑥<u>relief</u> of a feel-good chemical in the brain called dopamine, you get a greater rush of pleasure from ⑦<u>chance</u> encounters with people than planned meetings. Good news, financial rewards, and gifts are more ⑧<u>reluctant</u> if they are surprises. It's why the most popular television shows and movies are the ones with ⑨<u>unexpected</u> plot twists and ⑩<u>astonishing</u> endings.

기호	어색한 표현		올바른 표현
( )	_______	➜	_______
( )	_______	➜	_______
( )	_______	➜	_______
( )	_______	➜	_______
( )	_______	➜	_______

34. 밑줄 부분 중 어법, 혹은 문맥상 어휘의 쓰임이 어색한 것을 올바르게 고쳐 쓰시오. (5개) 25-09-고2-32

A great strength of the market mechanism is that there are incentives for individuals to ①<u>hide</u> their knowledge through their behavior. This stands in contrast to many strategic situations — for example, in political negotiations — in which it is wise not to let the other side know ②<u>what</u> one's true ③<u>preferences</u> or production capacities are. A perfectly ④<u>competitive</u> market that clears on the spot leaves no room for such strategies. If prices are not ⑤<u>sticky</u> — as many models assume — individuals ⑥<u>adopt</u> their behavior instantaneously, whenever their ⑦<u>preferences</u> or the circumstances change. They stop buying items that do not satisfy their needs and ⑧<u>stop</u> selling items that do not provide them ⑨<u>for</u> optimal gains, maybe ⑩ <u>switching</u> to the production of other items. If they have motivational problems, for example, ⑪<u>rising</u> into ⑫ <u>denial</u> about the fact that there is no demand for their products, markets reveal to them, sometimes in quite brutal ways, that they better ⑬<u>deny</u> this fact.

기호	어색한 표현		올바른 표현
( )	_______	➜	_______
( )	_______	➜	_______
( )	_______	➜	_______
( )	_______	➜	_______
( )	_______	➜	_______

35. 밑줄 부분 중 어법, 혹은 문맥상 어휘의 쓰임이 어색한 것을 올바르게 고쳐 쓰시오. (5개) 25-09-고2-33

Dictionary definitions are constantly ①revised to keep up with our changing uses and knowledge. In Roman times, "addicts" were people who were ②unable to pay their debts and gave themselves as slaves to their creditors. The word eventually came to be associated with drug ③dependency : one becomes a slave to one's addiction. The word "husband" originally referred to being a ④married man; it had nothing to do with being married. But because owning your own ⑤mate made it more likely you'd find a ⑥property , the word eventually came to mean a male who has been wed. On November 5th, 1605, Guy Fawkes tried to ⑦blow up the British Parliament. He was captured and put to death. Loyalists burned his effigy, which they nicknamed the "guy." Centuries later, the word lost its ⑧positive connotation and a musical named Guys and Dolls ran on Broadway. In American slang, bad means ⑨good, cool means ⑩great, and wicked means ⑪terrible. If you could transport yourself one hundred years into the ⑫future , you'd find yourself ⑬confused by your great-grandchildren's speech because language itself is an ever-changing reflection of human invention.

기호	어색한 표현		올바른 표현
( )	__________	→	__________
( )	__________	→	__________
( )	__________	→	__________
( )	__________	→	__________
( )	__________	→	__________

36. 밑줄 부분 중 어법, 혹은 문맥상 어휘의 쓰임이 어색한 것을 올바르게 고쳐 쓰시오. (5개) 25-09-고2-34

The term "anchoring" was introduced by Roland Barthes who observed that text is often used next to images (his focus was on photographs) to ①define meaning. Of all possible ②literate or implied interpretations an image could ③elicit , text would point the viewer towards a ④undesired, ⑤specific direction. In advertising, as Barthes argues, the symbolic message does not guide ⑥identification but ⑦identification . The viewer is not asked to recognize ⑧what they see but to understand why they see it and ⑨what it means to them. By combining images with text, advertising produces symbolic meaning that is accurate and ⑩specific on the one hand, richer on the other, thus adding depth and ⑪eliminating breadth of rational and ⑫emotional interpretations. The headline or tagline of an ad directs the reader through the ⑬extended meanings of the image, so that the reader avoids some and receives others. It "remote-controls" the reader ⑭towards a meaning chosen in advance.

기호	어색한 표현		올바른 표현
( )	__________	→	__________
( )	__________	→	__________
( )	__________	→	__________
( )	__________	→	__________
( )	__________	→	__________

37. 밑줄 부분 중 어법, 혹은 문맥상 어휘의 쓰임이 어색한 것을 올바르게 고쳐 쓰시오. (5개) 25-09-고2-35

According to Einstein's theory, a large mass ①likes the Sun 'bends' space-time. Newton's theory makes no such prediction. This bending of space-time leads to phenomena such as 'gravitational lensing' ②where the light of distant stars ③appears to be in ④rooted locations when they pass by a large mass like the Sun. We don't normally see this lensing ⑤because stars aren't ⑥vague during the day when the Sun is out, but a solar eclipse in 1919 ⑦restircted scientists to observe ⑧what the Sun's gravity was doing to the light from distant stars. The stars around the Sun appeared to have ⑨moved from their normal positions in the night sky. The shift was much larger than Newton's theory predicted, but exactly in the positions ⑩were predicted by Einstein's theory.

기호	어색한 표현		올바른 표현
( )	__________	➔	__________
( )	__________	➔	__________
( )	__________	➔	__________
( )	__________	➔	__________
( )	__________	➔	__________

38. 밑줄 부분 중 어법, 혹은 문맥상 어휘의 쓰임이 어색한 것을 올바르게 고쳐 쓰시오. (5개) 25-09-고2-36

We're naturally wired to organize the world into a ①equality . We do this to help make sense of the world, maintain our beliefs, and generally feel better. But when someone ②obeys our place in the world and our understanding of how it works, we react without thinking. When someone cuts you off on the highway and road rage kicks in, that's your ③conscious mind saying, "Who are you to cut me off?" You're reacting to a threat to your inherent sense of hierarchy. On the road we are all equals. We're all supposed to play by the ④different rules. Cutting someone off violates those rules and implies ⑤higher status. Or consider when you get ⑥frustrated with your kids and end an argument with "Because I said so." (Or the office equivalent: "Because I'm the boss.") In these moments you've stopped thinking and regressed to your ⑦biological tendencies of ⑧contradicting the hierarchy.

기호	어색한 표현		올바른 표현
( )	__________	➔	__________
( )	__________	➔	__________
( )	__________	➔	__________
( )	__________	➔	__________
( )	__________	➔	__________

39. 밑줄 부분 중 어법, 혹은 문맥상 어휘의 쓰임이 어색한 것을 올바르게 고쳐 쓰시오. (5개) 25-09-고2-37

Once a nail is hammered in, it is ①<u>friction</u> that holds it in place. ②<u>Friction</u> is the force that arises when two surfaces are sliding, or trying to slide, against each other. If you try to pull ③<u>together</u> two blocks of wood that have been nailed together, the wood fibers ④<u>grip</u> the shaft of the nail. The nail feels a force ⑤<u>trying</u> to rip it apart along its length, and we call that force tension. Your experiment can now fail in one of two ways — either the nail stretches and splits in half because the tension force is too ⑥<u>weak</u> for the nail, or the nail comes loose because the friction force is ⑦ <u>overcome</u> . The force it would take to stretch the nail is much ⑧<u>smaller</u> than the friction forces on the surface, so we don't have to worry too much about the ⑨<u>latter</u> . It's the friction ⑩<u>which</u> we need to concern ourselves.

기호　　　어색한 표현　　　　올바른 표현

(　) ＿＿＿＿＿＿ ➜ ＿＿＿＿＿＿

(　) ＿＿＿＿＿＿ ➜ ＿＿＿＿＿＿

(　) ＿＿＿＿＿＿ ➜ ＿＿＿＿＿＿

(　) ＿＿＿＿＿＿ ➜ ＿＿＿＿＿＿

(　) ＿＿＿＿＿＿ ➜ ＿＿＿＿＿＿

40. 밑줄 부분 중 어법, 혹은 문맥상 어휘의 쓰임이 어색한 것을 올바르게 고쳐 쓰시오. (5개) 25-09-고2-38

The traditional bank manager in the 1950s was usually a respected ①<u>pillar</u> of the community, a cautious, careful sort of person who probably went to bed early and didn't drink too ②<u>much</u>. But from the 1970s a new kind of banker ③<u>disappeared</u> — loud, flashy, and arrogant. These bankers loved taking big ④<u>risks</u>. They wanted to get rich quick and ⑤<u>save</u> their money on fast cars and expensive champagne. They made their money through what's called 'speculation'. Normally, people buy things because they want to ⑥<u>lose</u> them, such as wheat to make bread and petrol to run the car. But when people ⑦<u>simulate</u> , they buy things even when they have no interest in ⑧<u>using</u> them. They might buy a load of wheat simply because they think that its price is going to ⑨<u>fall</u> when a drought is predicted in wheat-growing areas. If their guess is ⑩<u>right</u>, they later sell the wheat for a profit.

기호　　　어색한 표현　　　　올바른 표현

(　) ＿＿＿＿＿＿ ➜ ＿＿＿＿＿＿

(　) ＿＿＿＿＿＿ ➜ ＿＿＿＿＿＿

(　) ＿＿＿＿＿＿ ➜ ＿＿＿＿＿＿

(　) ＿＿＿＿＿＿ ➜ ＿＿＿＿＿＿

(　) ＿＿＿＿＿＿ ➜ ＿＿＿＿＿＿

41.밑줄 부분 중 어법, 혹은 문맥상 어휘의 쓰임이 어색한 것을 올바르게 고쳐 쓰시오. (5개) 25-09-고2-39

Paper's mechanical properties ①lend themselves to ②folding and bending. The cellulose fibers of which it is ③made of can be partially snapped in the area of maximum bend, allowing a permanent ④crease to form, while sufficient fibers remain ⑤damaged for the material not to crack and fall apart. Indeed, in this state it pretty much maintains its ability to ⑥resist being pulled apart, but it can also be torn easily and accurately along the crease if a point of ⑦strength — a small, initial tear — is ⑧opened up. This winning combination of mechanical properties allows it to ⑨consume the shape of any object through creasing and folding — hence the art of origami. There are very few materials as ⑩good: metal foils can hold a crease, but control of the crease is somewhat more ⑪easy. Plastic sheeting doesn't tend to hold a crease at all, unless it is very soft, in which case it lacks the ⑫rigidity required of a good wrapping material. So it is its ability to hold a crease while remaining ⑬stiff ⑭that makes paper uniquely suited to this purpose.

기호	어색한 표현		올바른 표현
( )	__________	→	__________
( )	__________	→	__________
( )	__________	→	__________
( )	__________	→	__________
( )	__________	→	__________

42.밑줄 부분 중 어법, 혹은 문맥상 어휘의 쓰임이 어색한 것을 올바르게 고쳐 쓰시오. (5개) 25-09-고2-40

Mother cats can tell which kittens ①belong them — when litters are mixed up they use their kittens' ②sound to distinguish them ③from offspring of other mothers. ④Despite this, when faced with a selection of kittens who have wandered from the nest, her own and others that aren't hers, a mother cat doesn't appear to ⑤ignore her own offspring when ⑥retrieving them. The reason for this is ⑦obvious, although distress vocalizations from kittens that are lost from their nest are known to be very ⑧powerful, so it may just be ⑨easy for the mother to resist retrieving them, regardless of whether they are hers. In the wild, a squeaking kitten out in the open is likely to ⑩attract predators, which is bad news for any other kittens around it. A rapid rescue of any crying kitten would be a good strategy to ⑪prevent them from drawing ⑫unwanted attention.

기호	어색한 표현		올바른 표현
( )	__________	→	__________
( )	__________	→	__________
( )	__________	→	__________
( )	__________	→	__________
( )	__________	→	__________

43. 밑줄 부분 중 어법, 혹은 문맥상 어휘의 쓰임이 어색한 것을 올바르게 고쳐 쓰시오. (5개) 25-09-고2-41~42

Many animals pursue a mixed strategy of ① <u>accumulating</u> both body fat and food, which leads one to ask, "What are the relative advantages and disadvantages of these two forms of energy storage?" Maximum fat ②<u>elimination</u> increases with body mass whereas maximum food storage is not ③<u>constrained</u> by body size. This means that animals, especially small animals, can accumulate much ④<u>greater</u> energy reserves in the form of stored food than they can in the form of body fat. Further, stored food is more ⑤ <u>expensive</u> than body fat because fat contributes to body mass, and metabolic rate ⑥<u>increases</u> with body mass. In other words, there is a metabolic ⑦<u>saving</u> to maintaining fat. Excessive fat accumulations may also have a negative effect on an animal's ability to ⑧<u>avoid</u> predators. And, if maintaining a high body temperature is ⑨<u>advantageous</u>, animals might be expected to accumulate more energy in the form of a food store than as body fat. On the other hand, stored food may rot over time, may be removed by robbers, or may simply be ⑩<u>lost</u>. Many animals must expend energy ⑪ <u>avoiding</u> and protecting their food stores. Eating food and converting it to fat ⑫<u>evokes</u> these types of losses and the energetic costs of managing stored food. A large accumulation of body fat adds to an animal's fasting capacity, especially large animals, ⑬<u>permitting</u> some animals to enter prolonged dormancy in the relative security of a hibernaculum. Thus, both fat accumulation and food storage have some decided ⑭ <u>advantages</u>.

기호	어색한 표현		올바른 표현
( )	__________	→	__________
( )	__________	→	__________
( )	__________	→	__________
( )	__________	→	__________
( )	__________	→	__________

44. 밑줄 부분 중 어법, 혹은 문맥상 어휘의 쓰임이 어색한 것을 올바르게 고쳐 쓰시오. (5개) 25-09-고2-43~45

Collin's dad had a 15-year-old car, which was the same age as Collin. He decided that it was finally time to replace it with a newer model. One evening at dinner, he shared his plan to buy a new car with his family. ① <u>exciting</u> by the news, Collin became determined to ② <u>contribute</u> to his dad's big purchase. Over the past several years, Collin had saved his allowance money. He felt that this was the ③<u>flawed</u> opportunity to do something special for his dad.

The next morning, before heading to school, Collin put an envelope on the kitchen table. When his dad came into the kitchen, he ④<u>ignored</u> the envelope and asked his wife about it. She explained that Collin had left it there before leaving for school. Collin's dad opened the envelope and saw a thick stack of money. "There's $1,000 in here!" he exclaimed, after counting it. His wife ⑤<u>smiled</u> and said, "Collin wanted to help you pay for the new car."

That afternoon, Collin's dad went to the car dealership and purchased a car that was only one year old. He picked a red car ⑥<u>because</u> that was Collin's favorite color. The money that his son had left for him was enough to cover the remaining cost, and he even had some funds left over! Collin's dad decided ⑦<u>buying</u> his son a small gift with the extra money. That evening, when Collin came home, he was ⑧<u>amazing</u> to see the new car parked in the driveway.

His dad thanked him sincerely, and told Collin how proud he was of his thoughtful gesture. Then, he handed Collin a small box with a bow on top of it, and a brand-new baseball was inside. Collin loved it! He beamed with excitement and said, "Not only ⑨<u>do</u> we have a new car, but I also got an awesome new baseball!" His dad smiled warmly and hugged him. Collin's kind and generous heart had created a beautiful moment for his family.

기호	어색한 표현		올바른 표현
( )	__________	→	__________
( )	__________	→	__________
( )	__________	→	__________
( )	__________	→	__________
( )	__________	→	__________

2025 고2 9월 모의고사

❶ voca　　❷ text　　❸ [/]　　❹ ____　　❺ quiz 1　　❻ quiz 2　　❼ quiz 3　　❽ quiz 4　　❾ quiz 5

25-09-고2-18

1. 다음 글의 주제로 가장 적절한 것을 고르시오.

Dear Principal Smith,
My name is Kara Peterson, and I am the Community Event Coordinator at the Greenfield Community Center. We are organizing a drone show for the local community and are excited about this special event. While searching for the ideal location, we found that your school is the best place to ensure the safety and accessibility of all attendees. I kindly request your permission to use the school playground on Saturday, December 6th, from 6 p.m. to 8 p.m. We will ensure that all safety rules are strictly followed, and that any cleanup will be handled efficiently. Please let me know if there are any specific procedures for obtaining approval. Thank you for your time and consideration. I will be eagerly awaiting your response.
Sincerely,
Kara Peterson

① Request to use the school playground for a community drone show
② Advantages of hosting outdoor events at schools
③ Safety procedures for operating drones at public gatherings
④ Role of community centers in organizing local events
⑤ Scheduling considerations for weekend school activities

25-09-고2-19

2. 다음 글의 주제로 가장 적절한 것을 고르시오.

When Amina returned home from the river with her full clay water jar, she noticed men with tools near her family's hut. She wondered who they were. Her uncle stood among them, pointing to a spot beyond the baobab tree. She put the jar down and walked closer, wanting to know what was happening. The men began clearing and marking the ground. Amina ran to her uncle with a mind full of questions. "Uncle, what's happening?" she asked. "We're preparing the land. Something important will be built. A school!" her uncle said with a proud smile. Amina's eyes sparkled with joy. The school nearest to her village was hours away on foot. "It's for all the children in the village," her uncle continued. Amina imagined learning how to read and write, and her heart swelled with excitement.

① Challenges faced by children in rural villages
② Importance of literacy for young learners
③ Excitement of Amina at seeing new people in her village
④ Role of family members in supporting children's dreams
⑤ Joy and hope inspired by building a school in the village

25-09-고2-20

3. 다음 글의 주제로 가장 적절한 것을 고르시오.

"Tactics" is a term drawn from military usage. Strategies are plans of action directing a military force when attacking another, and tactics are responses to conditions on the ground. In this vein, time is imposed on us by our cultures, by the technologies that have regimented time down to the nanosecond, and by its own finite nature and the fact that we're going to live only so long. In response, we must develop tactics for dealing with time and waiting. These aren't tactics to eliminate waiting; instead, these are tactics for teaching us how to learn from the seams. These tactics have the potential to reorient us in profound ways, transforming our perspectives on our wait times. Such renewed perspectives transform waiting from a burden to a springboard toward things like creativity, social critique, or reflection on our inner state and the state of our relationships.

① Cultural and technological influences on human perception of time
② Transforming waiting time through tactics into opportunities for growth
③ Differences between strategies and tactics in everyday life
④ Importance of patience in fostering creativity and relationships
⑤ Military origins of the concept of tactics and its modern applications

25-09-고2-21

4. 다음 글의 주제로 가장 적절한 것을 고르시오.

Mirror neurons are the hardware of empathy, and so what would make more sense than to look and see which animals possess these cells? And this is exactly where modern research now stands: all researchers know so far is that apes possess mirror neurons. We still need to test to see which other species are like us in this respect. Scientists often publicly speculate that we can probably expect surprises here, too. They assume that all animals that live in herds or large groups possess similar brain mechanisms, because social units function only if individuals can see things from the perspective of others in the group and feel what they are feeling. I can see a goldfish waving its fin at us. As an animal that travels around in a tightly-knit group, it's on board with this idea — or at least swimming alongside the boat.

① Relationship between empathy and group survival in animals
② Discovery of mirror neurons in apes through modern research
③ Possibility that many social animals possess mirror neurons
④ Comparison of human and animal brain mechanisms of empathy
⑤ Scientific debates about the role of mirror neurons in empathy

25-09-고2-22

5. 다음 글의 주제로 가장 적절한 것을 고르시오.

The future of work depends on two forces: a harmful substituting force and a helpful complementing one. Many tales have a hero and a villain fighting each other for dominance, but in our story, technology plays both roles at once, displacing workers while simultaneously raising the demand for their efforts elsewhere in the economy. This interaction helps explain why past worries about automation were misplaced: our ancestors had predicted the wrong winner in that fight, underestimating quite how powerful the complementing force would prove to be or simply ignoring that factor altogether. It also helps to explain why economists have traditionally been dismissive of the idea of technological unemployment: there appeared to be firm limits to the substituting force, leaving lots of tasks that could not be performed by machines, and a growing demand for human beings to do them instead.

① Concerns about job losses due to automation
② Dual role of technology in shaping the future of work
③ Limits of machines in replacing human tasks
④ Reasons economists dismiss technological unemployment
⑤ Comparison between historical and modern views on automation

25-09-고2-23

6. 다음 글의 주제로 가장 적절한 것을 고르시오.

It's conceivable that in a world where solar panels are incredibly expensive and there's an extreme collapse in the cost of launching objects to space, you might want to maximize your energy per panel by putting them above the atmosphere. But panels are cheap, and even if we assume pretty steep drops in the cost of space launch, the numbers don't add up. This becomes especially clear when you start to think about maintenance. Try to imagine acres upon acres of glass panels in space, regularly hit by intense radiation and bits of space debris while enduring the extreme heat of constant sunlight. They'll have to be repaired and cared for either by astronauts or an army of advanced robots. Solar panels in Australia can be cleaned by a teenager with a spray bottle and a cloth.

① Impracticality of placing solar panels in space
② Cost differences between ground and space solar energy
③ Difficulties of maintaining solar panels on Earth
④ Potential role of robots in future solar panel care
⑤ Environmental challenges of outer space for technology

25-09-고2-24

7. 다음 글의 주제로 가장 적절한 것을 고르시오.

Everything in the world exists on a continuum, whether in speed, size, or any other possible descriptor you could think of. Still, we create and mindlessly adopt sharp distinctions, and those distinctions change lives far more dramatically than marginal differences ever do. Indeed, all differences are arbitrary, but drawing hard lines between categories hides this arbitrariness and can be severely damaging. I call this resulting damage "the borderline effect." The examples are endless. Someone's IQ is 69 and someone else's is 70 — but only the score of 70 is deemed to be within the range of normal. We don't have to be statisticians to know there is not a meaningful difference between 69 and 70. Yet once the person with the lower score is labeled "cognitively impaired," his or her life will unfold differently than the person with a one-point advantage.

① Importance of understanding statistical differences in human traits
② Arbitrary nature of IQ tests and their social consequences
③ Ways in which categories influence individual opportunities
④ Limitations of measuring intelligence through numerical scores
⑤ Harmful effects of rigid boundaries created within natural continuums

25-09-고2-26

8. 다음 글의 주제로 가장 적절한 것을 고르시오.

Barry Commoner, born in Brooklyn in 1917, was the son of Jewish immigrants from Russia. Commoner was a leading ecologist and one of the founders of the modern environmental movement. He earned his doctoral degree in cellular biology from Harvard University in 1941. After serving in the US Navy during World War II, Commoner moved to Missouri, and became a professor of plant physiology at Washington University in 1947, where he taught for 34 years. In the late 1950s, Commoner became widely known for his opposition to nuclear weapons testing and went on to write several books about the negative ecological effects of atmospheric nuclear testing. In 1980, Commoner founded the Citizens Party to serve as a vehicle for his ecological message. In his later years, Commoner continued his efforts to raise awareness about the impact that human activity has on the environment.

① Barry Commoner's contributions to higher education in Missouri
② Influence of Jewish immigrant families on American scholars
③ Role of Harvard University in shaping environmental leaders
④ Life and achievements of Barry Commoner as an environmentalist
⑤ Opposition to nuclear testing as a turning point in history

25-09-고2-29

9. 다음 글의 주제로 가장 적절한 것을 고르시오.

All human cultures mark the passing of time by the differences they observe in the world around them. Our choice of which differences to mark depends firstly on what we can observe and secondly on what is important in our lives. How we mark the differences — the shapes of our calendars and our rituals — depends on the connections we make between those two things. In the agricultural society of pre-modern Europe, where higher latitudes make the seasons easily observable, it was natural to monitor the solar cycle. Conversely, among the largely nomadic peoples of Arabia, for whom seasonal changes were less significant, the lunar calendar was a more sensible choice. That did not make it inevitable that Islam would use a lunar calendar and Roman Christianity a solar one, but political and religious decisions were made from options limited by geography and lifestyle, filtered through tradition.

① Religious influence on the design of calendars
② Importance of agriculture in shaping European calendars
③ Interaction of environment, lifestyle, and culture in calendar development
④ Differences between solar and lunar calendars across civilizations
⑤ Role of rituals in marking the passage of time

25-09-고2-30

10. 다음 글의 주제로 가장 적절한 것을 고르시오.

Although empathy is widely praised by scholars and public figures, not everyone is an empathy booster. Critics of empathy argue that empathy will not save us from interpersonal and intergroup conflict. In fact, they argue, empathy makes such conflicts worse. These critics maintain that empathy can be exhausting and lead to burnout or insensitivity to suffering. They argue that we tend to empathize strongly with our in-group and resist empathizing with out-groups, and even enjoy the suffering of out-groups in competitive or threatening contexts. Thus, the prescription for more empathy is often counterproductive in cases of conflict. Empathy, they argue, can further encourage conflict and force us into an us vs. them mentality. Finally, even when we try to empathize with others who are dissimilar from us or in unfamiliar contexts, sometimes we are unable to accurately empathize with their experiences, causing further misunderstandings and frustration. Critics of empathy argue that we should give up on empathy and employ other tools in pursuit of social harmony, e.g., rational compassion or moral emotions like fear, anger, and shame.

① Emotional costs of practicing empathy in daily life
② Challenges of empathizing with out-groups in conflicts
③ Alternative moral emotions for achieving social harmony
④ Criticism of empathy as a tool for resolving conflicts
⑤ Role of empathy in reinforcing group identity

25-09-고2-31

11. 다음 글의 주제로 가장 적절한 것을 고르시오.

Paradoxically, it's uncertainty that makes us feel most alive. Think of events that shake you out of your everyday routine: maybe attending a family wedding, making a big presentation, or going somewhere you've never been. It's on those occasions that time seems to slow down a little, and you feel more fully engaged. The same holds true if the experience is risky, like mountain climbing or parasailing. Your senses are sharper. You notice more. Thanks to the release of a feel-good chemical in the brain called dopamine, you get a greater rush of pleasure from chance encounters with people than planned meetings. Good news, financial rewards, and gifts are more enjoyable if they are surprises. It's why the most popular television shows and movies are the ones with unexpected plot twists and astonishing endings.

① Role of dopamine in creating feelings of pleasure
② Positive effects of uncertainty on human experience
③ Importance of novelty in everyday routines
④ Relationship between risk-taking and heightened senses
⑤ Popularity of stories with surprising endings

25-09-고2-32

12. 다음 글의 주제로 가장 적절한 것을 고르시오.

A great strength of the market mechanism is that there are incentives for individuals to reveal their knowledge through their behavior. This stands in contrast to many strategic situations — for example, in political negotiations — in which it is wise not to let the other side know what one's true preferences or production capacities are. A perfectly competitive market that clears on the spot leaves no room for such strategies. If prices are not sticky — as many models assume — individuals adapt their behavior instantaneously, whenever their preferences or the circumstances change. They stop buying items that do not satisfy their needs and stop selling items that do not provide them with optimal gains, maybe switching to the production of other items. If they have motivational problems, for example, falling into denial about the fact that there is no demand for their products, markets reveal to them, sometimes in quite brutal ways, that they better accept this fact.

① Strategic behaviors in political negotiations
② Importance of price flexibility in market models
③ Market mechanism as a system that reveals true preferences
④ Challenges faced by producers in competitive markets
⑤ Relationship between motivation and market behavior

25-09-고2-33

13. 다음 글의 주제로 가장 적절한 것을 고르시오.

Dictionary definitions are constantly revised to keep up with our changing uses and knowledge. In Roman times, "addicts" were people who were unable to pay their debts and gave themselves as slaves to their creditors. The word eventually came to be associated with drug dependency: one becomes a slave to one's addiction. The word "husband" originally referred to being a homeowner; it had nothing to do with being married. But because owning your own property made it more likely you'd find a mate, the word eventually came to mean a male who has been wed. On November 5th, 1605, Guy Fawkes tried to blow up the British Parliament. He was captured and put to death. Loyalists burned his effigy, which they nicknamed the "guy." Centuries later, the word lost its negative connotation and a musical named Guys and Dolls ran on Broadway. In American slang, bad means good, cool means great, and wicked means excellent. If you could transport yourself one hundred years into the future, you'd find yourself confused by your great-grandchildren's speech because language itself is an ever-changing reflection of human invention.

① Historical roots of unusual English words
② Influence of culture on slang expressions
③ Constant evolution and change of language
④ Relationship between word meanings and social values
⑤ Role of dictionaries in recording word definitions

25-09-고2-34

14. 다음 글의 주제로 가장 적절한 것을 고르시오.

The term "anchoring" was introduced by Roland Barthes who observed that text is often used next to images (his focus was on photographs) to confine meaning. Of all possible literal or implied interpretations an image could elicit, text would point the viewer towards a desired, specific direction. In advertising, as Barthes argues, the symbolic message does not guide identification but interpretation. The viewer is not asked to recognize what they see but to understand why they see it and what it means to them. By combining images with text, advertising produces symbolic meaning that is accurate and specific on the one hand, richer on the other, thus adding depth and eliminating breadth of rational and emotional interpretations. The headline or tagline of an ad directs the reader through the intended meanings of the image, so that the reader avoids some and receives others. It "remote-controls" the reader towards a meaning chosen in advance.

① Role of anchoring in guiding interpretation of images
② Importance of symbolic meaning in modern advertising
③ Relationship between emotional and rational responses to ads
④ Difference between identification and interpretation in media
⑤ Effects of headlines and taglines on consumer behavior

25-09-고2-35

15. 다음 글의 주제로 가장 적절한 것을 고르시오.

According to Einstein's theory, a large mass like the Sun 'bends' space-time. Newton's theory makes no such prediction. This bending of space-time leads to phenomena such as 'gravitational lensing' where the light of distant stars appears to be in different locations when they pass by a large mass like the Sun. We don't normally see this lensing because stars aren't visible during the day when the Sun is out, but a solar eclipse in 1919 allowed scientists to observe what the Sun's gravity was doing to the light from distant stars. The stars around the Sun appeared to have moved from their normal positions in the night sky. The shift was much larger than Newton's theory predicted, but exactly in the positions predicted by Einstein's theory.

① Confirmation of Einstein's theory through gravitational lensing
② Differences between Newton's and Einstein's theories of gravity
③ Role of solar eclipses in astronomical observations
④ Explanation of how space-time is bent by massive objects
⑤ Historical significance of the 1919 eclipse observation

25-09-고2-36

16. 다음 글의 주제로 가장 적절한 것을 고르시오.

We're naturally wired to organize the world into a hierarchy. We do this to help make sense of the world, maintain our beliefs, and generally feel better. But when someone infringes on our place in the world and our understanding of how it works, we react without thinking. When someone cuts you off on the highway and road rage kicks in, that's your unconscious mind saying, "Who are you to cut me off?" You're reacting to a threat to your inherent sense of hierarchy. On the road we are all equals. We're all supposed to play by the same rules. Cutting someone off violates those rules and implies higher status. Or consider when you get frustrated with your kids and end an argument with "Because I said so." (Or the office equivalent: "Because I'm the boss.") In these moments you've stopped thinking and regressed to your biological tendencies of reaffirming the hierarchy.

① Causes of road rage in everyday driving situations
② Human tendency to perceive and defend hierarchy
③ Influence of authority in family and workplace settings
④ Role of unconscious instincts in shaping emotions
⑤ Problems arising from unequal social rules

25-09-고2-37

17. 다음 글의 주제로 가장 적절한 것을 고르시오.

Once a nail is hammered in, it is friction that holds it in place. Friction is the force that arises when two surfaces are sliding, or trying to slide, against each other. If you try to pull apart two blocks of wood that have been nailed together, the wood fibers grip the shaft of the nail. The nail feels a force trying to rip it apart along its length, and we call that force tension. Your experiment can now fail in one of two ways — either the nail stretches and splits in half because the tension force is too large for the nail, or the nail comes loose because the friction force is overcome. The force it would take to stretch the nail is much larger than the friction forces on the surface, so we don't have to worry too much about the former. It's the friction with which we need to concern ourselves.

① Function of nails in connecting wooden blocks
② Difference between frictional force and tensile force
③ Reasons nails break under strong tension
④ Role of wood fibers in gripping a nail
⑤ Importance of friction in keeping a nail in place

25-09-고2-38

18. 다음 글의 주제로 가장 적절한 것을 고르시오.

The traditional bank manager in the 1950s was usually a respected pillar of the community, a cautious, careful sort of person who probably went to bed early and didn't drink too much. But from the 1970s a new kind of banker appeared — loud, flashy, and arrogant. These bankers loved taking big risks. They wanted to get rich quick and blow their money on fast cars and expensive champagne. They made their money through what's called 'speculation'. Normally, people buy things because they want to use them, such as wheat to make bread and petrol to run the car. But when people speculate, they buy things even when they have no interest in using them. They might buy a load of wheat simply because they think that its price is going to rise when a drought is predicted in wheat-growing areas. If their guess is right, they later sell the wheat for a profit.

① Differences between production and consumption goods
② Importance of agriculture in financial speculation
③ Lifestyle changes among bankers in the 1970s
④ Shift from cautious banking to speculative risk-taking
⑤ Reasons for rising wheat prices in global markets

25-09-고2-39

19. 다음 글의 주제로 가장 적절한 것을 고르시오.

Paper's mechanical properties lend themselves to folding and bending. The cellulose fibers of which it is made can be partially snapped in the area of maximum bend, allowing a permanent crease to form, while sufficient fibers remain undamaged for the material not to crack and fall apart. Indeed, in this state it pretty much maintains its ability to resist being pulled apart, but it can also be torn easily and accurately along the crease if a point of weakness — a small, initial tear — is opened up. This winning combination of mechanical properties allows it to assume the shape of any object through creasing and folding — hence the art of origami. There are very few materials as good: metal foils can hold a crease, but control of the crease is somewhat more difficult. Plastic sheeting doesn't tend to hold a crease at all, unless it is very soft, in which case it lacks the rigidity required of a good wrapping material. So it is its ability to hold a crease while remaining stiff that makes paper uniquely suited to this purpose.

① Process of creating permanent creases in materials
② Comparison between paper and other wrapping materials
③ Relationship between cellulose fibers and paper strength
④ Applications of paper in traditional art forms like origami
⑤ Unique suitability of paper for folding due to its mechanical properties

25-09-고2-40

20. 다음 글의 주제로 가장 적절한 것을 고르시오.

Mother cats can tell which kittens belong to them — when litters are mixed up they use their kittens' scent to distinguish them from offspring of other mothers. Despite this, when faced with a selection of kittens who have wandered from the nest, her own and others that aren't hers, a mother cat doesn't appear to favor her own offspring when retrieving them. The reason for this is uncertain, although distress vocalizations from kittens that are lost from their nest are known to be very powerful, so it may just be hard for the mother to resist retrieving them, regardless of whether they are hers. In the wild, a squeaking kitten out in the open is likely to attract predators, which is bad news for any other kittens around it. A rapid rescue of any crying kitten would be a good strategy to prevent them from drawing unwanted attention.

① Importance of scent in mother cats' recognition of their kittens
② Influence of predators on kitten survival in the wild
③ Role of distress vocalizations in attracting maternal care
④ Reasons mother cats retrieve kittens regardless of kinship
⑤ Comparison between maternal instincts of wild and domestic cats

25-09-고2-41~42

21. 다음 글의 주제로 가장 적절한 것을 고르시오.

Many animals pursue a mixed strategy of accumulating both body fat and food, which leads one to ask, "What are the relative advantages and disadvantages of these two forms of energy storage?" Maximum fat deposition increases with body mass whereas maximum food storage is not constrained by body size. This means that animals, especially small animals, can accumulate much greater energy reserves in the form of stored food than they can in the form of body fat. Further, stored food is more economical than body fat because fat contributes to body mass, and metabolic rate increases with body mass. In other words, there is a metabolic expense to maintaining fat. Excessive fat accumulations may also have a negative effect on an animal's ability to avoid predators. And, if maintaining a high body temperature is advantageous, animals might be expected to accumulate more energy in the form of a food store than as body fat. On the other hand, stored food may rot over time, may be removed by robbers, or may simply be lost. Many animals must expend energy managing and protecting their food stores. Eating food and converting it to fat avoids these types of losses and the energetic costs of managing stored food. A large accumulation of body fat adds to an animal's fasting capacity, especially large animals, permitting some animals to enter prolonged dormancy in the relative security of a hibernaculum. Thus, both fat accumulation and food storage have some decided advantages.

① Relationship between animal size and metabolic rate
② Role of hibernation in animal survival strategies
③ Risks of food storage compared to body fat accumulation
④ Comparative advantages and disadvantages of fat accumulation and food storage
⑤ Impact of predator threats on animal energy storage strategies

25-09-고2-43~45

22. 다음 글의 주제로 가장 적절한 것을 고르시오.

Collin's dad had a 15-year-old car, which was the same age as Collin. He decided that it was finally time to replace it with a newer model. One evening at dinner, he shared his plan to buy a new car with his family. Excited by the news, Collin became determined to contribute to his dad's big purchase. Over the past several years, Collin had saved his allowance money. He felt that this was the perfect opportunity to do something special for his dad.

The next morning, before heading to school, Collin put an envelope on the kitchen table. When his dad came into the kitchen, he noticed the envelope and asked his wife about it. She explained that Collin had left it there before leaving for school. Collin's dad opened the envelope and saw a thick stack of money. "There's $1,000 in here!" he exclaimed, after counting it. His wife smiled and said, "Collin wanted to help you pay for the new car."

That afternoon, Collin's dad went to the car dealership and purchased a car that was only one year old. He picked a red car because that was Collin's favorite color. The money that his son had left for him was enough to cover the remaining cost, and he even had some funds left over! Collin's dad decided to buy his son a small gift with the extra money. That evening, when Collin came home, he was amazed to see the new car parked in the driveway.

His dad thanked him sincerely, and told Collin how proud he was of his thoughtful gesture. Then, he handed Collin a small box with a bow on top of it, and a brand-new baseball was inside. Collin loved it! He beamed with excitement and said, "Not only do we have a new car, but I also got an awesome new baseball!" His dad smiled warmly and hugged him. Collin's kind and generous heart had created a beautiful moment for his family.

① Excitement of buying a new family car
② Importance of saving money for the future
③ Role of gifts in strengthening family bonds
④ Father's pride in his son's favorite hobby
⑤ Power of generosity and love in a family

25-09-고2-18

23. 보기의 순서를 바르게 맞추어 요약문을 작성하였을 때, 요약문의 세 번째 부분에 오는 것을 고르시오.

Dear Principal Smith,
My name is Kara Peterson, and I am the Community Event Coordinator at the Greenfield Community Center. We are organizing a drone show for the local community and are excited about this special event. While searching for the ideal location, we found that your school is the best place to ensure the safety and accessibility of all attendees. I kindly request your permission to use the school playground on Saturday, December 6th, from 6 p.m. to 8 p.m. We will ensure that all safety rules are strictly followed, and that any cleanup will be handled efficiently. Please let me know if there are any specific procedures for obtaining approval. Thank you for your time and consideration. I will be eagerly awaiting your response.
Sincerely,
Kara Peterson

① Kara Peterson writes to
② approval to host a
③ show at the school
④ the principal seeking
⑤ safe, accessible drone

25-09-고2-19

24. 보기의 순서를 바르게 맞추어 요약문을 작성하였을 때, 요약문의 세 번째 부분에 오는 것을 고르시오.

When Amina returned home from the river with her full clay water jar, she noticed men with tools near her family's hut. She wondered who they were. Her uncle stood among them, pointing to a spot beyond the baobab tree. She put the jar down and walked closer, wanting to know what was happening. The men began clearing and marking the ground. Amina ran to her uncle with a mind full of questions. "Uncle, what's happening?" she asked. "We're preparing the land. Something important will be built. A school!" her uncle said with a proud smile. Amina's eyes sparkled with joy. The school nearest to her village was hours away on foot. "It's for all the children in the village," her uncle continued. Amina imagined learning how to read and write, and her heart swelled with excitement.

① as her uncle explains
② soon become
③ Amina becomes excited
④ a village school
⑤ that the cleared land will

25-09-고2-20

25. 보기의 순서를 바르게 맞추어 요약문을 작성하였을 때, 요약문의 세 번째 부분에 오는 것을 고르시오.

"Tactics" is a term drawn from military usage. Strategies are plans of action directing a military force when attacking another, and tactics are responses to conditions on the ground. In this vein, time is imposed on us by our cultures, by the technologies that have regimented time down to the nanosecond, and by its own finite nature and the fact that we're going to live only so long. In response, we must develop tactics for dealing with time and waiting. These aren't tactics to eliminate waiting; instead, these are tactics for teaching us how to learn from the seams. These tactics have the potential to reorient us in profound ways, transforming our perspectives on our wait times. Such renewed perspectives transform waiting from a burden to a springboard toward things like creativity, social critique, or reflection on our inner state and the state of our relationships.

① waiting, people can change
② for growth and insight
③ burdensome delays
④ by developing tactics for
⑤ into meaningful chances

25-09-고2-21

26. 보기의 순서를 바르게 맞추어 요약문을 작성하였을 때, 요약문의 세 번째 부분에 오는 것을 고르시오.

Mirror neurons are the hardware of empathy, and so what would make more sense than to look and see which animals possess these cells? And this is exactly where modern research now stands: all researchers know so far is that apes possess mirror neurons. We still need to test to see which other species are like us in this respect. Scientists often publicly speculate that we can probably expect surprises here, too. They assume that all animals that live in herds or large groups possess similar brain mechanisms, because social units function only if individuals can see things from the perspective of others in the group and feel what they are feeling. I can see a goldfish waving its fin at us. As an animal that travels around in a tightly-knit group, it's on board with this idea — or at least swimming alongside the boat.

① living in herds might share
② empathy and social connection
③ brain mechanisms fostering
④ research on mirror
⑤ neurons suggests that animals

25-09-고2-22

27. 보기의 순서를 바르게 맞추어 요약문을 작성하였을 때, 요약문의 세 번째 부분에 오는 것을 고르시오.

The future of work depends on two forces: a harmful substituting force and a helpful complementing one. Many tales have a hero and a villain fighting each other for dominance, but in our story, technology plays both roles at once, displacing workers while simultaneously raising the demand for their efforts elsewhere in the economy. This interaction helps explain why past worries about automation were misplaced: our ancestors had predicted the wrong winner in that fight, underestimating quite how powerful the complementing force would prove to be or simply ignoring that factor altogether. It also helps to explain why economists have traditionally been dismissive of the idea of technological unemployment: there appeared to be firm limits to the substituting force, leaving lots of tasks that could not be performed by machines, and a growing demand for human beings to do them instead.

① technology acts as both
② human work elsewhere
③ some jobs while simultaneously
④ villain and hero, replacing
⑤ increasing demand for

25-09-고2-23

28. 보기의 순서를 바르게 맞추어 요약문을 작성하였을 때, 요약문의 세 번째 부분에 오는 것을 고르시오.

It's conceivable that in a world where solar panels are incredibly expensive and there's an extreme collapse in the cost of launching objects to space, you might want to maximize your energy per panel by putting them above the atmosphere. But panels are cheap, and even if we assume pretty steep drops in the cost of space launch, the numbers don't add up. This becomes especially clear when you start to think about maintenance. Try to imagine acres upon acres of glass panels in space, regularly hit by intense radiation and bits of space debris while enduring the extreme heat of constant sunlight. They'll have to be repaired and cared for either by astronauts or an army of advanced robots. Solar panels in Australia can be cleaned by a teenager with a spray bottle and a cloth.

① harsh environmental conditions
② despite imaginative scenarios,
③ are impractical due to high
④ space-based solar panels
⑤ maintenance costs and

25-09-고2-24

29. 보기의 순서를 바르게 맞추어 요약문을 작성하였을 때, 요약문의 세 번째 부분에 오는 것을 고르시오.

Everything in the world exists on a continuum, whether in speed, size, or any other possible descriptor you could think of. Still, we create and mindlessly adopt sharp distinctions, and those distinctions change lives far more dramatically than marginal differences ever do. Indeed, all differences are arbitrary, but drawing hard lines between categories hides this arbitrariness and can be severely damaging. I call this resulting damage "the borderline effect." The examples are endless. Someone's IQ is 69 and someone else's is 70 — but only the score of 70 is deemed to be within the range of normal. We don't have to be statisticians to know there is not a meaningful difference between 69 and 70. Yet once the person with the lower score is labeled "cognitively impaired," his or her life will unfold differently than the person with a one-point advantage.

① categories create the
② labels and consequences
③ tiny differences cause life-changing
④ arbitrary boundaries between
⑤ "borderline effect," where

25-09-고2-26

30. 보기의 순서를 바르게 맞추어 요약문을 작성하였을 때, 요약문의 세 번째 부분에 오는 것을 고르시오.

Barry Commoner, born in Brooklyn in 1917, was the son of Jewish immigrants from Russia. Commoner was a leading ecologist and one of the founders of the modern environmental movement. He earned his doctoral degree in cellular biology from Harvard University in 1941. After serving in the US Navy during World War II, Commoner moved to Missouri, and became a professor of plant physiology at Washington University in 1947, where he taught for 34 years. In the late 1950s, Commoner became widely known for his opposition to nuclear weapons testing and went on to write several books about the negative ecological effects of atmospheric nuclear testing. In 1980, Commoner founded the Citizens Party to serve as a vehicle for his ecological message. In his later years, Commoner continued his efforts to raise awareness about the impact that human activity has on the environment.

① Barry Commoner dedicated
② nuclear weapons testing
③ his career to environmental
④ from scientist to activist,
⑤ protection and challenging

25-09-고2-29

31. 보기의 순서를 바르게 맞추어 요약문을 작성하였을 때, 요약문의 세 번째 부분에 오는 것을 고르시오.

All human cultures mark the passing of time by the differences they observe in the world around them. Our choice of which differences to mark depends firstly on what we can observe and secondly on what is important in our lives. How we mark the differences — the shapes of our calendars and our rituals — depends on the connections we make between those two things. In the agricultural society of pre-modern Europe, where higher latitudes make the seasons easily observable, it was natural to monitor the solar cycle. Conversely, among the largely nomadic peoples of Arabia, for whom seasonal changes were less significant, the lunar calendar was a more sensible choice. That did not make it inevitable that Islam would use a lunar calendar and Roman Christianity a solar one, but political and religious decisions were made from options limited by geography and lifestyle, filtered through tradition.

① human cultures measure

② matters in daily life

③ what they observe in

④ time differently, shaped by

⑤ nature and what

25-09-고2-30

32. 보기의 순서를 바르게 맞추어 요약문을 작성하였을 때, 요약문의 세 번째 부분에 오는 것을 고르시오.

Although empathy is widely praised by scholars and public figures, not everyone is an empathy booster. Critics of empathy argue that empathy will not save us from interpersonal and intergroup conflict. In fact, they argue, empathy makes such conflicts worse. These critics maintain that empathy can be exhausting and lead to burnout or insensitivity to suffering. They argue that we tend to empathize strongly with our in-group and resist empathizing with out-groups, and even enjoy the suffering of out-groups in competitive or threatening contexts. Thus, the prescription for more empathy is often counterproductive in cases of conflict. Empathy, they argue, can further encourage conflict and force us into an us vs. them mentality. Finally, even when we try to empathize with others who are dissimilar from us or in unfamiliar contexts, sometimes we are unable to accurately empathize with their experiences, causing further misunderstandings and frustration. Critics of empathy argue that we should give up on empathy and employ other tools in pursuit of social harmony, e.g., rational compassion or moral emotions like fear, anger, and shame.

① pursue harmony and

② compassion or moral emotions to

③ instead of empathy, critics

④ reduce conflict

⑤ suggest relying on rational

25-09-고2-31

33. 보기의 순서를 바르게 맞추어 요약문을 작성하였을 때, 요약문의 세 번째 부분에 오는 것을 고르시오.

Paradoxically, it's uncertainty that makes us feel most alive. Think of events that shake you out of your everyday routine: maybe attending a family wedding, making a big presentation, or going somewhere you've never been. It's on those occasions that time seems to slow down a little, and you feel more fully engaged. The same holds true if the experience is risky, like mountain climbing or parasailing. Your senses are sharper. You notice more. Thanks to the release of a feel-good chemical in the brain called dopamine, you get a greater rush of pleasure from chance encounters with people than planned meetings. Good news, financial rewards, and gifts are more enjoyable if they are surprises. It's why the most popular television shows and movies are the ones with unexpected plot twists and astonishing endings.

① experiences more
② by sharpening our senses,
③ pleasurable and memorable
④ slowing time, and making surprising
⑤ uncertainty enhances life

25-09-고2-32

34. 보기의 순서를 바르게 맞추어 요약문을 작성하였을 때, 요약문의 세 번째 부분에 오는 것을 고르시오.

A great strength of the market mechanism is that there are incentives for individuals to reveal their knowledge through their behavior. This stands in contrast to many strategic situations — for example, in political negotiations — in which it is wise not to let the other side know what one's true preferences or production capacities are. A perfectly competitive market that clears on the spot leaves no room for such strategies. If prices are not sticky — as many models assume — individuals adapt their behavior instantaneously, whenever their preferences or the circumstances change. They stop buying items that do not satisfy their needs and stop selling items that do not provide them with optimal gains, maybe switching to the production of other items. If they have motivational problems, for example, falling into denial about the fact that there is no demand for their products, markets reveal to them, sometimes in quite brutal ways, that they better accept this fact.

① and capacities, forcing adaptation
② in strategic negotiations
③ competitive markets quickly
④ without the secrecy common
⑤ reveal individuals' preferences

25-09-고2-33

35. 보기의 순서를 바르게 맞추어 요약문을 작성하였을 때, 요약문의 세 번째 부분에 오는 것을 고르시오.

Dictionary definitions are constantly revised to keep up with our changing uses and knowledge. In Roman times, "addicts" were people who were unable to pay their debts and gave themselves as slaves to their creditors. The word eventually came to be associated with drug dependency: one becomes a slave to one's addiction. The word "husband" originally referred to being a homeowner; it had nothing to do with being married. But because owning your own property made it more likely you'd find a mate, the word eventually came to mean a male who has been wed. On November 5th, 1605, Guy Fawkes tried to blow up the British Parliament. He was captured and put to death. Loyalists burned his effigy, which they nicknamed the "guy." Centuries later, the word lost its negative connotation and a musical named Guys and Dolls ran on Broadway. In American slang, bad means good, cool means great, and wicked means excellent. If you could transport yourself one hundred years into the future, you'd find yourself confused by your great-grandchildren's speech because language itself is an ever-changing reflection of human invention.

① words constantly shift in
② everyday language
③ changes and surprising transformations
④ meaning, reflecting cultural
⑤ across history and

25-09-고2-34

36. 보기의 순서를 바르게 맞추어 요약문을 작성하였을 때, 요약문의 세 번째 부분에 오는 것을 고르시오.

The term "anchoring" was introduced by Roland Barthes who observed that text is often used next to images (his focus was on photographs) to confine meaning. Of all possible literal or implied interpretations an image could elicit, text would point the viewer towards a desired, specific direction. In advertising, as Barthes argues, the symbolic message does not guide identification but interpretation. The viewer is not asked to recognize what they see but to understand why they see it and what it means to them. By combining images with text, advertising produces symbolic meaning that is accurate and specific on the one hand, richer on the other, thus adding depth and eliminating breadth of rational and emotional interpretations. The headline or tagline of an ad directs the reader through the intended meanings of the image, so that the reader avoids some and receives others. It "remote-controls" the reader towards a meaning chosen in advance.

① and emotional interpretations
② perception, directing viewers
③ by pairing text with images,
④ toward intended rational
⑤ advertisers control audience

25-09-고2-35

37. 보기의 순서를 바르게 맞추어 요약문을 작성하였을 때, 요약문의 세 번째 부분에 오는 것을 고르시오.

According to Einstein's theory, a large mass like the Sun 'bends' space-time. Newton's theory makes no such prediction. This bending of space-time leads to phenomena such as 'gravitational lensing' where the light of distant stars appears to be in different locations when they pass by a large mass like the Sun. We don't normally see this lensing because stars aren't visible during the day when the Sun is out, but a solar eclipse in 1919 allowed scientists to observe what the Sun's gravity was doing to the light from distant stars. The stars around the Sun appeared to have moved from their normal positions in the night sky. The shift was much larger than Newton's theory predicted, but exactly in the positions predicted by Einstein's theory.

① space-time bending where

② the 1919 eclipse revealed

③ Newton's model failed

④ Einstein correct about

⑤ gravitational lensing, proving

25-09-고2-36

38. 보기의 순서를 바르게 맞추어 요약문을 작성하였을 때, 요약문의 세 번째 부분에 오는 것을 고르시오.

We're naturally wired to organize the world into a hierarchy. We do this to help make sense of the world, maintain our beliefs, and generally feel better. But when someone infringes on our place in the world and our understanding of how it works, we react without thinking. When someone cuts you off on the highway and road rage kicks in, that's your unconscious mind saying, "Who are you to cut me off?" You're reacting to a threat to your inherent sense of hierarchy. On the road we are all equals. We're all supposed to play by the same rules. Cutting someone off violates those rules and implies higher status. Or consider when you get frustrated with your kids and end an argument with "Because I said so." (Or the office equivalent: "Because I'm the boss.") In these moments you've stopped thinking and regressed to your biological tendencies of reaffirming the hierarchy.

① human reactions like

② order feels violated

③ drive to defend

④ road rage reveal our instinctive

⑤ hierarchy when social

25-09-고2-37

39. 보기의 순서를 바르게 맞추어 요약문을 작성하였을 때, 요약문의 세 번째 부분에 오는 것을 고르시오.

Once a nail is hammered in, it is friction that holds it in place. Friction is the force that arises when two surfaces are sliding, or trying to slide, against each other. If you try to pull apart two blocks of wood that have been nailed together, the wood fibers grip the shaft of the nail. The nail feels a force trying to rip it apart along its length, and we call that force tension. Your experiment can now fail in one of two ways — either the nail stretches and splits in half because the tension force is too large for the nail, or the nail comes loose because the friction force is overcome. The force it would take to stretch the nail is much larger than the friction forces on the surface, so we don't have to worry too much about the former. It's the friction with which we need to concern ourselves.

① loosening, making it
② critical force keeping
③ and wood fibers prevents
④ friction between nail
⑤ nailed objects together

25-09-고2-38

40. 보기의 순서를 바르게 맞추어 요약문을 작성하였을 때, 요약문의 세 번째 부분에 오는 것을 고르시오.

The traditional bank manager in the 1950s was usually a respected pillar of the community, a cautious, careful sort of person who probably went to bed early and didn't drink too much. But from the 1970s a new kind of banker appeared — loud, flashy, and arrogant. These bankers loved taking big risks. They wanted to get rich quick and blow their money on fast cars and expensive champagne. They made their money through what's called 'speculation'. Normally, people buy things because they want to use them, such as wheat to make bread and petrol to run the car. But when people speculate, they buy things even when they have no interest in using them. They might buy a load of wheat simply because they think that its price is going to rise when a drought is predicted in wheat-growing areas. If their guess is right, they later sell the wheat for a profit.

① speculation illustrates how
② than community stability
③ from wheat to fuel,
④ into quick profits rather
⑤ bankers turned risk-taking

25-09-고2-39

41. 보기의 순서를 바르게 맞추어 요약문을 작성하였을 때, 요약문 의 세 번째 부분에 오는 것을 고르시오.

Paper's mechanical properties lend themselves to folding and bending. The cellulose fibers of which it is made can be partially snapped in the area of maximum bend, allowing a permanent crease to form, while sufficient fibers remain undamaged for the material not to crack and fall apart. Indeed, in this state it pretty much maintains its ability to resist being pulled apart, but it can also be torn easily and accurately along the crease if a point of weakness — a small, initial tear — is opened up. This winning combination of mechanical properties allows it to assume the shape of any object through creasing and folding — hence the art of origami. There are very few materials as good: metal foils can hold a crease, but control of the crease is somewhat more difficult. Plastic sheeting doesn't tend to hold a crease at all, unless it is very soft, in which case it lacks the rigidity required of a good wrapping material. So it is its ability to hold a crease while remaining stiff that makes paper uniquely suited to this purpose.

① tearability, enabling uses
② with fibers that crease
③ without breaking, paper
④ from wrapping to origami
⑤ balances stiffness and

25-09-고2-40

42. 보기의 순서를 바르게 맞추어 요약문을 작성하였을 때, 요약 문의 세 번째 부분에 오는 것을 고르시오.

Mother cats can tell which kittens belong to them — when litters are mixed up they use their kittens' scent to distinguish them from offspring of other mothers. Despite this, when faced with a selection of kittens who have wandered from the nest, her own and others that aren't hers, a mother cat doesn't appear to favor her own offspring when retrieving them. The reason for this is uncertain, although distress vocalizations from kittens that are lost from their nest are known to be very powerful, so it may just be hard for the mother to resist retrieving them, regardless of whether they are hers. In the wild, a squeaking kitten out in the open is likely to attract predators, which is bad news for any other kittens around it. A rapid rescue of any crying kitten would be a good strategy to prevent them from drawing unwanted attention.

① reduce predator risks
② their kittens by scent
③ but rescue any
④ distressed kitten, likely to
⑤ mother cats identify

25-09-고2-41~42

43. 보기의 순서를 바르게 맞추어 요약문을 작성하였을 때, 요약문의 세 번째 부분에 오는 것을 고르시오.

Many animals pursue a mixed strategy of accumulating both body fat and food, which leads one to ask, "What are the relative advantages and disadvantages of these two forms of energy storage?" Maximum fat deposition increases with body mass whereas maximum food storage is not constrained by body size. This means that animals, especially small animals, can accumulate much greater energy reserves in the form of stored food than they can in the form of body fat. Further, stored food is more economical than body fat because fat contributes to body mass, and metabolic rate increases with body mass. In other words, there is a metabolic expense to maintaining fat. Excessive fat accumulations may also have a negative effect on an animal's ability to avoid predators. And, if maintaining a high body temperature is advantageous, animals might be expected to accumulate more energy in the form of a food store than as body fat. On the other hand, stored food may rot over time, may be removed by robbers, or may simply be lost. Many animals must expend energy managing and protecting their food stores. Eating food and converting it to fat avoids these types of losses and the energetic costs of managing stored food. A large accumulation of body fat adds to an animal's fasting capacity, especially large animals, permitting some animals to enter prolonged dormancy in the relative security of a hibernaculum. Thus, both fat accumulation and food storage have some decided advantages.

① greater reserves but

② requires costly protection

③ while food storage provides

④ and dormancy potential,

⑤ fat increases fasting capacity

25-09-고2-43~45

44. 보기의 순서를 바르게 맞추어 요약문을 작성하였을 때, 요약문의 세 번째 부분에 오는 것을 고르시오.

Collin's dad had a 15-year-old car, which was the same age as Collin. He decided that it was finally time to replace it with a newer model. One evening at dinner, he shared his plan to buy a new car with his family. Excited by the news, Collin became determined to contribute to his dad's big purchase. Over the past several years, Collin had saved his allowance money. He felt that this was the perfect opportunity to do something special for his dad.
The next morning, before heading to school, Collin put an envelope on the kitchen table. When his dad came into the kitchen, he noticed the envelope and asked his wife about it. She explained that Collin had left it there before leaving for school. Collin's dad opened the envelope and saw a thick stack of money. "There's $1,000 in here!" he exclaimed, after counting it. His wife smiled and said, "Collin wanted to help you pay for the new car."
That afternoon, Collin's dad went to the car dealership and purchased a car that was only one year old. He picked a red car because that was Collin's favorite color. The money that his son had left for him was enough to cover the remaining cost, and he even had some funds left over! Collin's dad decided to buy his son a small gift with the extra money. That evening, when Collin came home, he was amazed to see the new car parked in the driveway.
His dad thanked him sincerely, and told Collin how proud he was of his thoughtful gesture. Then, he handed Collin a small box with a bow on top of it, and a brand-new baseball was inside. Collin loved it! He beamed with excitement and said, "Not only do we have a new car, but I also got an awesome new baseball!" His dad smiled warmly and hugged him. Collin's kind and generous heart had created a beautiful moment for his family.

① the family's car purchase,

② by contributing $1,000 toward

③ of gratitude and shared

④ Collin strengthened bonds

⑤ happiness with his father

25-09-고2-18

45. 다음 글의 내용과 일치하지 **않는** 것은?

Dear Principal Smith,
My name is Kara Peterson, and I am the Community Event Coordinator at the Greenfield Community Center. We are organizing a drone show for the local community and are excited about this special event. While searching for the ideal location, we found that your school is the best place to ensure the safety and accessibility of all attendees. I kindly request your permission to use the school playground on Saturday, December 6th, from 6 p.m. to 8 p.m. We will ensure that all safety rules are strictly followed, and that any cleanup will be handled efficiently. Please let me know if there are any specific procedures for obtaining approval. Thank you for your time and consideration. I will be eagerly awaiting your response.
Sincerely,
Kara Peterson

① Kara Peterson is the Community Event Coordinator at the Greenfield Community Center.
② The event planned is a drone show for the local community.
③ She requests to use the school playground on Saturday, December 6th, from 6 p.m. to 8 p.m.
④ She asks to use the school gymnasium on Sunday morning for the event.
⑤ She promises to follow safety rules and handle cleanup efficiently.

25-09-고2-19

46. 다음 글의 내용과 일치하지 **않는** 것은?

When Amina returned home from the river with her full clay water jar, she noticed men with tools near her family's hut. She wondered who they were. Her uncle stood among them, pointing to a spot beyond the baobab tree. She put the jar down and walked closer, wanting to know what was happening. The men began clearing and marking the ground. Amina ran to her uncle with a mind full of questions. "Uncle, what's happening?" she asked. "We're preparing the land. Something important will be built. A school!" her uncle said with a proud smile. Amina's eyes sparkled with joy. The school nearest to her village was hours away on foot. "It's for all the children in the village," her uncle continued. Amina imagined learning how to read and write, and her heart swelled with excitement.

① Amina saw men with tools working near her family's hut.
② Her uncle explained that they were preparing land for a new school.
③ The nearest school to Amina's village was several hours away on foot.
④ Amina was disappointed because the building would not be for the children.
⑤ Amina dreamed happily about learning to read and write at the new school.

25-09-고2-20

47. 다음 글의 내용과 일치하지 **않는** 것은?

"Tactics" is a term drawn from military usage. Strategies are plans of action directing a military force when attacking another, and tactics are responses to conditions on the ground. In this vein, time is imposed on us by our cultures, by the technologies that have regimented time down to the nanosecond, and by its own finite nature and the fact that we're going to live only so long. In response, we must develop tactics for dealing with time and waiting. These aren't tactics to eliminate waiting; instead, these are tactics for teaching us how to learn from the seams. These tactics have the potential to reorient us in profound ways, transforming our perspectives on our wait times. Such renewed perspectives transform waiting from a burden to a springboard toward things like creativity, social critique, or reflection on our inner state and the state of our relationships.

① The word "tactics" originally comes from the military field.
② Strategies guide military actions, while tactics are ground-level responses.
③ Modern technology and culture impose strict forms of time on us.
④ The tactics described aim to eliminate waiting from our lives entirely.
⑤ Waiting can be reimagined as an opportunity for creativity and reflection.

25-09-고2-21

48. 다음 글의 내용과 일치하지 **않는** 것은?

Mirror neurons are the hardware of empathy, and so what would make more sense than to look and see which animals possess these cells? And this is exactly where modern research now stands: all researchers know so far is that apes possess mirror neurons. We still need to test to see which other species are like us in this respect. Scientists often publicly speculate that we can probably expect surprises here, too. They assume that all animals that live in herds or large groups possess similar brain mechanisms, because social units function only if individuals can see things from the perspective of others in the group and feel what they are feeling. I can see a goldfish waving its fin at us. As an animal that travels around in a tightly-knit group, it's on board with this idea — or at least swimming alongside the boat.

① Researchers have confirmed that many herd animals already possess mirror neurons.
② Current research shows that apes possess mirror neurons.
③ Further testing is needed to determine which other species may have these neurons.
④ Scientists speculate that animals living in large groups likely share similar brain mechanisms.
⑤ The text humorously suggests that even goldfish might fit this expectation.

25-09-고2-22

49. 다음 글의 내용과 일치하지 **않는** 것은?

The future of work depends on two forces: a harmful substituting force and a helpful complementing one. Many tales have a hero and a villain fighting each other for dominance, but in our story, technology plays both roles at once, displacing workers while simultaneously raising the demand for their efforts elsewhere in the economy. This interaction helps explain why past worries about automation were misplaced: our ancestors had predicted the wrong winner in that fight, underestimating quite how powerful the complementing force would prove to be or simply ignoring that factor altogether. It also helps to explain why economists have traditionally been dismissive of the idea of technological unemployment: there appeared to be firm limits to the substituting force, leaving lots of tasks that could not be performed by machines, and a growing demand for human beings to do them instead.

① Technology has both harmful and helpful effects on the future of work.
② Economists have long argued that technology leaves no tasks for humans to perform.
③ Technology can displace workers but also raise demand for human efforts in other areas.
④ Past generations underestimated how strong the complementing force of technology would be.
⑤ The idea of technological unemployment has often been dismissed because substitution seemed limited.

25-09-고2-23

50. 다음 글의 내용과 일치하지 **않는** 것은?

It's conceivable that in a world where solar panels are incredibly expensive and there's an extreme collapse in the cost of launching objects to space, you might want to maximize your energy per panel by putting them above the atmosphere. But panels are cheap, and even if we assume pretty steep drops in the cost of space launch, the numbers don't add up. This becomes especially clear when you start to think about maintenance. Try to imagine acres upon acres of glass panels in space, regularly hit by intense radiation and bits of space debris while enduring the extreme heat of constant sunlight. They'll have to be repaired and cared for either by astronauts or an army of advanced robots. Solar panels in Australia can be cleaned by a teenager with a spray bottle and a cloth.

① Launching solar panels into space might only make sense if panels were very costly.
② In reality, solar panels are relatively cheap, making space deployment uneconomical.
③ Maintenance in space would be extremely difficult due to radiation and debris.
④ Space-based panels would require either astronauts or advanced robots for repairs.
⑤ The passage concludes that space-based solar panels are more practical than ground-based ones.

25-09-고2-24

51. 다음 글의 내용과 일치하지 **않는** 것은?

Everything in the world exists on a continuum, whether in speed, size, or any other possible descriptor you could think of. Still, we create and mindlessly adopt sharp distinctions, and those distinctions change lives far more dramatically than marginal differences ever do. Indeed, all differences are arbitrary, but drawing hard lines between categories hides this arbitrariness and can be severely damaging. I call this resulting damage "the borderline effect." The examples are endless. Someone's IQ is 69 and someone else's is 70 — but only the score of 70 is deemed to be within the range of normal. We don't have to be statisticians to know there is not a meaningful difference between 69 and 70. Yet once the person with the lower score is labeled "cognitively impaired," his or her life will unfold differently than the person with a one-point advantage.

① The author argues that drawing sharp distinctions is always beneficial and fair.
② The text introduces the concept of the "borderline effect" to explain the damage caused by hard categories.
③ A difference of one IQ point can lead to dramatically different life outcomes.
④ People often ignore that differences such as IQ scores exist on a continuum.
⑤ Arbitrary cutoffs can hide the fact that distinctions are not inherently meaningful.

25-09-고2-26

52. 다음 글의 내용과 일치하지 **않는** 것은?

Barry Commoner, born in Brooklyn in 1917, was the son of Jewish immigrants from Russia. Commoner was a leading ecologist and one of the founders of the modern environmental movement. He earned his doctoral degree in cellular biology from Harvard University in 1941. After serving in the US Navy during World War II, Commoner moved to Missouri, and became a professor of plant physiology at Washington University in 1947, where he taught for 34 years. In the late 1950s, Commoner became widely known for his opposition to nuclear weapons testing and went on to write several books about the negative ecological effects of atmospheric nuclear testing. In 1980, Commoner founded the Citizens Party to serve as a vehicle for his ecological message. In his later years, Commoner continued his efforts to raise awareness about the impact that human activity has on the environment.

① Barry Commoner was born in Brooklyn to Russian Jewish immigrant parents.
② He earned a Ph.D. in cellular biology from Harvard in 1941.
③ He became a professor at Washington University in 1957 and taught there for 24 years.
④ He gained recognition in the late 1950s for opposing nuclear weapons testing.
⑤ In 1980, he established the Citizens Party to promote his ecological views.

25-09-고2-29

53. 다음 글의 내용과 일치하지 **않는** 것은?

All human cultures mark the passing of time by the differences they observe in the world around them. Our choice of which differences to mark depends firstly on what we can observe and secondly on what is important in our lives. How we mark the differences — the shapes of our calendars and our rituals — depends on the connections we make between those two things. In the agricultural society of pre-modern Europe, where higher latitudes make the seasons easily observable, it was natural to monitor the solar cycle. Conversely, among the largely nomadic peoples of Arabia, for whom seasonal changes were less significant, the lunar calendar was a more sensible choice. That did not make it inevitable that Islam would use a lunar calendar and Roman Christianity a solar one, but political and religious decisions were made from options limited by geography and lifestyle, filtered through tradition.

① Human cultures use observable differences in the world to track the passage of time.
② The features of calendars depend on both what people can observe and what matters in their lives.
③ Pre-modern European farmers naturally relied on the solar cycle to track seasonal changes.
④ The nomadic peoples of Arabia mainly adopted the solar calendar because of significant seasonal variation.
⑤ The decision to use either a lunar or solar calendar was also shaped by political and religious choices.

25-09-고2-30

54. 다음 글의 내용과 일치하지 **않는** 것은?

Although empathy is widely praised by scholars and public figures, not everyone is an empathy booster. Critics of empathy argue that empathy will not save us from interpersonal and intergroup conflict. In fact, they argue, empathy makes such conflicts worse. These critics maintain that empathy can be exhausting and lead to burnout or insensitivity to suffering. They argue that we tend to empathize strongly with our in-group and resist empathizing with out-groups, and even enjoy the suffering of out-groups in competitive or threatening contexts. Thus, the prescription for more empathy is often counterproductive in cases of conflict. Empathy, they argue, can further encourage conflict and force us into an us vs. them mentality. Finally, even when we try to empathize with others who are dissimilar from us or in unfamiliar contexts, sometimes we are unable to accurately empathize with their experiences, causing further misunderstandings and frustration. Critics of empathy argue that we should give up on empathy and employ other tools in pursuit of social harmony, e.g., rational compassion or moral emotions like fear, anger, and shame.

① Some critics believe that empathy can intensify rather than reduce conflicts.
② Excessive empathy may cause emotional exhaustion and insensitivity to suffering.
③ People often empathize more with their in-groups than with out-groups.
④ Empathy can sometimes create misunderstandings when applied across differences.
⑤ Critics generally conclude that empathy is the best and only solution for social harmony.

25-09-고2-31

55. 다음 글의 내용과 일치하지 **않는** 것은?

Paradoxically, it's uncertainty that makes us feel most alive. Think of events that shake you out of your everyday routine: maybe attending a family wedding, making a big presentation, or going somewhere you've never been. It's on those occasions that time seems to slow down a little, and you feel more fully engaged. The same holds true if the experience is risky, like mountain climbing or parasailing. Your senses are sharper. You notice more. Thanks to the release of a feel-good chemical in the brain called dopamine, you get a greater rush of pleasure from chance encounters with people than planned meetings. Good news, financial rewards, and gifts are more enjoyable if they are surprises. It's why the most popular television shows and movies are the ones with unexpected plot twists and astonishing endings.

① Uncertainty can heighten engagement by disrupting ordinary routines.
② Risky activities can sharpen the senses and increase awareness.
③ Dopamine release makes chance encounters more pleasurable than scheduled ones.
④ Predictable gifts and expected rewards are more enjoyable than surprising ones.
⑤ Unexpected plot twists often make television shows and movies more appealing.

25-09-고2-32

56. 다음 글의 내용과 일치하지 **않는** 것은?

A great strength of the market mechanism is that there are incentives for individuals to reveal their knowledge through their behavior. This stands in contrast to many strategic situations — for example, in political negotiations — in which it is wise not to let the other side know what one's true preferences or production capacities are. A perfectly competitive market that clears on the spot leaves no room for such strategies. If prices are not sticky — as many models assume — individuals adapt their behavior instantaneously, whenever their preferences or the circumstances change. They stop buying items that do not satisfy their needs and stop selling items that do not provide them with optimal gains, maybe switching to the production of other items. If they have motivational problems, for example, falling into denial about the fact that there is no demand for their products, markets reveal to them, sometimes in quite brutal ways, that they better accept this fact.

① The market mechanism encourages individuals to reveal their knowledge through actions.
② In political negotiations, hiding one's true preferences can often be a wise strategy.
③ In a perfectly competitive market, there is little space for strategic concealment.
④ Sticky prices ensure that individuals instantly adapt to preference or circumstance changes.
⑤ Markets can force producers to accept harsh realities about demand for their products.

25-09-고2-33

57. 다음 글의 내용과 일치하지 **않는** 것은?

Dictionary definitions are constantly revised to keep up with our changing uses and knowledge. In Roman times, "addicts" were people who were unable to pay their debts and gave themselves as slaves to their creditors. The word eventually came to be associated with drug dependency: one becomes a slave to one's addiction. The word "husband" originally referred to being a homeowner; it had nothing to do with being married. But because owning your own property made it more likely you'd find a mate, the word eventually came to mean a male who has been wed. On November 5th, 1605, Guy Fawkes tried to blow up the British Parliament. He was captured and put to death. Loyalists burned his effigy, which they nicknamed the "guy." Centuries later, the word lost its negative connotation and a musical named Guys and Dolls ran on Broadway. In American slang, bad means good, cool means great, and wicked means excellent. If you could transport yourself one hundred years into the future, you'd find yourself confused by your great-grandchildren's speech because language itself is an ever-changing reflection of human invention.

① In Roman times, "addicts" were debtors who gave themselves as slaves to creditors.
② The original meaning of "husband" was related to home ownership rather than marriage.
③ The effigy of Guy Fawkes burned by loyalists contributed to the later slang use of "guy."
④ Words like "bad," "cool," and "wicked" have taken on positive meanings in American slang.
⑤ Language has remained largely unchanged for centuries, making future speech easy to understand.

25-09-고2-34

58. 다음 글의 내용과 일치하지 **않는** 것은?

The term "anchoring" was introduced by Roland Barthes who observed that text is often used next to images (his focus was on photographs) to confine meaning. Of all possible literal or implied interpretations an image could elicit, text would point the viewer towards a desired, specific direction. In advertising, as Barthes argues, the symbolic message does not guide identification but interpretation. The viewer is not asked to recognize what they see but to understand why they see it and what it means to them. By combining images with text, advertising produces symbolic meaning that is accurate and specific on the one hand, richer on the other, thus adding depth and eliminating breadth of rational and emotional interpretations. The headline or tagline of an ad directs the reader through the intended meanings of the image, so that the reader avoids some and receives others. It "remote-controls" the reader towards a meaning chosen in advance.

① Roland Barthes coined the term "anchoring" to describe how text limits the meaning of images.
② Text in advertising narrows down possible interpretations by guiding viewers in a specific direction.
③ Advertising primarily asks viewers to identify what they see rather than interpret it.
④ Image-text combinations in ads create symbolic meanings that are both richer and more precise.
⑤ Headlines or taglines steer readers toward intended interpretations while excluding others.

25-09-고2-35

59. 다음 글의 내용과 일치하지 **않는** 것은?

According to Einstein's theory, a large mass like the Sun 'bends' space-time. Newton's theory makes no such prediction. This bending of space-time leads to phenomena such as 'gravitational lensing' where the light of distant stars appears to be in different locations when they pass by a large mass like the Sun. We don't normally see this lensing because stars aren't visible during the day when the Sun is out, but a solar eclipse in 1919 allowed scientists to observe what the Sun's gravity was doing to the light from distant stars. The stars around the Sun appeared to have moved from their normal positions in the night sky. The shift was much larger than Newton's theory predicted, but exactly in the positions predicted by Einstein's theory.

① Einstein's theory suggests that massive bodies like the Sun bend space-time.
② Newton's theory does not predict any bending of space-time.
③ Gravitational lensing makes distant starlight appear shifted when passing near the Sun.
④ The 1919 solar eclipse enabled scientists to observe the effect of the Sun's gravity on starlight.
⑤ Observations in 1919 showed results consistent with Newton's predictions rather than Einstein's.

25-09-고2-36

60. 다음 글의 내용과 일치하지 **않는** 것은?

We're naturally wired to organize the world into a hierarchy. We do this to help make sense of the world, maintain our beliefs, and generally feel better. But when someone infringes on our place in the world and our understanding of how it works, we react without thinking. When someone cuts you off on the highway and road rage kicks in, that's your unconscious mind saying, "Who are you to cut me off?" You're reacting to a threat to your inherent sense of hierarchy. On the road we are all equals. We're all supposed to play by the same rules. Cutting someone off violates those rules and implies higher status. Or consider when you get frustrated with your kids and end an argument with "Because I said so." (Or the office equivalent: "Because I'm the boss.") In these moments you've stopped thinking and regressed to your biological tendencies of reaffirming the hierarchy.

① Humans tend to structure the world hierarchically to make sense of it and feel secure.
② Road rage reflects a conscious and deliberate decision to assert authority over others.
③ Being cut off in traffic feels like a violation of equality and an assertion of higher status.
④ Saying "Because I said so" illustrates a biological tendency to reaffirm hierarchy.
⑤ Hierarchy-related reactions often occur unconsciously when our position feels threatened.

25-09-고2-37

61. 다음 글의 내용과 일치하지 **않는** 것은?

Once a nail is hammered in, it is friction that holds it in place. Friction is the force that arises when two surfaces are sliding, or trying to slide, against each other. If you try to pull apart two blocks of wood that have been nailed together, the wood fibers grip the shaft of the nail. The nail feels a force trying to rip it apart along its length, and we call that force tension. Your experiment can now fail in one of two ways — either the nail stretches and splits in half because the tension force is too large for the nail, or the nail comes loose because the friction force is overcome. The force it would take to stretch the nail is much larger than the friction forces on the surface, so we don't have to worry too much about the former. It's the friction with which we need to concern ourselves.

① Friction is what keeps a hammered nail fixed in place.
② Friction occurs when two surfaces slide or attempt to slide against each other.
③ When nailed wood is pulled apart, fibers grip the shaft of the nail.
④ A nail may fail either by splitting under tension or by loosening when friction is overcome.
⑤ The tension force is generally smaller than friction, so it is the main concern.

25-09-고2-38

62. 다음 글의 내용과 일치하지 **않는** 것은?

The traditional bank manager in the 1950s was usually a respected pillar of the community, a cautious, careful sort of person who probably went to bed early and didn't drink too much. But from the 1970s a new kind of banker appeared — loud, flashy, and arrogant. These bankers loved taking big risks. They wanted to get rich quick and blow their money on fast cars and expensive champagne. They made their money through what's called 'speculation'. Normally, people buy things because they want to use them, such as wheat to make bread and petrol to run the car. But when people speculate, they buy things even when they have no interest in using them. They might buy a load of wheat simply because they think that its price is going to rise when a drought is predicted in wheat-growing areas. If their guess is right, they later sell the wheat for a profit.

① Bank managers in the 1950s were known for being reckless and risk-loving.
② From the 1970s, some bankers became loud, arrogant, and eager for quick wealth.
③ Speculation involves buying goods not for use but for expected price increases.
④ An example of speculation is buying wheat when a drought is predicted.
⑤ If the price rises as expected, speculators can resell goods later for profit.

25-09-고2-39

63. 다음 글의 내용과 일치하지 **않는** 것은?

Paper's mechanical properties lend themselves to folding and bending. The cellulose fibers of which it is made can be partially snapped in the area of maximum bend, allowing a permanent crease to form, while sufficient fibers remain undamaged for the material not to crack and fall apart. Indeed, in this state it pretty much maintains its ability to resist being pulled apart, but it can also be torn easily and accurately along the crease if a point of weakness — a small, initial tear — is opened up. This winning combination of mechanical properties allows it to assume the shape of any object through creasing and folding — hence the art of origami. There are very few materials as good: metal foils can hold a crease, but control of the crease is somewhat more difficult. Plastic sheeting doesn't tend to hold a crease at all, unless it is very soft, in which case it lacks the rigidity required of a good wrapping material. So it is its ability to hold a crease while remaining stiff that makes paper uniquely suited to this purpose.

① Paper forms permanent creases because some cellulose fibers break while others remain intact.
② Paper can still resist being pulled apart even after being creased.
③ A crease in paper enables it to be torn smoothly once a small initial tear is made.
④ Metal foils and plastic sheets are both superior to paper in crease control and rigidity.
⑤ Paper's unique suitability comes from its stiffness combined with the ability to hold a crease.

25-09-고2-40

64. 다음 글의 내용과 일치하지 **않는** 것은?

Mother cats can tell which kittens belong to them — when litters are mixed up they use their kittens' scent to distinguish them from offspring of other mothers. Despite this, when faced with a selection of kittens who have wandered from the nest, her own and others that aren't hers, a mother cat doesn't appear to favor her own offspring when retrieving them. The reason for this is uncertain, although distress vocalizations from kittens that are lost from their nest are known to be very powerful, so it may just be hard for the mother to resist retrieving them, regardless of whether they are hers. In the wild, a squeaking kitten out in the open is likely to attract predators, which is bad news for any other kittens around it. A rapid rescue of any crying kitten would be a good strategy to prevent them from drawing unwanted attention.

① Mother cats can distinguish their own kittens by recognizing their scent.
② A mother cat shows no special preference for her own kittens when retrieving strays.
③ Distress calls from kittens are strong enough to trigger maternal rescue behavior.
④ A squeaking kitten in the wild may endanger nearby kittens by attracting predators.
⑤ Mother cats always ignore kittens that are not their own when they are lost.

25-09-고2-41~42

65. 다음 글의 내용과 일치하지 **않는** 것은?

Many animals pursue a mixed strategy of accumulating both body fat and food, which leads one to ask, "What are the relative advantages and disadvantages of these two forms of energy storage?" Maximum fat deposition increases with body mass whereas maximum food storage is not constrained by body size. This means that animals, especially small animals, can accumulate much greater energy reserves in the form of stored food than they can in the form of body fat. Further, stored food is more economical than body fat because fat contributes to body mass, and metabolic rate increases with body mass. In other words, there is a metabolic expense to maintaining fat. Excessive fat accumulations may also have a negative effect on an animal's ability to avoid predators. And, if maintaining a high body temperature is advantageous, animals might be expected to accumulate more energy in the form of a food store than as body fat. On the other hand, stored food may rot over time, may be removed by robbers, or may simply be lost. Many animals must expend energy managing and protecting their food stores. Eating food and converting it to fat avoids these types of losses and the energetic costs of managing stored food. A large accumulation of body fat adds to an animal's fasting capacity, especially large animals, permitting some animals to enter prolonged dormancy in the relative security of a hibernaculum. Thus, both fat accumulation and food storage have some decided advantages.

① Fat deposition is limited by body size, but food storage is not.
② Storing food can be more economical than storing fat because fat raises metabolic costs.
③ Too much body fat may hinder an animal's ability to escape from predators.
④ Food stores are always safe and never subject to spoilage or theft.
⑤ Body fat accumulation allows some animals to survive long dormancy in hibernation.

25-09-고2-43~45

66. 다음 글의 내용과 일치하지 **않는** 것은?

Collin's dad had a 15-year-old car, which was the same age as Collin. He decided that it was finally time to replace it with a newer model. One evening at dinner, he shared his plan to buy a new car with his family. Excited by the news, Collin became determined to contribute to his dad's big purchase. Over the past several years, Collin had saved his allowance money. He felt that this was the perfect opportunity to do something special for his dad.

The next morning, before heading to school, Collin put an envelope on the kitchen table. When his dad came into the kitchen, he noticed the envelope and asked his wife about it. She explained that Collin had left it there before leaving for school. Collin's dad opened the envelope and saw a thick stack of money. "There's $1,000 in here!" he exclaimed, after counting it. His wife smiled and said, "Collin wanted to help you pay for the new car."

That afternoon, Collin's dad went to the car dealership and purchased a car that was only one year old. He picked a red car because that was Collin's favorite color. The money that his son had left for him was enough to cover the remaining cost, and he even had some funds left over! Collin's dad decided to buy his son a small gift with the extra money. That evening, when Collin came home, he was amazed to see the new car parked in the driveway.

His dad thanked him sincerely, and told Collin how proud he was of his thoughtful gesture. Then, he handed Collin a small box with a bow on top of it, and a brand-new baseball was inside. Collin loved it! He beamed with excitement and said, "Not only do we have a new car, but I also got an awesome new baseball!" His dad smiled warmly and hugged him. Collin's kind and generous heart had created a beautiful moment for his family.

① Collin's dad decided to replace his 15-year-old car with a newer one.
② Collin secretly prepared an envelope with $1,000 to help his dad.
③ Collin's dad bought a red car because it was his own favorite color.
④ The remaining money was used to buy Collin a small gift.
⑤ Collin received a baseball from his dad as a token of appreciation.

2025 고2 9월 모의고사

❶ voca ❷ text ❸ [/] ❹ ____ ❺ quiz 1 ❻ quiz 2 ❼ quiz 3 ❽ quiz 4 ❾ quiz 5

☑ 다음 글을 읽고 물음에 답하시오. 25-09-고2-18

Dear Principal Smith,

My name is Kara Peterson, and I am the Community Event Coordinator at the Greenfield Community Center. We are 기획하는 __________ a drone show for the local community and are excited about this special event. ⓐ <u>While searched for the idea location, we found that your school is the best place to ensuring the safety and accessibility of all attendees.</u> I kindly request your 허가 __________ to use the school playground on Saturday, December 6th, from 6 p.m. to 8 p.m. We will 보장하다 ______ that all safety rules are strictly followed, and that any cleanup will be handled efficiently. (가) <u>승인을 받기 위한 특정한 절차가 있으면 알려주시기 바랍니다.</u> Thank you for your time and consideration. I will be 간절히 ______ awaiting your response.

Sincerely,

Kara Peterson

1. 힌트를 참고하여 각 <u>빈칸에 알맞은</u> 단어를 쓰시오.

2. 밑줄 친 ⓐ에서, 어법 혹은 문맥상 어색한 부분을 찾아 올바르게 고쳐 쓰시오.

ⓐ	잘못된 표현		바른 표현
	(	) ⇨ (	)
	(	) ⇨ (	)
	(	) ⇨ (	)

3. 위 글에 주어진 (가)의 한글과 같은 의미를 가지도록, 각각의 주어진 단어들을 알맞게 배열하시오.

(가) any / for obtaining / if / Please / there are / let / specific / procedures / approval. / know / me

☑ 다음 글을 읽고 물음에 답하시오. 25-09-고2-19

When Amina returned home from the river with her full 점토 _____ water jar, she noticed men with tools near her family's hut. She wondered who they were. Her uncle stood among them, pointing to a spot beyond the baobab tree. ⓐ <u>She putting the jar down and walking closer, wanting to know that was happening.</u> The men began clearing and marking the ground. Amina ran to her uncle with a mind full of questions. "Uncle, what's happening?" she asked. "We're preparing the land. Something important will be built. A school!" her uncle said with a 자랑스러운 _____ smile. Amina's eyes sparkled with joy. (가) <u>마을에서 가장 가까운 학교는 걸어서 몇 시간이나 걸리는 곳에 있었다.</u> "It's for all the children in the village," her uncle continued. Amina 상상하다 _________ learning how to read and write, and her heart swelled with excitement.

4. 힌트를 참고하여 각 빈칸에 알맞은 단어를 쓰시오.

5. 밑줄 친 ⓐ에서, 어법 혹은 문맥상 어색한 부분을 찾아 올바르게 고쳐 쓰시오.
　　ⓐ　　　잘못된 표현　　　　　　　바른 표현
　　(　　　　　　　　) ⇨ (　　　　　　　　　)
　　(　　　　　　　　) ⇨ (　　　　　　　　　)
　　(　　　　　　　　) ⇨ (　　　　　　　　　)

6. 위 글에 주어진 (가)의 한글과 같은 의미를 가지도록, 각각의 주어진 단어들을 알맞게 배열하시오.

(가) hours / nearest to / The school / her village / was / away / on foot.

☑ 다음 글을 읽고 물음에 답하시오. 25-09-고2-20

"Tactics" is a term 가져온 _____ from military usage. Strategies are plans of action directing a military force when attacking another, and tactics are responses to conditions on the ground. ⓐ <u>In this vein, time is imposing on us by our cultures, by the technologies what have regimented time down to the nanosecond, and by its own infinite nature and the fact that we're going to live only so long.</u> In response, we must 발전하다 _________ tactics for dealing with time and waiting. These aren't tactics to 제거하다 _________ waiting; instead, these are tactics for teaching us how to learn from the seams. (가) <u>이러한 전술은 우리의 기다림의 시간에 대한 우리의 관점을 변화시키면서 심오한 방식으로 우리의 방향을 바꿀 수 있는 잠재력을 가지고 있다.</u> Such 새로운 _________ perspectives transform waiting from a burden to a springboard toward things like creativity, social critique, or reflection on our inner 상태 _____ and the 상태 _____ of our relationships.

7. 힌트를 참고하여 각 빈칸에 알맞은 단어를 쓰시오.

8. 밑줄 친 ⓐ에서, 어법 혹은 문맥상 어색한 부분을 찾아 올바르게 고쳐 쓰시오.
　　ⓐ　　　잘못된 표현　　　　　　　바른 표현
　　(　　　　　　　　) ⇨ (　　　　　　　　　)
　　(　　　　　　　　) ⇨ (　　　　　　　　　)
　　(　　　　　　　　) ⇨ (　　　　　　　　　)

9. 위 글에 주어진 (가)의 한글과 같은 의미를 가지도록, 각각의 주어진 단어들을 알맞게 배열하시오.

(가) transforming / to reorient / us / have / in profound / our wait / the potential / on / times. / our perspectives / tactics / These / ways,

☑ **다음 글을 읽고 물음에 답하시오.** ^{25-09-고2-21}

Mirror neurons are the hardware of ^{공감} _________ and so what would make more sense than to look and see which animals ^{가지다} ________ these cells? And this is exactly where modern research now stands: all researchers know so far is that apes possess mirror neurons. (가) <u>우리는 여전히 어떤 다른 종이 이 점에서 우리와 비슷한지 알아보기 위해 검증할 필요가 있다.</u> Scientists often publicly ^{추측하다} _________ that we can probably expect surprises here, too. ⓐ <u>They assumes that all animals that live in hard or large groups possess similar brain mechanisms, because social units functioning only if individuals can see things from the perspective of others in the group and feel that they are feeling.</u> I can see a goldfish waving its fin at us. As an animal that travels around in a tightly-knit group, it's on board with this idea — or at least swimming ^{나란히} _________ the boat.

10. 힌트를 참고하여 각 <u>빈칸에 알맞은</u> 단어를 쓰시오.

11. 밑줄 친 ⓐ에서, 어법 혹은 문맥상 어색한 부분을 찾아 올바르게 고쳐 쓰시오.

   ⓐ   잘못된 표현   바른 표현
   (   ) ⇨ (   )
   (   ) ⇨ (   )
   (   ) ⇨ (   )
   (   ) ⇨ (   )

12. 위 글에 주어진 (가)의 한글과 같은 의미를 가지도록, 각각의 주어진 단어들을 알맞게 배열하시오.

(가) We / to test / to see / species / are / in / like / other / need / which / this respect. / still / us

☑ **다음 글을 읽고 물음에 답하시오.** ^{25-09-고2-22}

(가) <u>일의 미래는 해로운 대체하는 힘과 도움이 되는 보완하는 힘이라는 두 가지 힘에 달려 있다.</u> ⓐ <u>Many tales have a hero and a villain fought each other for dominance, but in our story, technology playing both roles at once, displacing workers during simultaneously raising the demand for their efforts elsewhere in the economy.</u> This ^{상호작용} __________ helps explain why past worries about ^{자동화} __________ were misplaced: our ancestors had predicted the wrong winner in that fight, ^{과소평가한} ______________ quite how powerful the complementing force would prove to be or simply ^{무시하는} _________ that factor altogether. It also helps to explain why economists have traditionally been ^{무시하는} __________ of the idea of technological unemployment: there appeared to be firm ^{한계} ________ to the substituting force, leaving lots of tasks that could not be performed by machines, and a growing demand for human beings to do them instead.

13. 힌트를 참고하여 각 <u>빈칸에 알맞은</u> 단어를 쓰시오.

14. 밑줄 친 ⓐ에서, 어법 혹은 문맥상 어색한 부분을 찾아 올바르게 고쳐 쓰시오.

   ⓐ   잘못된 표현   바른 표현
   (   ) ⇨ (   )
   (   ) ⇨ (   )
   (   ) ⇨ (   )

15. 위 글에 주어진 (가)의 한글과 같은 의미를 가지도록, 각각의 주어진 단어들을 알맞게 배열하시오.

(가) substituting / depends on / and a helpful / one. / a harmful / of work / two / forces: / force / complementing / The future

☑ **다음 글을 읽고 물음에 답하시오.** 25-09-고2-23

It's conceivable that in a world where solar panels are incredibly expensive and there's an 극단적인 ________ collapse in the cost of launching objects to space, you might want to maximize your energy per panel by putting them above the atmosphere. But panels are cheap, and even if we assume pretty 가파른 ______ drops in the cost of space launch, the numbers don't add up. (가) <u>여러분이 유지보수에 대해 생각하기 시작하면 이것은 특히 분명해진다.</u> Try to imagine acres upon acres of glass panels in space, regularly hit by intense 방사선 ________ and bits of space debris while 견디는 ________ the extreme heat of constant sunlight. ⓐ <u>They'll have to be repair and cared for either by astronauts or an army of advancement robots.</u> Solar panels in Australia can be cleaned by a teenager with a spray bottle and a cloth.

16. 힌트를 참고하여 각 <u>빈칸에 알맞은</u> 단어를 쓰시오.

17. 밑줄 친 ⓐ에서, 어법 혹은 문맥상 어색한 부분을 찾아 올바르게 고쳐 쓰시오.
　　ⓐ　　　　잘못된 표현　　　　　　　　바른 표현
　　　(　　　　　　　　　) ⇨ (　　　　　　　　　)
　　　(　　　　　　　　　) ⇨ (　　　　　　　　　)

18. 위 글에 주어진 (가)의 한글과 같은 의미를 가지도록, 각각의 주어진 단어들을 알맞게 배열하시오.

(가) becomes / This / maintenance. / start / about / when / you / especially clear / to think

☑ **다음 글을 읽고 물음에 답하시오.** 25-09-고2-24

Everything in the world exists on a 연속선상 __________ whether in speed, size, or any other possible descriptor you could think of. Still, we create and mindlessly 받아들이다 ______ sharp distinctions, and those distinctions change lives far more dramatically than 근소한 ________ differences ever do. ⓐ <u>Indeed, all differences are arbitrary, but drawn hard lines between categories hiding this arbitrariness and can is severely damaging.</u> I call this resulting 피해 ______ "the borderline effect." The examples are endless. Someone's IQ is 69 and someone else's is 70 — but only the score of 70 is deemed to be within the range of normal. (가) <u>우리는 69와 70 사이에 의미 있는 차이가 없다는 것을 알기 위해 통계학자가 되어야 할 필요는 없다.</u> Yet once the person with the lower score is labeled "cognitively impaired," his or her life will 전개하다 ______ differently than the person with a one-point advantage.

19. 힌트를 참고하여 각 <u>빈칸에 알맞은</u> 단어를 쓰시오.

20. 밑줄 친 ⓐ에서, 어법 혹은 문맥상 어색한 부분을 찾아 올바르게 고쳐 쓰시오.
　　ⓐ　　　　잘못된 표현　　　　　　　　바른 표현
　　　(　　　　　　　　　) ⇨ (　　　　　　　　　)
　　　(　　　　　　　　　) ⇨ (　　　　　　　　　)
　　　(　　　　　　　　　) ⇨ (　　　　　　　　　)

21. 위 글에 주어진 (가)의 한글과 같은 의미를 가지도록, 각각의 주어진 단어들을 알맞게 배열하시오.

(가) is not / have to / between / don't / statisticians / a meaningful / 69 and 70. / there / We / to know / be / difference

☑ 다음 글을 읽고 물음에 답하시오. 25-09-고2-26

Barry Commoner, born in Brooklyn in 1917, was the son of Jewish immigrants from Russia. Commoner was a 선도하는 ________ ecologist and one of the founders of the modern environmental movement. He earned his 박사의 ________ degree in cellular biology from Harvard University in 1941. ⓐ <u>After served in the US Navy when World War II, Commoner moved to Missouri, and to become a professor of plant physiology at Washington University in 1947, where he taught for 34 years.</u> In the late 1950s, Commoner became widely known for his 반대 ________ to nuclear weapons testing and went on to write several books about the negative ecological effects of atmospheric nuclear testing. (가) <u>1980년에, Commoner는 그의 생태학적 메시지의 전달 수단으로서 역할을 하는 Citizens Party를 설립했다.</u> In his later years, Commoner continued his efforts to raise 인식 ________ about the impact that human activity has on the environment.

22. 힌트를 참고하여 각 <u>빈칸에 알맞은</u> 단어를 쓰시오.

23. 밑줄 친 ⓐ에서, 어법 혹은 문맥상 어색한 부분을 찾아 올바르게 고쳐 쓰시오.

   ⓐ   잘못된 표현   바른 표현
   (   ) ⇨ (   )
   (   ) ⇨ (   )
   (   ) ⇨ (   )

24. 위 글에 주어진 (가)의 한글과 같은 의미를 가지도록, 각각의 주어진 단어들을 알맞게 배열하시오.

(가) to / a vehicle / serve as / In 1980, / his ecological / message. / founded / for / Commoner / the Citizens Party

☑ 다음 글을 읽고 물음에 답하시오. 25-09-고2-29

All human cultures 표시하다 ________ the passing of time by the differences they 관찰하다 ________ in the world around them. (가) <u>어떤 차이를 표시할지에 대한 우리의 선택은 첫째로 우리가 무엇을 관찰할 수 있는지와 둘째로 우리 삶에서 무엇이 중요한지에 따라 달라진다.</u> How we mark the differences — the shapes of our calendars and our 의식 ________ — depends on the connections we make between those two things. ⓐ <u>In the agricultural society of pre-modern Europe, what higher latitudes making the seasons easily observable, it was neutral to monitor the solar cycle.</u> Conversely, among the largely nomadic peoples of Arabia, for whom seasonal changes were less significant, the lunar calendar was a more 합리적인 ________ choice. That did not make it 필연적인 ________ that Islam would use a lunar calendar and Roman Christianity a solar one, but political and religious decisions were made from options limited by geography and lifestyle, filtered through tradition.

25. 힌트를 참고하여 각 <u>빈칸에 알맞은</u> 단어를 쓰시오.

26. 밑줄 친 ⓐ에서, 어법 혹은 문맥상 어색한 부분을 찾아 올바르게 고쳐 쓰시오.

   ⓐ   잘못된 표현   바른 표현
   (   ) ⇨ (   )
   (   ) ⇨ (   )
   (   ) ⇨ (   )

27. 위 글에 주어진 (가)의 한글과 같은 의미를 가지도록, 각각의 주어진 단어들을 알맞게 배열하시오.

(가) Our choice / of which / observe / and secondly on / mark / our lives. / we / differences / can / in / what / is / depends / what / firstly on / important / to

☑ 다음 글을 읽고 물음에 답하시오. 25-09-고2-30

Although empathy is widely praised by scholars and public figures, not everyone is an empathy booster. Critics of empathy argue that empathy will not save us from ^{사람 간의} ___________ and intergroup conflict. In fact, they argue, empathy makes such conflicts worse. (가) <u>이런 비평가들은 공감은 소모적일 수 있으며, 번아웃 또는 고통에 대한 무감각으로 이어질 수 있다고 주장한다.</u> They argue that we tend to empathize strongly with our in-group and ^{저항하다} _________ empathizing with out-groups, and even enjoy the suffering of out-groups in competitive or threatening ^{맥락} _________ Thus, the prescription for more empathy is often ^{역효과의} _____________ in cases of conflict. ⓐ <u>Empathy, they argue, can farther discourage conflict and forcing us into an us vs. them mentality.</u> Finally, even when we try to empathize with others who are ^{다른} _________ from us or in unfamiliar contexts, sometimes we are unable to ^{정확하게} _________ empathize with their experiences, causing further misunderstandings and ^{짜증} ___________ Critics of empathy argue that we should give up on empathy and ^{이용하다} ______ other tools in pursuit of social harmony, e.g., ^{이성적} _________ ^{연민} _________ or moral emotions like fear, anger, and shame.

28. 힌트를 참고하여 각 빈칸에 알맞은 단어를 쓰시오.

29. 밑줄 친 ⓐ에서, 어법 혹은 문맥상 어색한 부분을 찾아 올바르게 고쳐 쓰시오.
　　ⓐ　　　잘못된 표현　　　　　　바른 표현
　　(　　　　　　　) ⇨ (　　　　　　　)
　　(　　　　　　　) ⇨ (　　　　　　　)
　　(　　　　　　　) ⇨ (　　　　　　　)

30. 위 글에 주어진 (가)의 한글과 같은 의미를 가지도록, 각각의 주어진 단어들을 알맞게 배열하시오.

(가) to / that / empathy / suffering. / can / or insensitivity / maintain / burnout / These critics / be exhausting / and lead to

---

☑ 다음 글을 읽고 물음에 답하시오. 25-09-고2-31

Paradoxically, it's ^{불확실성} ___________ that makes us feel most alive. Think of events that shake you out of your everyday routine: maybe ^{참석하는} _________ a family wedding, making a big presentation, or going somewhere you've never been. It's on those occasions that time seems to slow down a little, and you feel more fully engaged. The same holds true if the experience is risky, like mountain climbing or parasailing. Your ^{감각} ______ are sharper. You notice more. ⓐ <u>Thanks to the releasing of a feel-good chemical in the brain called dopamine, you get a smaller rush of pleasure from chance counter with people than planned meetings.</u> Good news, financial rewards, and gifts are more enjoyable if they are surprises. (가) <u>그것이 가장 인기 있는 텔레비전 쇼와 영화가 예기치 않은 줄거리의 반전과 놀라운 결말을 가진 것들인 이유다.</u>

31. 힌트를 참고하여 각 빈칸에 알맞은 단어를 쓰시오.

32. 밑줄 친 ⓐ에서, 어법 혹은 문맥상 어색한 부분을 찾아 올바르게 고쳐 쓰시오.
　　ⓐ　　　잘못된 표현　　　　　　바른 표현
　　(　　　　　　　) ⇨ (　　　　　　　)
　　(　　　　　　　) ⇨ (　　　　　　　)
　　(　　　　　　　) ⇨ (　　　　　　　)

33. 위 글에 주어진 (가)의 한글과 같은 의미를 가지도록, 각각의 주어진 단어들을 알맞게 배열하시오.

(가) and astonishing / are / the most / and movies / the ones / with / television shows / It's / plot twists / unexpected / why / popular / endings.

☑ **다음 글을 읽고 물음에 답하시오.** ^{25-09-고2-32}

A great strength of the market mechanism is that there are ^{유인} __________ for individuals to ^{드러내다} ______ their knowledge through their behavior. This stands in contrast to many strategic situations — for example, in political negotiations — in which it is ^{현명한} _____ not to let the other side know what one's true preferences or production ^{능력} __________ are. (가) 상품이 바로바로 다 팔리는 완전 경쟁 시장은 그러한 전략을 위한 여지를 남겨두지 않는다. If prices are not ^{고착된} ______ — as many models assume — individuals adapt their behavior instantaneously, whenever their preferences or the circumstances change. ⓐ <u>They stop buts items what do not satisfy their needs and stop selling items that do not providing them with optimal gains, maybe switched to the production of other items.</u> If they have motivational problems, for example, falling into ^{부정} ______ about the fact that there is no demand for their products, markets reveal to them, sometimes in quite ^{잔혹한} ______ ways, that they better accept this fact.

34. 힌트를 참고하여 각 <u>빈칸에 알맞은</u> 단어를 쓰시오.

35. 밑줄 친 ⓐ에서, 어법 혹은 문맥상 어색한 부분을 찾아 올바르게 고쳐 쓰시오.

   ⓐ   잘못된 표현   바른 표현
   (   ) ⇨ (   )
   (   ) ⇨ (   )
   (   ) ⇨ (   )
   (   ) ⇨ (   )

36. 위 글에 주어진 (가)의 한글과 같은 의미를 가지도록, 각각의 주어진 단어들을 알맞게 배열하시오.

(가) no room / clears / that / market / competitive / leaves / A perfectly / such strategies. / for / on the spot

---

☑ **다음 글을 읽고 물음에 답하시오.** ^{25-09-고2-33}

(가) <u>사전적 정의는 우리의 변화하는 용례와 지식에 뒤처지지 않기 위해 끊임없이 수정된다.</u> In Roman times, "addicts" were people who were unable to pay their ^빚 ______ and gave themselves as slaves to their creditors. ⓐ <u>The word event came to be association with drug dependency: one becoming a slave to one's addiction.</u> The word "husband" originally referred to being a homeowner; it had nothing to do with being married. But because owning your own ^{재산} __________ made it more likely you'd find a mate, the word eventually came to mean a male who has been wed. On November 5th, 1605, Guy Fawkes tried to blow up the British Parliament. He was captured and put to death. Loyalists burned his ^{인형} ______ which they nicknamed the "guy." Centuries later, the word lost its negative ^{함축} __________ and a musical named Guys and Dolls ran on Broadway. In American slang, bad means good, cool means great, and wicked means excellent. If you could ^{이동하다} __________ yourself one hundred years into the future, you'd find yourself confused by your great-grandchildren's speech because language itself is an ever-changing reflection of human invention.

37. 힌트를 참고하여 각 <u>빈칸에 알맞은</u> 단어를 쓰시오.

38. 밑줄 친 ⓐ에서, 어법 혹은 문맥상 어색한 부분을 찾아 올바르게 고쳐 쓰시오.

   ⓐ   잘못된 표현   바른 표현
   (   ) ⇨ (   )
   (   ) ⇨ (   )
   (   ) ⇨ (   )

39. 위 글에 주어진 (가)의 한글과 같은 의미를 가지도록, 각각의 주어진 단어들을 알맞게 배열하시오.

(가) Dictionary / constantly revised / our changing / definitions / to / keep up with / uses / are / and knowledge.

☑ **다음 글을 읽고 물음에 답하시오.** 25-09-고2-34

The term "anchoring" was introduced by Roland Barthes who observed that text is often used next to images (his focus was on photographs) to ^{한정하다} _________ meaning. Of all possible literal or implied ^{해석} _____________ an image could elicit, text would point the viewer towards a desired, specific direction. In advertising, as Barthes argues, the ^{상징적인} _________ message does not guide identification but interpretation. (가) <u>보는 사람은 그들이 보는 것을 인식하도록 요구되는 것이 아니라 왜 그들이 그것을 보는지 그리고 그것이 그들에게 무엇을 의미하는지를 이해하도록 요구된다.</u> By combining images with text, advertising produces symbolic meaning that is accurate and specific on the one hand, richer on the other, thus adding ^{깊이} _______ and eliminating ^폭 _______ of rational and emotional interpretations. ⓐ <u>The headline or tagline of an ad directly the reader thorough the intended meanings of the image, so what the reader avoids some and receives others.</u> It "remote-controls" the reader towards a meaning chosen in advance.

40. 힌트를 참고하여 각 <u>빈칸에 알맞은</u> 단어를 쓰시오.

41. 밑줄 친 ⓐ에서, 어법 혹은 문맥상 어색한 부분을 찾아 올바르게 고쳐 쓰시오.

ⓐ 　　　잘못된 표현　　　　　　　　바른 표현

(　　　　　　　) ⇨ (　　　　　　　)
(　　　　　　　) ⇨ (　　　　　　　)
(　　　　　　　) ⇨ (　　　　　　　)

42. 위 글에 주어진 (가)의 한글과 같은 의미를 가지도록, 각각의 주어진 단어들을 알맞게 배열하시오.

(가) The viewer / it / see / and what / to recognize / why / asked / means / but to understand / it / to them. / they / see / is not / what / they

☑ **다음 글을 읽고 물음에 답하시오.** 25-09-고2-35

According to Einstein's theory, a large mass like the Sun 'bends' space-time. Newton's theory makes no such prediction. ⓐ <u>This bending of space-time leading to phenomena such as 'gravitational lensing' what the light of distant stars appearing to be in different locations when they to pass by a large mass like the Sun.</u> We don't normally see this lensing because stars aren't ^{보이는} _________ during the day when the Sun is out, but a solar eclipse in 1919 allowed scientists to ^{관찰하다} _________ what the Sun's gravity was doing to the light from ^{멀리 떨어진} _________ stars. (가) <u>태양 주변의 별들은 밤하늘의 그것들의 정상적인 위치에서부터 ^{이동}한 것처럼 보였다.</u> The ^{이동} ______ was much larger than Newton's theory predicted, but exactly in the positions predicted by Einstein's theory.

43. 힌트를 참고하여 각 <u>빈칸에 알맞은</u> 단어를 쓰시오.

44. 밑줄 친 ⓐ에서, 어법 혹은 문맥상 어색한 부분을 찾아 올바르게 고쳐 쓰시오.

ⓐ 　　　잘못된 표현　　　　　　　　바른 표현

(　　　　　　　) ⇨ (　　　　　　　)
(　　　　　　　) ⇨ (　　　　　　　)
(　　　　　　　) ⇨ (　　　　　　　)
(　　　　　　　) ⇨ (　　　　　　　)

45. 위 글에 주어진 (가)의 한글과 같은 의미를 가지도록, 각각의 주어진 단어들을 알맞게 배열하시오.

(가) in / moved / to have / The stars / their normal / around / the night sky. / positions / appeared / the Sun / from

☑ **다음 글을 읽고 물음에 답하시오.** 25-09-고2-36

We're naturally wired to organize the world into a ^{위계} __________ We do this to help make sense of the world, ^{유지하다} __________ our beliefs, and generally feel better. ⓐ <u>But when someone infringe on our place in the world and our understood of how it works, we react with thinking.</u> When someone cuts you off on the ^{고속도로} __________ and road rage kicks in, that's your unconscious mind saying, "Who are you to cut me off?" (가) <u>여러분은 여러분의 내재한 위계 의식에 대한 위협에 반응하고 있다.</u> On the road we are all equals. We're all supposed to play by the same rules. Cutting someone off ^{위반하다} __________ those rules and implies higher status. Or consider when you get frustrated with your kids and end an argument with "Because I said so." (Or the office equivalent: "Because I'm the boss.") In these moments you've stopped thinking and ^{회귀하다} __________ to your biological tendencies of ^{재확인하는} __________ the hierarchy.

46. 힌트를 참고하여 각 <u>빈칸에 알맞은</u> 단어를 쓰시오.

47. 밑줄 친 ⓐ에서, 어법 혹은 문맥상 어색한 부분을 찾아 올바르게 고쳐 쓰시오.

   ⓐ   잘못된 표현   바른 표현

   (   ) ⇨ (   )

   (   ) ⇨ (   )

   (   ) ⇨ (   )

48. 위 글에 주어진 (가)의 한글과 같은 의미를 가지도록, 각각의 주어진 단어들을 알맞게 배열하시오.

(가) to / a threat / to / reacting / your inherent / of hierarchy. / sense / You're

---

☑ **다음 글을 읽고 물음에 답하시오.** 25-09-고2-37

Once a nail is hammered in, it is ^{마찰력} __________ that holds it in place. Friction is the force that arises when two ^{표면} __________ are sliding, or trying to slide, against each other. (가) <u>만약 여러분이 함께 못 박혀 있는 두 개의 나무 블록을 떼어내려고 하면, 나무 섬유가 못의 축을 잡고 있다.</u> The nail feels a ^힘 ______ trying to rip it apart along its length, and we call that force tension. ⓐ <u>Your experiment can now succeed in one of two ways — either the nail to stretch and splits in half because the tension force is too large for the nail, or the nail comes losing because the friction force is overcome.</u> The force it would take to stretch the nail is much larger than the friction forces on the surface, so we don't have to worry too much about the ^{전자} __________ It's the friction with which we need to concern ourselves.

49. 힌트를 참고하여 각 <u>빈칸에 알맞은</u> 단어를 쓰시오.

50. 밑줄 친 ⓐ에서, 어법 혹은 문맥상 어색한 부분을 찾아 올바르게 고쳐 쓰시오.

   ⓐ   잘못된 표현   바른 표현

   (   ) ⇨ (   )

   (   ) ⇨ (   )

   (   ) ⇨ (   )

51. 위 글에 주어진 (가)의 한글과 같은 의미를 가지도록, 각각의 주어진 단어들을 알맞게 배열하시오.

(가) of the nail. / nailed / of wood / pull / have been / that / try to / apart / you / the wood / grip / If / fibers / together, / two blocks / the shaft

☑ **다음 글을 읽고 물음에 답하시오.** 25-09-고2-38

The traditional bank manager in the 1950s was usually a respected ^기둥 ________ of the community, a cautious, careful sort of person who probably went to bed early and didn't drink too much. But from the 1970s a new kind of banker ^등장한 ________ — loud, ^화려한 ________ and arrogant. These bankers loved taking big risks. (가) 그들은 빨리 부유해지고 싶어 했으며 빠른 차와 비싼 샴페인에 그들의 돈을 펑펑 쓰고 싶어 했다. They made their money through what's called 'speculation'. Normally, people buy things because they want to use them, such as wheat to make bread and ^휘발유 ________ to run the car. ⓐ But when people to speculate, they buy things even what they have no interest in used them. They might buy a load of wheat simply because they think that its price is going to rise when a ^가뭄 ________ is predicted in wheat-growing areas. If their guess is right, they later sell the ^밀 ______ for a profit.

52. 힌트를 참고하여 각 빈칸에 알맞은 단어를 쓰시오.

53. 밑줄 친 ⓐ에서, 어법 혹은 문맥상 어색한 부분을 찾아 올바르게 고쳐 쓰시오.
   ⓐ   잘못된 표현   바른 표현
   (   ) ⇨ (   )
   (   ) ⇨ (   )
   (   ) ⇨ (   )

54. 위 글에 주어진 (가)의 한글과 같은 의미를 가지도록, 각각의 주어진 단어들을 알맞게 배열하시오.

> (가) their money / rich / wanted to / quick / They / get / champagne. / and expensive / on / fast cars / and blow

☑ **다음 글을 읽고 물음에 답하시오.** 25-09-고2-39

Paper's ^물리적 ________ ^특성 ________ lend themselves to folding and bending. ⓐ The cellulose fibers of where it is made can be totally snapped in the area of maximum bend, allowing a temporary crease to form, during sufficient fibers remain undamaged for the material not to crack and fall apart. Indeed, in this ^상태 ______ it pretty much maintains its ability to resist being pulled apart, but it can also be torn easily and accurately along the crease if a point of weakness — a small, ^초기의 ________ tear — is opened up. This winning combination of mechanical properties allows it to assume the shape of any object through creasing and folding — hence the art of origami. There are very few materials as good: metal foils can hold a crease, but control of the crease is somewhat more difficult. Plastic sheeting doesn't tend to hold a crease at all, unless it is very soft, in which case it lacks the ^단단함 ________ required of a good wrapping material. (가) 따라서 종이를 이 용도에 특별히 적합하도록 만드는 것은 바로 뻣뻣한 상태를 유지하면서 주름을 유지하는 그것의 능력이다.

55. 힌트를 참고하여 각 빈칸에 알맞은 단어를 쓰시오.

56. 밑줄 친 ⓐ에서, 어법 혹은 문맥상 어색한 부분을 찾아 올바르게 고쳐 쓰시오.
   ⓐ   잘못된 표현   바른 표현
   (   ) ⇨ (   )
   (   ) ⇨ (   )
   (   ) ⇨ (   )
   (   ) ⇨ (   )

57. 위 글에 주어진 (가)의 한글과 같은 의미를 가지도록, 각각의 주어진 단어들을 알맞게 배열하시오.

> (가) that / So it is / while / hold / its ability / uniquely suited / makes / remaining / to / stiff / to this purpose. / a crease / paper

☑ 다음 글을 읽고 물음에 답하시오. 25-09-고2-40

Mother cats can tell which kittens belong to them — when litters are mixed up they use their kittens' 냄새 _______ to 구분하다 __________ them from offspring of other mothers. Despite this, when faced with a selection of kittens who have wandered from the nest, her own and others that aren't hers, a mother cat doesn't appear to favor her own offspring when 되찾아오는 __________ them. ⓐ The reason for this is uncertain, although joy vocalizations from kittens what are lost from their nest are knowing to be very powerful, so it may just be hard for the mother to resisting retrieving them, regardless of whether they are hers. In the wild, a squeaking kitten out in the open is likely to attract predators, which is bad news for any other kittens around it. (가) 어떤 울고 있는 새끼 고양이라도 신속하게 구조하는 것은 원치 않는 관심을 끄는 것을 막는 좋은 전략일 것이다.

58. 힌트를 참고하여 각 빈칸에 알맞은 단어를 쓰시오.

59. 밑줄 친 ⓐ에서, 어법 혹은 문맥상 어색한 부분을 찾아 올바르게 고쳐 쓰시오.

　ⓐ　　　잘못된 표현　　　　　　　　바른 표현
　　(　　　　　　　) ⇨ (　　　　　　　　)
　　(　　　　　　　) ⇨ (　　　　　　　　)
　　(　　　　　　　) ⇨ (　　　　　　　　)
　　(　　　　　　　) ⇨ (　　　　　　　　)

60. 위 글에 주어진 (가)의 한글과 같은 의미를 가지도록, 각각의 주어진 단어들을 알맞게 배열하시오.

(가) A rapid / be / attention. / from drawing / any crying / a good / unwanted / to prevent / them / strategy / would / kitten / rescue of

☑ 다음 글을 읽고 물음에 답하시오. ²⁵⁻⁰⁹⁻고2⁻41~42

Many animals pursue a mixed strategy of accumulating both body fat and food, which leads one to ask, "What are the
^{상대적인} _________ advantages and disadvantages of these two forms of energy storage?" (가) <u>최대 지방 축적량은 체질량에 따라 증
가하는 반면 최대 식량 저장량은 신체 크기에 제한을 받지 않는다.</u> This means that animals, especially small animals, can accumulate
much greater energy ^{비축} _________ in the form of stored food than they can in the form of body fat. Further, stored
food is more ^{경제적인} _________ than body fat because fat ^{기여하다} _________ to body mass, and metabolic rate increases
with body mass. In other words, there is a metabolic expense to maintaining fat. Excessive fat accumulations may also
have a ^{부정적인} _________ effect on an animal's ability to avoid predators. And, if maintaining a high body temperature is
advantageous, animals might be expected to accumulate more energy in the form of a food store than as body fat. On
the other hand, stored food may rot over time, may be removed by robbers, or may simply be lost. Many animals must
expend energy managing and protecting their food stores. ⓐ <u>Eating food and converts it to fat avoids these types of
losing and the energetic costs of managing storage food.</u> A large accumulation of body fat adds to an animal's fasting
capacity, especially large animals, ^{허락하는} _________ some animals to enter prolonged ^{동면} _________ in the relative security
of a hibernaculum. Thus, both fat accumulation and food storage have some decided advantages.

61. 힌트를 참고하여 각 <u>빈칸에 알맞은</u> 단어를 쓰시오.

62. 밑줄 친 ⓐ에서, 어법 혹은 문맥상 어색한 부분을 찾아 올바르게 고쳐 쓰시오.

　　ⓐ　　　　잘못된 표현　　　　　　　　바른 표현
　　(　　　　　　　　　) ⇨ (　　　　　　　　　)
　　(　　　　　　　　　) ⇨ (　　　　　　　　　)
　　(　　　　　　　　　) ⇨ (　　　　　　　　　)

63. 위 글에 주어진 (가)의 한글과 같은 의미를 가지도록, 각각의 주어진 단어들을 알맞게 배열하시오.

(가) fat deposition / is / whereas / increases / Maximum / mass / with / maximum / by / not constrained / body size.
/ body / food storage

☑ **다음 글을 읽고 물음에 답하시오.** 25-09-고2-43~45

Collin's dad had a 15-year-old car, which was the same age as Collin. He decided that it was finally time to [교체하다] ________ it with a newer model. One evening at dinner, he shared his plan to buy a new car with his family. Excited by the news, Collin became determined to [기여하다] __________ to his dad's big purchase. Over the past several years, Collin had saved his allowance money. He felt that this was the perfect [기회] __________ to do something special for his dad. The next morning, before heading to school, Collin put an [봉투] ________ on the kitchen table. When his dad came into the kitchen, he noticed the envelope and asked his wife about it. (가) <u>그녀는 Collin이 학교로 떠나기 전에 그것을 거기에 두었다고 설명했다.</u> Collin's dad opened the envelope and saw a thick stack of money. "There's $1,000 in here!" he [외치다] __________ after counting it. His wife smiled and said, "Collin wanted to help you pay for the new car."

That afternoon, Collin's dad went to the car [판매 대리점] __________ and purchased a car that was only one year old. He picked a red car because that was Collin's favorite color. The money that his son had left for him was enough to cover the remaining cost, and he even had some funds left over! Collin's dad decided to buy his son a small gift with the extra money. That evening, when Collin came home, he was amazed to see the new car parked in the driveway. ⓐ <u>His dad to thank him sincerely, and told Collin how proud he was of his rude gesture.</u> Then, he handed Collin a small box with a bow on top of it, and a brand-new baseball was inside. Collin loved it! He [빛나다] ________ with excitement and said, "Not only do we have a new car, but I also got an awesome new baseball!" His dad smiled warmly and hugged him. Collin's kind and [너그러운] ________ heart had created a beautiful moment for his family.

64. 힌트를 참고하여 각 <u>빈칸에 알맞은</u> 단어를 쓰시오.

65. 밑줄 친 ⓐ에서, 어법 혹은 문맥상 어색한 부분을 찾아 올바르게 고쳐 쓰시오.

　　ⓐ　　　　잘못된 표현　　　　　　　　바른 표현
　　（　　　　　　　　　　）⇨（　　　　　　　　　　）
　　（　　　　　　　　　　）⇨（　　　　　　　　　　）

66. 위 글에 주어진 (가)의 한글과 같은 의미를 가지도록, 각각의 주어진 단어들을 알맞게 배열하시오.

(가) leaving / that / She / had left / explained / before / there / for school. / Collin / it

25-09-고2-18

67. 박스 안의 보기를 재배열하여 주제를 완성하시오.

Dear Principal Smith,
My name is Kara Peterson, and I am the Community Event Coordinator at the Greenfield Community Center. We are organizing a drone show for the local community and are excited about this special event. While searching for the ideal location, we found that your school is the best place to ensure the safety and accessibility of all attendees. I kindly request your permission to use the school playground on Saturday, December 6th, from 6 p.m. to 8 p.m. We will ensure that all safety rules are strictly followed, and that any cleanup will be handled efficiently. Please let me know if there are any specific procedures for obtaining approval. Thank you for your time and consideration. I will be eagerly awaiting your response.
Sincerely,
Kara Peterson

> community drone / December sixth / for a / rules and / the letter / show, ensuring / asks to / playground on / reserve the / cleanup

25-09-고2-19

68. 박스 안의 보기를 재배열하여 주제를 완성하시오.

When Amina returned home from the river with her full clay water jar, she noticed men with tools near her family's hut. She wondered who they were. Her uncle stood among them, pointing to a spot beyond the baobab tree. She put the jar down and walked closer, wanting to know what was happening. The men began clearing and marking the ground. Amina ran to her uncle with a mind full of questions. "Uncle, what's happening?" she asked. "We're preparing the land. Something important will be built. A school!" her uncle said with a proud smile. Amina's eyes sparkled with joy. The school nearest to her village was hours away on foot. "It's for all the children in the village," her uncle continued. Amina imagined learning how to read and write, and her heart swelled with excitement.

> new school / turns to / built near / she learns / her village / Amina's curiosity / will be / that a / joy when

25-09-고2-20

69. 박스 안의 보기를 재배열하여 주제를 완성하시오.

"Tactics" is a term drawn from military usage. Strategies are plans of action directing a military force when attacking another, and tactics are responses to conditions on the ground. In this vein, time is imposed on us by our cultures, by the technologies that have regimented time down to the nanosecond, and by its own finite nature and the fact that we're going to live only so long. In response, we must develop tactics for dealing with time and waiting. These aren't tactics to eliminate waiting; instead, these are tactics for teaching us how to learn from the seams. These tactics have the potential to reorient us in profound ways, transforming our perspectives on our wait times. Such renewed perspectives transform waiting from a burden to a springboard toward things like creativity, social critique, or reflection on our inner state and the state of our relationships.

becomes a / thoughtful tactics / seen as / creativity and / waiting, often / self-reflection through / chance for / a burden,

25-09-고2-21

70. 박스 안의 보기를 재배열하여 주제를 완성하시오.

Mirror neurons are the hardware of empathy, and so what would make more sense than to look and see which animals possess these cells? And this is exactly where modern research now stands: all researchers know so far is that apes possess mirror neurons. We still need to test to see which other species are like us in this respect. Scientists often publicly speculate that we can probably expect surprises here, too. They assume that all animals that live in herds or large groups possess similar brain mechanisms, because social units function only if individuals can see things from the perspective of others in the group and feel what they are feeling. I can see a goldfish waving its fin at us. As an animal that travels around in a tightly-knit group, it's on board with this idea — or at least swimming alongside the boat.

supporting group / across many / empathy and / mutual understanding / mirror neurons / scientists believe / may exist / living through / social species,

25-09-고2-22

71. 박스 안의 보기를 재배열하여 주제를 완성하시오.

The future of work depends on two forces: a harmful substituting force and a helpful complementing one. Many tales have a hero and a villain fighting each other for dominance, but in our story, technology plays both roles at once, displacing workers while simultaneously raising the demand for their efforts elsewhere in the economy. This interaction helps explain why past worries about automation were misplaced: our ancestors had predicted the wrong winner in that fight, underestimating quite how powerful the complementing force would prove to be or simply ignoring that factor altogether. It also helps to explain why economists have traditionally been dismissive of the idea of technological unemployment: there appeared to be firm limits to the substituting force, leaving lots of tasks that could not be performed by machines, and a growing demand for human beings to do them instead.

> cannot replace / economists long / demand continues / growing / dismissed technological / unemployment, noting / that machines / all tasks / and human

25-09-고2-23

72. 박스 안의 보기를 재배열하여 주제를 완성하시오.

It's conceivable that in a world where solar panels are incredibly expensive and there's an extreme collapse in the cost of launching objects to space, you might want to maximize your energy per panel by putting them above the atmosphere. But panels are cheap, and even if we assume pretty steep drops in the cost of space launch, the numbers don't add up. This becomes especially clear when you start to think about maintenance. Try to imagine acres upon acres of glass panels in space, regularly hit by intense radiation and bits of space debris while enduring the extreme heat of constant sunlight. They'll have to be repaired and cared for either by astronauts or an army of advanced robots. Solar panels in Australia can be cleaned by a teenager with a spray bottle and a cloth.

> space fails / simplicity of / the dream / economically and / cleaning panels / on Earth / practically compared / to the / panels in / of solar

25-09-고2-24

73. 박스 안의 보기를 재배열하여 주제를 완성하시오.

Everything in the world exists on a continuum, whether in speed, size, or any other possible descriptor you could think of. Still, we create and mindlessly adopt sharp distinctions, and those distinctions change lives far more dramatically than marginal differences ever do. Indeed, all differences are arbitrary, but drawing hard lines between categories hides this arbitrariness and can be severely damaging. I call this resulting damage "the borderline effect." The examples are endless. Someone's IQ is 69 and someone else's is 70 — but only the score of 70 is deemed to be within the range of normal. We don't have to be statisticians to know there is not a meaningful difference between 69 and 70. Yet once the person with the lower score is labeled "cognitively impaired," his or her life will unfold differently than the person with a one-point advantage.

> different treatments / and social / the borderline / effect shows / how insignificant / outcomes / can result / in drastically / numerical gaps

25-09-고2-26

74. 박스 안의 보기를 재배열하여 주제를 완성하시오.

Barry Commoner, born in Brooklyn in 1917, was the son of Jewish immigrants from Russia. Commoner was a leading ecologist and one of the founders of the modern environmental movement. He earned his doctoral degree in cellular biology from Harvard University in 1941. After serving in the US Navy during World War II, Commoner moved to Missouri, and became a professor of plant physiology at Washington University in 1947, where he taught for 34 years. In the late 1950s, Commoner became widely known for his opposition to nuclear weapons testing and went on to write several books about the negative ecological effects of atmospheric nuclear testing. In 1980, Commoner founded the Citizens Party to serve as a vehicle for his ecological message. In his later years, Commoner continued his efforts to raise awareness about the impact that human activity has on the environment.

> nuclear testing / humanity's environmental / ecologist, opposing / emerged as / awareness of / impact / and promoting / a pioneering / Barry Commoner

25-09-고2-29

75. 박스 안의 보기를 재배열하여 주제를 완성하시오.

All human cultures mark the passing of time by the differences they observe in the world around them. Our choice of which differences to mark depends firstly on what we can observe and secondly on what is important in our lives. How we mark the differences — the shapes of our calendars and our rituals — depends on the connections we make between those two things. In the agricultural society of pre-modern Europe, where higher latitudes make the seasons easily observable, it was natural to monitor the solar cycle. Conversely, among the largely nomadic peoples of Arabia, for whom seasonal changes were less significant, the lunar calendar was a more sensible choice. That did not make it inevitable that Islam would use a lunar calendar and Roman Christianity a solar one, but political and religious decisions were made from options limited by geography and lifestyle, filtered through tradition.

> calendar choices, / and religious / which system / geography and / decisions finalizing / lifestyle limit / adopts / with political / each culture

25-09-고2-30

76. 박스 안의 보기를 재배열하여 주제를 완성하시오.

Although empathy is widely praised by scholars and public figures, not everyone is an empathy booster. Critics of empathy argue that empathy will not save us from interpersonal and intergroup conflict. In fact, they argue, empathy makes such conflicts worse. These critics maintain that empathy can be exhausting and lead to burnout or insensitivity to suffering. They argue that we tend to empathize strongly with our in-group and resist empathizing with out-groups, and even enjoy the suffering of out-groups in competitive or threatening contexts. Thus, the prescription for more empathy is often counterproductive in cases of conflict. Empathy, they argue, can further encourage conflict and force us into an us vs. them mentality. Finally, even when we try to empathize with others who are dissimilar from us or in unfamiliar contexts, sometimes we are unable to accurately empathize with their experiences, causing further misunderstandings and frustration. Critics of empathy argue that we should give up on empathy and employ other tools in pursuit of social harmony, e.g., rational compassion or moral emotions like fear, anger, and shame.

> deepening us-versus-them / conflict, and / to resolve / empathy often / exhausting emotional / resources / backfires by / thinking, failing

25-09-고2-31

77. 박스 안의 보기를 재배열하여 주제를 완성하시오.

Paradoxically, it's uncertainty that makes us feel most alive. Think of events that shake you out of your everyday routine: maybe attending a family wedding, making a big presentation, or going somewhere you've never been. It's on those occasions that time seems to slow down a little, and you feel more fully engaged. The same holds true if the experience is risky, like mountain climbing or parasailing. Your senses are sharper. You notice more. Thanks to the release of a feel-good chemical in the brain called dopamine, you get a greater rush of pleasure from chance encounters with people than planned meetings. Good news, financial rewards, and gifts are more enjoyable if they are surprises. It's why the most popular television shows and movies are the ones with unexpected plot twists and astonishing endings.

> predictable encounters / and joy, / rewarding surprises / unexpected events / risky or / with dopamine / more than / heighten engagement

25-09-고2-32

78. 박스 안의 보기를 재배열하여 주제를 완성하시오.

A great strength of the market mechanism is that there are incentives for individuals to reveal their knowledge through their behavior. This stands in contrast to many strategic situations — for example, in political negotiations — in which it is wise not to let the other side know what one's true preferences or production capacities are. A perfectly competitive market that clears on the spot leaves no room for such strategies. If prices are not sticky — as many models assume — individuals adapt their behavior instantaneously, whenever their preferences or the circumstances change. They stop buying items that do not satisfy their needs and stop selling items that do not provide them with optimal gains, maybe switching to the production of other items. If they have motivational problems, for example, falling into denial about the fact that there is no demand for their products, markets reveal to them, sometimes in quite brutal ways, that they better accept this fact.

> behavior, brutally / no longer / or choices / correcting denial / market mechanisms / provide incentives / meet demand / when products / for honest

25-09-고2-33

79. 박스 안의 보기를 재배열하여 주제를 완성하시오.

Dictionary definitions are constantly revised to keep up with our changing uses and knowledge. In Roman times, "addicts" were people who were unable to pay their debts and gave themselves as slaves to their creditors. The word eventually came to be associated with drug dependency: one becomes a slave to one's addiction. The word "husband" originally referred to being a homeowner; it had nothing to do with being married. But because owning your own property made it more likely you'd find a mate, the word eventually came to mean a male who has been wed. On November 5th, 1605, Guy Fawkes tried to blow up the British Parliament. He was captured and put to death. Loyalists burned his effigy, which they nicknamed the "guy." Centuries later, the word lost its negative connotation and a musical named Guys and Dolls ran on Broadway. In American slang, bad means good, cool means great, and wicked means excellent. If you could transport yourself one hundred years into the future, you'd find yourself confused by your great-grandchildren's speech because language itself is an ever-changing reflection of human invention.

> by ours / history, culture, / generations puzzled / with definitions / leaving future / reshaped by / language evolves / through time, / and creativity,

25-09-고2-34

80. 박스 안의 보기를 재배열하여 주제를 완성하시오.

The term "anchoring" was introduced by Roland Barthes who observed that text is often used next to images (his focus was on photographs) to confine meaning. Of all possible literal or implied interpretations an image could elicit, text would point the viewer towards a desired, specific direction. In advertising, as Barthes argues, the symbolic message does not guide identification but interpretation. The viewer is not asked to recognize what they see but to understand why they see it and what it means to them. By combining images with text, advertising produces symbolic meaning that is accurate and specific on the one hand, richer on the other, thus adding depth and eliminating breadth of rational and emotional interpretations. The headline or tagline of an ad directs the reader through the intended meanings of the image, so that the reader avoids some and receives others. It "remote-controls" the reader towards a meaning chosen in advance.

> shaping meaning / within advertising / readers' understanding / headlines and / predetermined ways / in precise, / taglines guide / of images,

25-09-고2-35

81. 박스 안의 보기를 재배열하여 주제를 완성하시오.

According to Einstein's theory, a large mass like the Sun 'bends' space-time. Newton's theory makes no such prediction. This bending of space-time leads to phenomena such as 'gravitational lensing' where the light of distant stars appears to be in different locations when they pass by a large mass like the Sun. We don't normally see this lensing because stars aren't visible during the day when the Sun is out, but a solar eclipse in 1919 allowed scientists to observe what the Sun's gravity was doing to the light from distant stars. The stars around the Sun appeared to have moved from their normal positions in the night sky. The shift was much larger than Newton's theory predicted, but exactly in the positions predicted by Einstein's theory.

> Einstein's theory / observing gravitational / during the / was confirmed / lensing around / of relativity / the Sun / eclipse by / 1919 solar

25-09-고2-36

82. 박스 안의 보기를 재배열하여 주제를 완성하시오.

We're naturally wired to organize the world into a hierarchy. We do this to help make sense of the world, maintain our beliefs, and generally feel better. But when someone infringes on our place in the world and our understanding of how it works, we react without thinking. When someone cuts you off on the highway and road rage kicks in, that's your unconscious mind saying, "Who are you to cut me off?" You're reacting to a threat to your inherent sense of hierarchy. On the road we are all equals. We're all supposed to play by the same rules. Cutting someone off violates those rules and implies higher status. Or consider when you get frustrated with your kids and end an argument with "Because I said so." (Or the office equivalent: "Because I'm the boss.") In these moments you've stopped thinking and regressed to your biological tendencies of reaffirming the hierarchy.

> hierarchy in / unconscious responses / from highways / biological tendency / show our / everyday conflicts / to households, / to reaffirm

25-09-고2-37

83. 박스 안의 보기를 재배열하여 주제를 완성하시오.

Once a nail is hammered in, it is friction that holds it in place. Friction is the force that arises when two surfaces are sliding, or trying to slide, against each other. If you try to pull apart two blocks of wood that have been nailed together, the wood fibers grip the shaft of the nail. The nail feels a force trying to rip it apart along its length, and we call that force tension. Your experiment can now fail in one of two ways — either the nail stretches and splits in half because the tension force is too large for the nail, or the nail comes loose because the friction force is overcome. The force it would take to stretch the nail is much larger than the friction forces on the surface, so we don't have to worry too much about the former. It's the friction with which we need to concern ourselves.

the weaker / holds or / usually determines / while tension / a nail, / could break / friction is / fails / whether it / force that

25-09-고2-38

84. 박스 안의 보기를 재배열하여 주제를 완성하시오.

The traditional bank manager in the 1950s was usually a respected pillar of the community, a cautious, careful sort of person who probably went to bed early and didn't drink too much. But from the 1970s a new kind of banker appeared — loud, flashy, and arrogant. These bankers loved taking big risks. They wanted to get rich quick and blow their money on fast cars and expensive champagne. They made their money through what's called 'speculation'. Normally, people buy things because they want to use them, such as wheat to make bread and petrol to run the car. But when people speculate, they buy things even when they have no interest in using them. They might buy a load of wheat simply because they think that its price is going to rise when a drought is predicted in wheat-growing areas. If their guess is right, they later sell the wheat for a profit.

flashy speculators / risky bets / on future / managers to / who sought / banking shifted / from cautious / wealth through / prices

25-09-고2-39

85. 박스 안의 보기를 재배열하여 주제를 완성하시오.

Paper's mechanical properties lend themselves to folding and bending. The cellulose fibers of which it is made can be partially snapped in the area of maximum bend, allowing a permanent crease to form, while sufficient fibers remain undamaged for the material not to crack and fall apart. Indeed, in this state it pretty much maintains its ability to resist being pulled apart, but it can also be torn easily and accurately along the crease if a point of weakness — a small, initial tear — is opened up. This winning combination of mechanical properties allows it to assume the shape of any object through creasing and folding — hence the art of origami. There are very few materials as good: metal foils can hold a crease, but control of the crease is somewhat more difficult. Plastic sheeting doesn't tend to hold a crease at all, unless it is very soft, in which case it lacks the rigidity required of a good wrapping material. So it is its ability to hold a crease while remaining stiff that makes paper uniquely suited to this purpose.

folding, and / paper's unique / it ideal / shaping, unlike / strength and / for creasing, / metals or / plastics / flexibility make

25-09-고2-40

86. 박스 안의 보기를 재배열하여 주제를 완성하시오.

Mother cats can tell which kittens belong to them — when litters are mixed up they use their kittens' scent to distinguish them from offspring of other mothers. Despite this, when faced with a selection of kittens who have wandered from the nest, her own and others that aren't hers, a mother cat doesn't appear to favor her own offspring when retrieving them. The reason for this is uncertain, although distress vocalizations from kittens that are lost from their nest are known to be very powerful, so it may just be hard for the mother to resist retrieving them, regardless of whether they are hers. In the wild, a squeaking kitten out in the open is likely to attract predators, which is bad news for any other kittens around it. A rapid rescue of any crying kitten would be a good strategy to prevent them from drawing unwanted attention.

kitten, mother / threatening all / locating the / predators from / by rescuing / nearby young / cats prevent / nest and / any squeaking

25-09-고2-41~42

87. 박스 안의 보기를 재배열하여 주제를 완성하시오.

Many animals pursue a mixed strategy of accumulating both body fat and food, which leads one to ask, "What are the relative advantages and disadvantages of these two forms of energy storage?" Maximum fat deposition increases with body mass whereas maximum food storage is not constrained by body size. This means that animals, especially small animals, can accumulate much greater energy reserves in the form of stored food than they can in the form of body fat. Further, stored food is more economical than body fat because fat contributes to body mass, and metabolic rate increases with body mass. In other words, there is a metabolic expense to maintaining fat. Excessive fat accumulations may also have a negative effect on an animal's ability to avoid predators. And, if maintaining a high body temperature is advantageous, animals might be expected to accumulate more energy in the form of a food store than as body fat. On the other hand, stored food may rot over time, may be removed by robbers, or may simply be lost. Many animals must expend energy managing and protecting their food stores. Eating food and converting it to fat avoids these types of losses and the energetic costs of managing stored food. A large accumulation of body fat adds to an animal's fasting capacity, especially large animals, permitting some animals to enter prolonged dormancy in the relative security of a hibernaculum. Thus, both fat accumulation and food storage have some decided advantages.

> offering distinct / and food / survival and / animals balance / disadvantages for / fat accumulation / storage, each / advantages and / energy use

25-09-고2-43~45

88. 박스 안의 보기를 재배열하여 주제를 완성하시오.

Collin's dad had a 15-year-old car, which was the same age as Collin. He decided that it was finally time to replace it with a newer model. One evening at dinner, he shared his plan to buy a new car with his family. Excited by the news, Collin became determined to contribute to his dad's big purchase. Over the past several years, Collin had saved his allowance money. He felt that this was the perfect opportunity to do something special for his dad.
The next morning, before heading to school, Collin put an envelope on the kitchen table. When his dad came into the kitchen, he noticed the envelope and asked his wife about it. She explained that Collin had left it there before leaving for school. Collin's dad opened the envelope and saw a thick stack of money. "There's $1,000 in here!" he exclaimed, after counting it. His wife smiled and said, "Collin wanted to help you pay for the new car."
That afternoon, Collin's dad went to the car dealership and purchased a car that was only one year old. He picked a red car because that was Collin's favorite color. The money that his son had left for him was enough to cover the remaining cost, and he even had some funds left over! Collin's dad decided to buy his son a small gift with the extra money. That evening, when Collin came home, he was amazed to see the new car parked in the driveway.
His dad thanked him sincerely, and told Collin how proud he was of his thoughtful gesture. Then, he handed Collin a small box with a bow on top of it, and a brand-new baseball was inside. Collin loved it! He beamed with excitement and said, "Not only do we have a new car, but I also got an awesome new baseball!" His dad smiled warmly and hugged him. Collin's kind and generous heart had created a beautiful moment for his family.

> a special / enabled a / new car / but also / a son's / gift exchange / generous gesture / brought pride, / gratitude, and / not only

2025 고2 9월 모의고사

❶ voca ❷ text ❸ [/] ❹ ____ ❺ quiz 1 ❻ quiz 2 ❼ quiz 3 ❽ quiz 4 ❾ quiz 5

25-09-고2-18

다음 글을 요약하고자 한다. 본문의 단어를 활용하여 빈칸에 알맞은 말을 채워 넣으시오. (단, 필요 시 형태를 변화시킬 것)

Dear Principal Smith,
My name is Kara Peterson, and I am the Community Event Coordinator at the Greenfield Community Center. We are organizing a drone show for the local community and are excited about this special event. While searching for the ideal location, we found that your school is the best place to ensure the safety and accessibility of all attendees. I kindly request your permission to use the school playground on Saturday, December 6th, from 6 p.m. to 8 p.m. We will ensure that all safety rules are strictly followed, and that any cleanup will be handled efficiently. Please let me know if there are any specific procedures for obtaining approval. Thank you for your time and consideration. I will be eagerly awaiting your response.
Sincerely,
Kara Peterson

Kara Peterson, Community Event Coordinator at Greenfield Community Center, requests p____________1. to use the school playground for a c____________2. drone show on Saturday, December 6th, 6-8 p.m., promising s____________3. safety compliance, e____________4. cleanup, and readiness to follow required a____________5. procedures.

25-09-고2-19

다음 글을 요약하고자 한다. 본문의 단어를 활용하여 빈칸에 알맞은 말을 채워 넣으시오. (단, 필요 시 형태를 변화시킬 것)

When Amina returned home from the river with her full clay water jar, she noticed men with tools near her family's hut. She wondered who they were. Her uncle stood among them, pointing to a spot beyond the baobab tree. She put the jar down and walked closer, wanting to know what was happening. The men began clearing and marking the ground. Amina ran to her uncle with a mind full of questions. "Uncle, what's happening?" she asked. "We're preparing the land. Something important will be built. A school!" her uncle said with a proud smile. Amina's eyes sparkled with joy. The school nearest to her village was hours away on foot. "It's for all the children in the village," her uncle continued. Amina imagined learning how to read and write, and her heart swelled with excitement.

Amina saw men c____________6. land near her hut and asked her uncle. Smiling, he explained a s____________7. would be built for village children. Overjoyed, Amina imagined learning to r____________8. and w____________9., her heart filled with e____________10..

25-09-고2-20

다음 글을 요약하고자 한다. 본문의 단어를 활용하여 빈칸에 알맞은 말을 채워 넣으시오. (단, 필요 시 형태를 변화시킬 것)

"Tactics" is a term drawn from military usage. Strategies are plans of action directing a military force when attacking another, and tactics are responses to conditions on the ground. In this vein, time is imposed on us by our cultures, by the technologies that have regimented time down to the nanosecond, and by its own finite nature and the fact that we're going to live only so long. In response, we must develop tactics for dealing with time and waiting. These aren't tactics to eliminate waiting; instead, these are tactics for teaching us how to learn from the seams. These tactics have the potential to reorient us in profound ways, transforming our perspectives on our wait times. Such renewed perspectives transform waiting from a burden to a springboard toward things like creativity, social critique, or reflection on our inner state and the state of our relationships.

"Tactics," unlike s___________11., are responses to i___________12. conditions like time's limits and cultural regimentation. By developing tactics for w___________13., we can transform waiting from b___________14. into opportunity for creativity, critique, reflection, and deeper understanding of ourselves and r___________15..

25-09-고2-21

다음 글을 요약하고자 한다. 본문의 단어를 활용하여 빈칸에 알맞은 말을 채워 넣으시오. (단, 필요 시 형태를 변화시킬 것)

Mirror neurons are the hardware of empathy, and so what would make more sense than to look and see which animals possess these cells? And this is exactly where modern research now stands: all researchers know so far is that apes possess mirror neurons. We still need to test to see which other species are like us in this respect. Scientists often publicly speculate that we can probably expect surprises here, too. They assume that all animals that live in herds or large groups possess similar brain mechanisms, because social units function only if individuals can see things from the perspective of others in the group and feel what they are feeling. I can see a goldfish waving its fin at us. As an animal that travels around in a tightly-knit group, it's on board with this idea — or at least swimming alongside the boat.

M___________16. neurons, key to e___________17., are confirmed in a___________18., but other species remain untested. Scientists suspect herd and g___________19.-living animals also possess them, since social units require p___________20.-taking and shared feelings, possibly including even goldfish in tightly-knit schools.

25-09-고2-22

다음 글을 요약하고자 한다. 본문의 단어를 활용하여 빈칸에 알맞은 말을 채워 넣으시오. (단, 필요 시 형태를 변화시킬 것)

The future of work depends on two forces: a harmful substituting force and a helpful complementing one. Many tales have a hero and a villain fighting each other for dominance, but in our story, technology plays both roles at once, displacing workers while simultaneously raising the demand for their efforts elsewhere in the economy. This interaction helps explain why past worries about automation were misplaced: our ancestors had predicted the wrong winner in that fight, underestimating quite how powerful the complementing force would prove to be or simply ignoring that factor altogether. It also helps to explain why economists have traditionally been dismissive of the idea of technological unemployment: there appeared to be firm limits to the substituting force, leaving lots of tasks that could not be performed by machines, and a growing demand for human beings to do them instead.

The future of work reflects technology's dual role: s____________21. workers while c____________22. them elsewhere. Past fears of a____________23. ignored complementing power. Economists dismissed t____________24. u____________25., noting limits to substitution and rising demand for human labor in tasks machines cannot perform.

25-09-고2-23

다음 글을 요약하고자 한다. 본문의 단어를 활용하여 빈칸에 알맞은 말을 채워 넣으시오. (단, 필요 시 형태를 변화시킬 것)

It's conceivable that in a world where solar panels are incredibly expensive and there's an extreme collapse in the cost of launching objects to space, you might want to maximize your energy per panel by putting them above the atmosphere. But panels are cheap, and even if we assume pretty steep drops in the cost of space launch, the numbers don't add up. This becomes especially clear when you start to think about maintenance. Try to imagine acres upon acres of glass panels in space, regularly hit by intense radiation and bits of space debris while enduring the extreme heat of constant sunlight. They'll have to be repaired and cared for either by astronauts or an army of advanced robots. Solar panels in Australia can be cleaned by a teenager with a spray bottle and a cloth.

Though space-based s____________26. panels might m____________27. energy, cheap panels and costly launches make them impractical. M____________28. challenges—r____________29., debris, heat—demand astronauts or robots, unlike Earth-based panels, which are easily cleaned, highlighting the inefficiency of placing solar arrays in s____________30..

25-09-고2-24

다음 글을 요약하고자 한다. 본문의 단어를 활용하여 빈칸에 알맞은 말을 채워 넣으시오. (단, 필요 시 형태를 변화시킬 것)

Everything in the world exists on a continuum, whether in speed, size, or any other possible descriptor you could think of. Still, we create and mindlessly adopt sharp distinctions, and those distinctions change lives far more dramatically than marginal differences ever do. Indeed, all differences are arbitrary, but drawing hard lines between categories hides this arbitrariness and can be severely damaging. I call this resulting damage "the borderline effect." The examples are endless. Someone's IQ is 69 and someone else's is 70 — but only the score of 70 is deemed to be within the range of normal. We don't have to be statisticians to know there is not a meaningful difference between 69 and 70. Yet once the person with the lower score is labeled "cognitively impaired," his or her life will unfold differently than the person with a one-point advantage.

The world exists on c__________31., yet humans create rigid c__________32., causing the "__________33. effect." A__________34. distinctions, like labeling IQ 69 as impaired but 70 as normal, ignore minimal d__________35. but drastically alter lives, revealing the hidden harm of categorization.

25-09-고2-26

다음 글을 요약하고자 한다. 본문의 단어를 활용하여 빈칸에 알맞은 말을 채워 넣으시오. (단, 필요 시 형태를 변화시킬 것)

Barry Commoner, born in Brooklyn in 1917, was the son of Jewish immigrants from Russia. Commoner was a leading ecologist and one of the founders of the modern environmental movement. He earned his doctoral degree in cellular biology from Harvard University in 1941. After serving in the US Navy during World War II, Commoner moved to Missouri, and became a professor of plant physiology at Washington University in 1947, where he taught for 34 years. In the late 1950s, Commoner became widely known for his opposition to nuclear weapons testing and went on to write several books about the negative ecological effects of atmospheric nuclear testing. In 1980, Commoner founded the Citizens Party to serve as a vehicle for his ecological message. In his later years, Commoner continued his efforts to raise awareness about the impact that human activity has on the environment.

Barry Commoner, born 1917 in Brooklyn, became a l__________36. ecologist and environmental movement f__________37.. O__________38. nuclear testing, he wrote influential books, f__________39. the Citizens Party in 1980, and throughout his career raised a__________40. of human impact on the environment.

25-09-고2-29

다음 글을 요약하고자 한다. 본문의 단어를 활용하여 빈칸에 알맞은 말을 채워 넣으시오. (단, 필요 시 형태를 변화시킬 것)

All human cultures mark the passing of time by the differences they observe in the world around them. Our choice of which differences to mark depends firstly on what we can observe and secondly on what is important in our lives. How we mark the differences — the shapes of our calendars and our rituals — depends on the connections we make between those two things. In the agricultural society of pre-modern Europe, where higher latitudes make the seasons easily observable, it was natural to monitor the solar cycle. Conversely, among the largely nomadic peoples of Arabia, for whom seasonal changes were less significant, the lunar calendar was a more sensible choice. That did not make it inevitable that Islam would use a lunar calendar and Roman Christianity a solar one, but political and religious decisions were made from options limited by geography and lifestyle, filtered through tradition.

> Human cultures mark time by o___________41. differences tied to life's priorities. A___________42. Europe followed the solar cycle, while n___________43. Arabia favored the lunar calendar. Geography, lifestyle, politics, religion, and tradition shaped whether s__________44. or l___________45. systems were adopted.

25-09-고2-30

다음 글을 요약하고자 한다. 본문의 단어를 활용하여 빈칸에 알맞은 말을 채워 넣으시오. (단, 필요 시 형태를 변화시킬 것)

Although empathy is widely praised by scholars and public figures, not everyone is an empathy booster. Critics of empathy argue that empathy will not save us from interpersonal and intergroup conflict. In fact, they argue, empathy makes such conflicts worse. These critics maintain that empathy can be exhausting and lead to burnout or insensitivity to suffering. They argue that we tend to empathize strongly with our in-group and resist empathizing with out-groups, and even enjoy the suffering of out-groups in competitive or threatening contexts. Thus, the prescription for more empathy is often counterproductive in cases of conflict. Empathy, they argue, can further encourage conflict and force us into an us vs. them mentality. Finally, even when we try to empathize with others who are dissimilar from us or in unfamiliar contexts, sometimes we are unable to accurately empathize with their experiences, causing further misunderstandings and frustration. Critics of empathy argue that we should give up on empathy and employ other tools in pursuit of social harmony, e.g., rational compassion or moral emotions like fear, anger, and shame.

> Critics argue e___________46. worsens c___________47., exhausting people, reinforcing in-group bias, and fueling us-versus-them attitudes. Misplaced empathy toward out-groups can cause f___________48. They suggest abandoning empathy, instead employing r___________49. compassion or m___________50. emotions like fear, anger, and shame for harmony.

25-09-고2-31

다음 글을 요약하고자 한다. 본문의 단어를 활용하여 빈칸에 알맞은 말을 채워 넣으시오. (단, 필요 시 형태를 변화시킬 것)

Paradoxically, it's uncertainty that makes us feel most alive. Think of events that shake you out of your everyday routine: maybe attending a family wedding, making a big presentation, or going somewhere you've never been. It's on those occasions that time seems to slow down a little, and you feel more fully engaged. The same holds true if the experience is risky, like mountain climbing or parasailing. Your senses are sharper. You notice more. Thanks to the release of a feel-good chemical in the brain called dopamine, you get a greater rush of pleasure from chance encounters with people than planned meetings. Good news, financial rewards, and gifts are more enjoyable if they are surprises. It's why the most popular television shows and movies are the ones with unexpected plot twists and astonishing endings.

U___________51. makes life vivid, slowing time and s___________52. senses during unusual or risky events. Surprises trigger d___________53., heightening pleasure from encounters, rewards, and gifts. This explains why people enjoy u___________54. plot twists and a___________55. endings in popular entertainment.

25-09-고2-32

다음 글을 요약하고자 한다. 본문의 단어를 활용하여 빈칸에 알맞은 말을 채워 넣으시오. (단, 필요 시 형태를 변화시킬 것)

A great strength of the market mechanism is that there are incentives for individuals to reveal their knowledge through their behavior. This stands in contrast to many strategic situations — for example, in political negotiations — in which it is wise not to let the other side know what one's true preferences or production capacities are. A perfectly competitive market that clears on the spot leaves no room for such strategies. If prices are not sticky — as many models assume — individuals adapt their behavior instantaneously, whenever their preferences or the circumstances change. They stop buying items that do not satisfy their needs and stop selling items that do not provide them with optimal gains, maybe switching to the production of other items. If they have motivational problems, for example, falling into denial about the fact that there is no demand for their products, markets reveal to them, sometimes in quite brutal ways, that they better accept this fact.

Markets encourage individuals to reveal k___________56. through b___________57., unlike n___________58. hiding preferences. In perfectly competitive markets with flexible prices, people instantly adjust buying, selling, or production. D___________59. of reality is exposed, sometimes b___________60., as markets enforce acceptance of demand.

25-09-고2-33

다음 글을 요약하고자 한다. 본문의 단어를 활용하여 빈칸에 알맞은 말을 채워 넣으시오. (단, 필요 시 형태를 변화시킬 것)

Dictionary definitions are constantly revised to keep up with our changing uses and knowledge. In Roman times, "addicts" were people who were unable to pay their debts and gave themselves as slaves to their creditors. The word eventually came to be associated with drug dependency: one becomes a slave to one's addiction. The word "husband" originally referred to being a homeowner; it had nothing to do with being married. But because owning your own property made it more likely you'd find a mate, the word eventually came to mean a male who has been wed. On November 5th, 1605, Guy Fawkes tried to blow up the British Parliament. He was captured and put to death. Loyalists burned his effigy, which they nicknamed the "guy." Centuries later, the word lost its negative connotation and a musical named Guys and Dolls ran on Broadway. In American slang, bad means good, cool means great, and wicked means excellent. If you could transport yourself one hundred years into the future, you'd find yourself confused by your great-grandchildren's speech because language itself is an ever-changing reflection of human invention.

> D___________61. definitions evolve with c___________62. usage. Words like "addict," "husband," and "guy" shifted m___________63. over centuries, while slang redefines terms like bad, cool, and wicked. Language continually changes, r___________64. human i___________65., leaving future generations speaking in unfamiliar ways.

25-09-고2-34

다음 글을 요약하고자 한다. 본문의 단어를 활용하여 빈칸에 알맞은 말을 채워 넣으시오. (단, 필요 시 형태를 변화시킬 것)

The term "anchoring" was introduced by Roland Barthes who observed that text is often used next to images (his focus was on photographs) to confine meaning. Of all possible literal or implied interpretations an image could elicit, text would point the viewer towards a desired, specific direction. In advertising, as Barthes argues, the symbolic message does not guide identification but interpretation. The viewer is not asked to recognize what they see but to understand why they see it and what it means to them. By combining images with text, advertising produces symbolic meaning that is accurate and specific on the one hand, richer on the other, thus adding depth and eliminating breadth of rational and emotional interpretations. The headline or tagline of an ad directs the reader through the intended meanings of the image, so that the reader avoids some and receives others. It "remote-controls" the reader towards a meaning chosen in advance.

> Roland Barthes introduced "anchoring," noting text with images c___________66. meaning. In advertising, text guides i___________67., not i___________68., shaping why viewers see something. Headlines and taglines r___________69. -control readers, narrowing interpretations while adding symbolic depth and directing them toward i___________70. meaning.

25-09-고2-35

다음 글을 요약하고자 한다. 본문의 단어를 활용하여 빈칸에 알맞은 말을 채워 넣으시오. (단, 필요 시 형태를 변화시킬 것)

According to Einstein's theory, a large mass like the Sun 'bends' space-time. Newton's theory makes no such prediction. This bending of space-time leads to phenomena such as 'gravitational lensing' where the light of distant stars appears to be in different locations when they pass by a large mass like the Sun. We don't normally see this lensing because stars aren't visible during the day when the Sun is out, but a solar eclipse in 1919 allowed scientists to observe what the Sun's gravity was doing to the light from distant stars. The stars around the Sun appeared to have moved from their normal positions in the night sky. The shift was much larger than Newton's theory predicted, but exactly in the positions predicted by Einstein's theory.

Einstein's theory predicts m___________71. objects like the Sun bend space-time, causing g___________72. l___________73.. During the 1919 solar eclipse, scientists observed star positions shift beyond Newton's p___________74. but matching Einstein's, confirming space-time b___________75. and supporting general relativity over Newton's theory.

25-09-고2-36

다음 글을 요약하고자 한다. 본문의 단어를 활용하여 빈칸에 알맞은 말을 채워 넣으시오. (단, 필요 시 형태를 변화시킬 것)

We're naturally wired to organize the world into a hierarchy. We do this to help make sense of the world, maintain our beliefs, and generally feel better. But when someone infringes on our place in the world and our understanding of how it works, we react without thinking. When someone cuts you off on the highway and road rage kicks in, that's your unconscious mind saying, "Who are you to cut me off?" You're reacting to a threat to your inherent sense of hierarchy. On the road we are all equals. We're all supposed to play by the same rules. Cutting someone off violates those rules and implies higher status. Or consider when you get frustrated with your kids and end an argument with "Because I said so." (Or the office equivalent: "Because I'm the boss.") In these moments you've stopped thinking and regressed to your biological tendencies of reaffirming the hierarchy.

Humans instinctively form h___________76. to understand the w___________77.. Challenges to position trigger automatic reactions, like road rage or asserting authority with "Because I'm the boss." Such moments reveal unconscious b___________78. tendencies to defend and r___________79. h___________80. order.

25-09-고2-37

다음 글을 요약하고자 한다. 본문의 단어를 활용하여 빈칸에 알맞은 말을 채워 넣으시오. (단, 필요 시 형태를 변화시킬 것)

Once a nail is hammered in, it is friction that holds it in place. Friction is the force that arises when two surfaces are sliding, or trying to slide, against each other. If you try to pull apart two blocks of wood that have been nailed together, the wood fibers grip the shaft of the nail. The nail feels a force trying to rip it apart along its length, and we call that force tension. Your experiment can now fail in one of two ways — either the nail stretches and splits in half because the tension force is too large for the nail, or the nail comes loose because the friction force is overcome. The force it would take to stretch the nail is much larger than the friction forces on the surface, so we don't have to worry too much about the former. It's the friction with which we need to concern ourselves.

A n__________81. joint is held by f__________82. between wood fibers and nail shaft. T__________83. pulls lengthwise, but nails rarely split. F__________84. usually occurs when friction is o__________85., making friction the key force securing nailed structures together.

25-09-고2-38

다음 글을 요약하고자 한다. 본문의 단어를 활용하여 빈칸에 알맞은 말을 채워 넣으시오. (단, 필요 시 형태를 변화시킬 것)

The traditional bank manager in the 1950s was usually a respected pillar of the community, a cautious, careful sort of person who probably went to bed early and didn't drink too much. But from the 1970s a new kind of banker appeared — loud, flashy, and arrogant. These bankers loved taking big risks. They wanted to get rich quick and blow their money on fast cars and expensive champagne. They made their money through what's called 'speculation'. Normally, people buy things because they want to use them, such as wheat to make bread and petrol to run the car. But when people speculate, they buy things even when they have no interest in using them. They might buy a load of wheat simply because they think that its price is going to rise when a drought is predicted in wheat-growing areas. If their guess is right, they later sell the wheat for a profit.

In the 1950s, bankers were c__________86. community figures. From the 1970s, flashy r__________87.-takers emerged, pursuing wealth through s__________88.—buying goods like wheat not for use but profit, p__________89. price rises, and selling later, often for q__________90. financial gain.

25-09-고2-39

다음 글을 요약하고자 한다. 본문의 단어를 활용하여 빈칸에 알맞은 말을 채워 넣으시오. (단, 필요 시 형태를 변화시킬 것)

Paper's mechanical properties lend themselves to folding and bending. The cellulose fibers of which it is made can be partially snapped in the area of maximum bend, allowing a permanent crease to form, while sufficient fibers remain undamaged for the material not to crack and fall apart. Indeed, in this state it pretty much maintains its ability to resist being pulled apart, but it can also be torn easily and accurately along the crease if a point of weakness — a small, initial tear — is opened up. This winning combination of mechanical properties allows it to assume the shape of any object through creasing and folding — hence the art of origami. There are very few materials as good: metal foils can hold a crease, but control of the crease is somewhat more difficult. Plastic sheeting doesn't tend to hold a crease at all, unless it is very soft, in which case it lacks the rigidity required of a good wrapping material. So it is its ability to hold a crease while remaining stiff that makes paper uniquely suited to this purpose.

Paper's cellulose f__________91. let it c__________92. without breaking, keeping strength yet t__________93. cleanly along folds. This unique balance enables origami and wrapping. Unlike metals or plastics, paper holds creases while staying r__________94., making it especially suited for f__________95. uses.

25-09-고2-40

다음 글을 요약하고자 한다. 본문의 단어를 활용하여 빈칸에 알맞은 말을 채워 넣으시오. (단, 필요 시 형태를 변화시킬 것)

Mother cats can tell which kittens belong to them — when litters are mixed up they use their kittens' scent to distinguish them from offspring of other mothers. Despite this, when faced with a selection of kittens who have wandered from the nest, her own and others that aren't hers, a mother cat doesn't appear to favor her own offspring when retrieving them. The reason for this is uncertain, although distress vocalizations from kittens that are lost from their nest are known to be very powerful, so it may just be hard for the mother to resist retrieving them, regardless of whether they are hers. In the wild, a squeaking kitten out in the open is likely to attract predators, which is bad news for any other kittens around it. A rapid rescue of any crying kitten would be a good strategy to prevent them from drawing unwanted attention.

Mother cats recognize kittens by s__________96. but don't always f__________97. their own when rescuing. D__________98. calls are powerful, prompting r__________99. of any kitten. In the wild, saving all crying kittens reduces p__________100. attention, benefiting the safety of the litter.

25-09-고2-41~42

다음 글을 요약하고자 한다. 본문의 단어를 활용하여 빈칸에 알맞은 말을 채워 넣으시오. (단, 필요 시 형태를 변화시킬 것)

Many animals pursue a mixed strategy of accumulating both body fat and food, which leads one to ask, "What are the relative advantages and disadvantages of these two forms of energy storage?" Maximum fat deposition increases with body mass whereas maximum food storage is not constrained by body size. This means that animals, especially small animals, can accumulate much greater energy reserves in the form of stored food than they can in the form of body fat. Further, stored food is more economical than body fat because fat contributes to body mass, and metabolic rate increases with body mass. In other words, there is a metabolic expense to maintaining fat. Excessive fat accumulations may also have a negative effect on an animal's ability to avoid predators. And, if maintaining a high body temperature is advantageous, animals might be expected to accumulate more energy in the form of a food store than as body fat. On the other hand, stored food may rot over time, may be removed by robbers, or may simply be lost. Many animals must expend energy managing and protecting their food stores. Eating food and converting it to fat avoids these types of losses and the energetic costs of managing stored food. A large accumulation of body fat adds to an animal's fasting capacity, especially large animals, permitting some animals to enter prolonged dormancy in the relative security of a hibernaculum. Thus, both fat accumulation and food storage have some decided advantages.

Animals use m__________101. strategies of storing fat and food. Fat supports fasting, hibernation, and avoids theft but increases m__________102. cost and p__________103. risk. Food storage holds larger reserves e__________104., though vulnerable to rotting, theft, or loss, requiring protection e__________105..

25-09-고2-43~45

다음 글을 요약하고자 한다. 본문의 단어를 활용하여 빈칸에 알맞은 말을 채워 넣으시오. (단, 필요 시 형태를 변화시킬 것)

Collin's dad had a 15-year-old car, which was the same age as Collin. He decided that it was finally time to replace it with a newer model. One evening at dinner, he shared his plan to buy a new car with his family. Excited by the news, Collin became determined to contribute to his dad's big purchase. Over the past several years, Collin had saved his allowance money. He felt that this was the perfect opportunity to do something special for his dad.
The next morning, before heading to school, Collin put an envelope on the kitchen table. When his dad came into the kitchen, he noticed the envelope and asked his wife about it. She explained that Collin had left it there before leaving for school. Collin's dad opened the envelope and saw a thick stack of money. "There's $1,000 in here!" he exclaimed, after counting it. His wife smiled and said, "Collin wanted to help you pay for the new car."
That afternoon, Collin's dad went to the car dealership and purchased a car that was only one year old. He picked a red car because that was Collin's favorite color. The money that his son had left for him was enough to cover the remaining cost, and he even had some funds left over! Collin's dad decided to buy his son a small gift with the extra money. That evening, when Collin came home, he was amazed to see the new car parked in the driveway.
His dad thanked him sincerely, and told Collin how proud he was of his thoughtful gesture. Then, he handed Collin a small box with a bow on top of it, and a brand-new baseball was inside. Collin loved it! He beamed with excitement and said, "Not only do we have a new car, but I also got an awesome new baseball!" His dad smiled warmly and hugged him. Collin's kind and generous heart had created a beautiful moment for his family.

Collin offered his $1,000 savings to h__________106. his dad buy a new car. His dad purchased a red car, Collin's f__________107., and used leftover f__________108. for a b__________109. gift, creating a heartfelt family moment of g__________110..

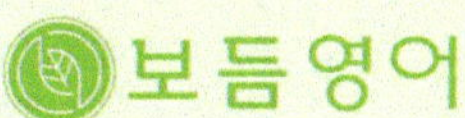

정답

WORK BOOK

2025 시행 고2 9월 모의고사 내신대비용 WorkBook & 변형문제

Answer Keys

선택형 Answers

1) organizing
2) excited
3) ensure
4) use
5) that
6) efficiently
7) know
8) procedures
9) eagerly
10) noticed
11) wondered
12) pointing
13) walked
14) what
15) important
16) proud
17) swelled
18) drawn
19) directing
20) attacking
21) imposed
22) have
23) finite
24) develop
25) instead
26) learn
27) have
28) transforming
29) renewed
30) inner
31) more
32) possess
33) where
34) that
35) other
36) that
37) similar
38) because
39) waving
40) travels
41) depends
42) complementing
43) Many
44) both
45) displacing
46) were
47) had
48) underestimating
49) dismissive
50) growing
51) that
52) expensive
53) extreme
54) maximize
55) cheap
56) clear
57) imagine
58) while
59) either
60) or
61) exists
62) adopt
63) change
64) drawing
65) hides
66) normal
67) difference
68) lower
69) unfold
70) advantage
71) born
72) founders
73) earned
74) serving
75) physiology
76) where
77) write
78) founded
79) raise
80) has
81) observe
82) what
83) mark
84) depends
85) where
86) natural
87) less
88) inevitable
89) one
90) were made
91) Although
92) save
93) interpersonal
94) worse
95) exhausting
96) insensitivity
97) that
98) prescription
99) counterproductive
100) further
101) force
102) others
103) dissimilar
104) unfamiliar
105) further
106) other
107) that
108) attending
109) engaged
110) true
111) more
112) pleasure
113) planned
114) more
115) why
116) ones
117) astonishing
118) that
119) reveal
120) many
121) in
122) the
123) what
124) perfectly
125) assume
126) buying
127) switching
128) no
129) reveal
130) accept
131) constantly
132) changing
133) unable
134) themselves
135) nothing
136) because
137) more
138) has
139) burned
140) negative
141) excellent
142) transport
143) confused
144) because
145) invention
146) that
147) confine
148) literal
149) what
150) them

151) accurate
152) specific
153) rational
154) emotional
155) others
156) where
157) appears
158) different
159) because
160) during
161) observe
162) have
163) normal
164) larger
165) predicted
166) organize
167) feel
168) without
169) unconscious
170) inherent
171) are
172) implies
173) consider
174) Because
175) reaffirming
176) in
177) it
178) against
179) have
180) it
181) either
182) or
183) larger
184) former
185) concern
186) traditional
187) respected
188) early
189) big
190) blow
191) them
192) no
193) that
194) rise
195) sell
196) themselves
197) is
198) maximum
199) permanent
200) sufficient
201) easily
202) accurately
203) initial
204) it
205) few
206) can
207) difficult
208) required
209) while
210) uniquely
211) them
212) other
213) Despite
214) faced
215) others
216) them
217) although
218) regardless of
219) attract
220) good
221) pursue
222) relative
223) Maximum
224) maximum
225) accumulate
226) more
227) because

228) increases
229) Excessive
230) negative
231) maintaining
232) protecting
233) avoids
234) large
235) advantages
236) which
237) that
238) Excited
239) determined
240) had
241) before
242) it
243) before
244) pay
245) because
246) cover
247) amazed
248) sincerely
249) do
250) warmly

1) organizing
2) excited
3) While
4) ensure
5) accessibility
6) permission
7) strictly
8) handled
9) procedures
10) obtaining
11) consideration.
12) awaiting
13) returned
14) noticed
15) who
16) pointing
17) wanting
18) what
19) clearing
20) preparing
21) built.
22) sparkled
23) nearest
24) learning
25) swelled
26) drawn
27) directing
28) responses
29) imposed
30) regimented
31) dealing
32) eliminate
33) teaching
34) potential
35) reorient
36) transforming
37) renewed
38) burden
39) reflection
40) which
41) stands:
42) possess
43) like
44) speculate
45) assume
46) herds
47) similar
48) function

49) perspective
50) feeling.
51) travels
52) alongside
53) depends
54) harmful
55) complementing
56) dominance,
57) displacing
58) simultaneously
59) raising
60) misplaced:
61) predicted
62) underestimating
63) ignoring
64) growing
65) unemployment:
66) substituting
67) growing
68) conceivable
69) collapse
70) maximize
71) putting
72) pretty
73) maintenance.
74) intense
75) enduring
76) constant
77) repaired
78) cared
79) advanced
80) cleaned
81) continuum,
82) descriptor
83) adopt
84) distinctions,
85) dramatically
86) Indeed,
87) arbitrary,
88) hides
89) arbitrariness
90) damaging.
91) endless.
92) deemed
93) meaningful
94) labeled
95) unfold
96) immigrants
97) environmental
98) serving
99) where
100) widely
101) opposition
102) negative
103) atmospheric
104) founded
105) raise
106) impact
107) observe
108) depends
109) rituals
110) connections
111) agricultural
112) higher
113) observable,
114) monitor
115) Conversely,
116) significant,
117) sensible
118) inevitable
119) lunar
120) inevitable
121) made
122) filtered
123) moral
124) Critics
125) conflict.

126) worse.
127) exhausting
128) exhausting
129) resist
130) suffering
131) threatening
132) prescription
133) counterproductive
134) dissimilar
135) unfamiliar
136) accurately
137) frustration.
138) rational
139) moral
140) uncertainty
141) engaged.
142) risky,
143) sharper.
144) encounters
145) planned
146) enjoyable
147) unexpected
148) astonishing
149) incentives
150) reveal
151) stands
152) strategic
153) negotiations
154) preferences
155) competitive
156) sticky
157) instantaneously,
158) preferences
159) circumstances
160) satisfy
161) optimal
162) switching
163) motivational
164) denial
165) brutal
166) revised
167) "addicts"
168) unable
169) creditors.
170) associated
171) nothing
172) property
173) eventually
174) captured
175) effigy,
176) connotation
177) transport
178) confused
179) reflection
180) introduced
181) confine
182) implied
183) elicit,
184) desired,
185) symbolic
186) identification
187) recognize
188) combining
189) specific
190) eliminating
191) directs
192) intended
193) avoids
194) chosen
195) mass
196) prediction.
197) phenomena
198) gravitational
199) pass
200) visible
201) eclipse
202) distant

203) larger
204) wired
205) hierarchy.
206) maintain
207) infringes
208) kicks
209) unconscious
210) threat
211) inherent
212) equals.
213) supposed
214) violates
215) frustrated
216) equivalent:
217) regressed
218) biological
219) reaffirming
220) hammered
221) friction
222) arises
223) apart
224) tension.
225) stretches
226) tension
227) loose
228) overcome.
229) former.
230) respected
231) pillar
232) arrogant.
233) risks.
234) peculation'.
235) wheat
236) petrol
237) speculate,
238) drought
239) profit
240) properties
241) fibers
242) snapped
243) permanent
244) sufficient
245) resist
246) torn
247) initial
248) combination
249) properties
250) few
251) lacks
252) crease
253) remaining
254) kittens
255) distinguish
256) offspring
257) Despite
258) wandered
259) favor
260) retrieving
261) uncertain,
262) lost
263) retrieving
264) regardless
265) squeaking
266) likely
267) prevent
268) pursue
269) accumulating
270) deposition
271) whereas
272) constrained
273) reserves
274) contributes
275) metabolic
276) pense
277) Excessive
278) predators.
279) maintaining

280) expend
281) converting
282) capacity,
283) permitting
284) prolonged
285) relative
286) replace
287) Excited
288) purchase
289) allowance
290) envelope
291) leaving
292) exclaimed,
293) pay
294) left
295) amazed
296) thoughtful
297) beamed
298) only
299) also
300) generous

Quiz 1 Answers

1. [정답] ①
2. [정답] ①
3. [정답] ①
4. [정답] ③
5. [정답] ②
6. [정답] ①
7. [정답] ③
8. [정답] ⑤
9. [정답] ④
10. [정답] ④
11. [정답] ⑤
12. [정답] ③
13. [정답] ③
14. [정답] ②
15. [정답] ⑤
16. [정답] ①
17. [정답] ⑤
18. [정답] ④
19. [정답] ②
20. [정답] ①
21. [정답] ①
22. [정답] ④
23. [정답] (A)-(B)-(C)
24. [정답] (C)-(B)-(A)
25. [정답] (B)-(C)-(A)
26. [정답] (C)-(A)-(B)
27. [정답] (A)-(B)-(C)
28. [정답] (A)-(C)-(B)
29. [정답] (C)-(A)-(B)
30. [정답] (C)-(B)-(A)
31. [정답] (A)-(B)-(C)
32. [정답] (B)-(A)-(C)
33. [정답] (B)-(C)-(A)
34. [정답] (B)-(C)-(A)
35. [정답] (C)-(A)-(B)
36. [정답] (B)-(C)-(A)
37. [정답] (A)-(C)-(B)
38. [정답] (C)-(A)-(B)
39. [정답] (A)-(C)-(B)
40. [정답] (B)-(A)-(C)
41. [정답] (A)-(C)-(B)
42. [정답] (B)-(C)-(A)
43. [정답] (A)-(B)-(C)
44. [정답] (A)-(B)-(C)

Quiz 2 Answers

1. [정답 및 해설] ④

ⓐ principle => Principal
ⓑ exciting => excited
ⓓ inaccessibility => accessibility

2. [정답 및 해설] ③
ⓓ that => what
ⓕ important something => Something important

3. [정답 및 해설] ②
ⓗ consuming => waiting
ⓚ praise => burden

4. [정답 및 해설] ②
ⓔ refuse => possess
ⓛ abroad => board

5. [정답 및 해설] ②
ⓕ appropriate => wrong
ⓗ sympathetic => dismissive
ⓘ weak => firm

6. [정답 및 해설] ②
ⓓ minimize => maximize
ⓗ hitting => hit

7. [정답 및 해설] ③
ⓒ less => more
ⓗ similarity => difference

8. [정답 및 해설] ②
ⓑ while => during
ⓕ positive => negative

9. [정답 및 해설] ③
ⓐ similarities => differences
ⓒ that => what
ⓚ evitable => inevitable

10. [정답 및 해설] ①
ⓐ in spite of => Although
ⓛ understandings => misunderstandings

11. [정답 및 해설] ③
ⓔ duller => sharper
ⓕ relief => release

12. [정답 및 해설] ①
ⓑ that => what
ⓓ competent => competitive
ⓖ inferences => preferences

13. [정답 및 해설] ②
ⓑ able => unable
ⓒ denial => dependency
ⓕ property => mate

14. [정답 및 해설] ③
ⓑ literate => literal
ⓙ vague => specific
ⓚ encouraging => eliminating

15. [정답 및 해설] ①
ⓒ appear => appears
ⓖ restircted => allowed
ⓗ that => what

16. [정답 및 해설] ①
ⓑ obeys => infringes on
ⓖ cultural => biological

17. [정답 및 해설] ②
ⓐ fiction => friction
ⓒ together => apart
ⓕ weak => large

18. [정답 및 해설] ⑤
ⓑ many => much
ⓘ fall => rise

19. [정답 및 해설] ③
ⓔ damaged => undamaged
ⓘ consume => assume

20. [정답 및 해설] ③
ⓑ sound => scent
ⓖ obvious => uncertain
ⓗ quiet => powerful

21. [정답 및 해설] ③
ⓙ found => lost
ⓜ prohibiting => permitting

22. [정답 및 해설] ⑤
ⓑ distribute => contribute
ⓗ amazing => amazed

23. [정답 및 해설]
② exciting ➜ excited
③ idle ➜ ideal
④ inaccessibility ➜ accessibility
⑤ admission ➜ permission
⑥ vague ➜ specific

24. [정답 및 해설]
⑤ that ➜ what
⑥ important something ➜ Something important
⑦ by ➜ on
⑧ to learn ➜ learning
⑨ welled ➜ swelled

25. [정답 및 해설]
④ exposed ➜ imposed
⑥ up ➜ down
⑦ infinite ➜ finite
⑧ consuming ➜ waiting
⑩ hurry ➜ reorient

26. [정답 및 해설]
⑤ refuse ➜ possess
⑨ independent ➜ social
⑩ oneself ➜ others
⑪ that ➜ what
⑬ most ➜ least

27. [정답 및 해설]
① constituting ➜ substituting
② complimenting ➜ complementing
④ spontaneously ➜ simultaneously
⑥ appropriate ➜ wrong

⑨ weak ➜ firm

28. [정답 및 해설]
② inexpensive ➜ expensive
③ rise ➜ collapse
⑤ within ➜ above
⑦ construction ➜ maintenance
⑨ can't ➜ can

29. [정답 및 해설]
① discontinuity ➜ continuum
② adapt to ➜ adopt
④ similarities ➜ differences
⑨ higher ➜ lower
⑩ normally ➜ differently

30. [정답 및 해설]
③ which ➜ where
④ thought ➜ taught
⑤ agreement ➜ opposition
⑥ positive ➜ negative
⑦ affects ➜ effects

31. [정답 및 해설]
③ that ➜ what
⑤ aptitudes ➜ latitudes
⑩ sensitive ➜ sensible
⑪ evitable ➜ inevitable
⑬ latitude ➜ tradition

32. [정답 및 해설]
① in spite of ➜ Although
③ prevent ➜ save
⑤ sensitivity ➜ insensitivity
⑦ competent ➜ competitive
⑪ able ➜ unable

33. [정답 및 해설]
② shakes ➜ shake
③ attending to ➜ attending
④ safe ➜ risky
⑥ relief ➜ release
⑧ reluctant ➜ enjoyable

34. [정답 및 해설]
① hide ➜ reveal
⑥ adopt ➜ adapt
⑨ for ➜ with
⑪ rising ➜ falling
⑬ deny ➜ accept

35. [정답 및 해설]
④ married man ➜ homeowner
⑤ mate ➜ property
⑥ property ➜ mate
⑧ positive ➜ negative
⑪ terrible ➜ excellent

36. [정답 및 해설]
① define ➜ confine
② literate ➜ literal
④ undesired ➜ desired
⑦ identification ➜ interpretation

⑬ extended ➜ intended

37. [정답 및 해설]
① likes ➜ like
④ rooted ➜ different
⑥ vague ➜ visible
⑦ restircted ➜ allowed
⑩ were predicted ➜ predicted

38. [정답 및 해설]
① equality ➜ hierarchy
② obeys ➜ infringes on
③ conscious ➜ unconscious
④ different ➜ same
⑧ contradicting ➜ reaffirming

39. [정답 및 해설]
③ together ➜ apart
⑥ weak ➜ large
⑧ smaller ➜ larger
⑨ latter ➜ former
⑩ which ➜ with which

40. [정답 및 해설]
③ disappeared ➜ appeared
⑤ save ➜ blow
⑥ lose ➜ use
⑦ simulate ➜ speculate
⑨ fall ➜ rise

41. [정답 및 해설]
③ made of ➜ made
⑤ damaged ➜ undamaged
⑦ strength ➜ weakness
⑨ consume ➜ assume
⑪ easy ➜ difficult

42. [정답 및 해설]
① belong ➜ belong to
② sound ➜ scent
⑤ ignore ➜ favor
⑦ obvious ➜ uncertain
⑨ easy ➜ hard

43. [정답 및 해설]
② elimination ➜ deposition
⑤ expensive ➜ economical
⑦ saving ➜ expense
⑪ avoiding ➜ managing
⑫ evokes ➜ avoids

44. [정답 및 해설]
① exciting ➜ Excited
③ flawed ➜ perfect
④ ignored ➜ noticed
⑦ buying ➜ to buy
⑧ amazing ➜ amazed

Quiz 3 **Answers**

1. ①
해설
① 글의 핵심은 교장에게 학교 운동장 사용 허가를 요청하는 것입니다. 드론쇼, 시간·장소 명시 등 모든 내용이 이 요청을 뒷받침합니다.
② 학교에서 야외 행사를 열 때의 장점은 부수적 배경일 뿐입니다. 본문은 장점 논증이 아니라 허가 요청 자체에 초점이 있습니다.
③ 안전 규정을 준수하겠다는 언급은 조건일 뿐입니다. 안전 절차의 구체 설명이나 매뉴얼 제시는 없어, 주제로 보기 어렵습니다.
④ 커뮤니티 센터의 역할은 발신자 소개 수준에 그칩니다. 글 전체의 목적은 조직의 역할 설명이 아니라 학교 측 승인 요청입니다.
⑤ 주말 일정 조정은 정보의 일부일 뿐입니다. 본문은 일정 안내를 통해 허가를 정식으로 구하는 행위를 중심으로 전개됩니다.

2. ⑤
해설
① 시골 마을 아이들이 겪는 어려움은 배경일 뿐, 글의 중심은 아닙니다.
② 글은 읽기와 쓰기의 중요성을 직접적으로 설명하지 않고, 학교 건립이 주는 희망에 초점을 맞춥니다.
③ Amina가 낯선 사람을 본 놀라움은 잠시의 상황일 뿐, 주제를 대표하지 못합니다.
④ 삼촌이 소식을 전해주긴 하지만, 글의 핵심은 가족의 지원이 아니라 학교 건립 자체입니다.
⑤ 본문은 학교 건립 소식이 Amina와 마을 아이들에게 기쁨과 희망을 준다는 점을 강조합니다. 따라서 주제로 가장 적절합니다.

3. ②
해설
① 문화와 기술의 시간 통제는 배경 설명에 불과합니다. 글의 중심은 단순 영향이 아니라 그에 대한 대응 방법입니다.
② 본문은 기다림을 없애려는 것이 아니라, 전환된 관점과 전술적 접근을 통해 창의성·비판·성찰의 기회로 바꿀 수 있다고 강조합니다. 따라서 주제로 가장 적절합니다.
③ 전략과 전술의 차이는 서두의 비유적 장치일 뿐, 글의 핵심은 아닙니다.
④ 인내심의 중요성은 간접적으로 연관되지만, 글은 기다림을 인내로만 보지 않고 새로운 기회로 보는 관점 전환을 말합니다.
⑤ 전술의 군사적 기원은 서두의 설명일 뿐, 글 전체의 주제가 아닙니다.

4. ③
해설
① 집단 생존과 공감의 관계는 간접적으로 언급되지만, 글의 중심 초점은 아닙니다.
② 유인원에서 거울 뉴런이 발견된 사실은 시작점 설명일 뿐, 주제 전체는 아닙니다.
③ 글은 연구가 진행 중이며, 유인원뿐 아니라 여러 사회적 동물도 거울 뉴런을 가질 가능성이 크다고 강조합니다. 따라서 주제로 가장 적절합니다.
④ 인간과 동물의 뇌 비교는 구체적으로 다루지 않았습니다.

⑤ 학자들의 논쟁은 언급되지 않고, 오히려 가설과 기대가 강조됩니다.

5. ②
해설
① 자동화로 인한 일자리 상실 우려는 배경 설명으로 언급됩니다. 그러나 글의 핵심은 기술이 동시에 두 역할을 한다는 점입니다.
② 본문은 기술이 노동자를 대체하는 힘과 보완하는 힘을 동시에 가진다고 강조합니다. 따라서 주제로 가장 적절합니다.
③ 기계의 한계는 일부 설명이지만, 글 전체를 대표하지는 못합니다.
④ 경제학자들이 기술적 실업을 무시한 이유는 부분적 근거일 뿐, 글 전체의 주제가 아닙니다.
⑤ 역사적 관점과 현재의 차이는 설명에 포함되지만, 이는 주제를 보조하는 장치에 불과합니다.

6. ①
해설
① 글 전체는 우주에 태양광 패널을 설치하는 발상이 경제적·기술적으로 비현실적임을 설명합니다. 따라서 주제로 가장 적절합니다.
② 비용 차이도 언급되지만, 이는 주제를 뒷받침하는 하나의 근거일 뿐입니다.
③ 지상의 유지보수는 간단하다고 강조될 뿐, 어려움은 언급되지 않았습니다.
④ 로봇의 역할은 가정적 상황으로 등장하지만, 글의 핵심 주제가 아닙니다.
⑤ 우주 환경의 문제는 사례일 뿐, 글의 초점은 그것이 패널 설치 불가능성을 증명한다는 점입니다.

7. ⑤
해설
① 통계적 차이를 이해하는 것의 중요성은 간접적으로 나오지만, 주제는 경계선 자체의 문제입니다.
② IQ는 예시에 불과하며, 글의 핵심은 IQ 자체가 아니라 임의적 구분이 초래하는 결과입니다.
③ 범주가 기회에 영향을 준다는 설명은 맞지만, 글의 주제는 경직된 경계가 가져오는 해악에 더 초점이 있습니다.
④ 지능 측정의 한계는 언급되지만, 글 전체 주제를 대표하지 못합니다.
⑤ 본문은 세상 모든 것이 연속선상에 있음에도 불구하고 인위적 경계선을 긋는 것이 심각한 피해를 초래한다고 강조합니다. 따라서 주제로 가장 적절합니다.

8. ④
해설
① 미주리에서의 교수 활동은 경력의 일부지만, 글의 전체 초점은 아닙니다.
② 그의 가정적 배경은 간단히 언급되지만, 주제가 되지는 않습니다.
③ 하버드 교육은 시작점일 뿐, 전체 주제와는 거리가 있습니다.
④ 글은 Commoner의 생애 전반과 환경운동가로서의 업적을 설명합니다. 따라서 주제로 가장 적절합니다.
⑤ 핵실험 반대는 중요한 사건이지만, 전체 생애와 업적 중 한 부분에 불과합니다.

9. ③
해설

① 종교적 영향은 언급되지만, 글의 핵심은 종교 자체가 아니라 환경과 생활 방식이 캘린더 선택에 미친 영향입니다.
② 농업은 유럽의 사례로 제시된 것일 뿐, 전체 주제를 대표하지 못합니다.
③ 본문은 달력의 발전이 자연환경, 생활 방식, 문화적 선택의 상호작용 결과라고 설명합니다. 따라서 주제로 가장 적절합니다.
④ 태양력과 음력의 차이는 사례로만 등장하며, 주제가 아닙니다.
⑤ 의식은 부수적 요소일 뿐, 글의 중심은 아닙니다.

10. ④
해설
① 공감의 정서적 비용은 일부 설명되지만, 글의 핵심은 단순 비용이 아니라 공감 전체에 대한 비판입니다.
② 집단 외부에 대한 공감 어려움은 사례일 뿐, 주제 전체를 대표하지 못합니다.
③ 대체 도덕 감정은 마지막에 제안되지만, 본문은 그것을 주제로 삼기보다 공감 비판의 보조 논거로 사용합니다.
④ 글 전체가 공감을 찬양하는 기존 담론에 반대하며, 공감이 갈등 해결 수단으로 부적절하다는 비판을 설명합니다. 따라서 주제로 가장 적절합니다.
⑤ 공감이 집단 정체성을 강화하는 문제는 일부 사례로 등장할 뿐, 주제는 아닙니다.

11. ②
해설
① 도파민의 역할은 일부 설명되지만, 주제는 특정 화학물질이 아니라 불확실성 전체의 효과입니다.
② 글은 불확실성이 인간을 더 살아있게 느끼게 하고 즐거움을 증대시킨다고 강조합니다. 따라서 주제로 가장 적절합니다.
③ 새로움의 중요성은 일부 사례지만, 글의 중심은 예상치 못한 상황 전반입니다.
④ 위험한 경험이 감각을 예민하게 만든다는 설명은 부분적일 뿐, 주제를 대표하지는 못합니다.
⑤ 예상치 못한 줄거리의 인기는 예시일 뿐, 전체 주제가 아닙니다.

12. ③
해설
① 정치 협상에서의 전략은 시장과 대비되는 예시일 뿐, 글의 주제가 아닙니다.
② 가격의 경직성 문제는 일부 조건으로만 언급되며, 주제는 아닙니다.
③ 글은 시장의 가장 큰 장점이 행동을 통해 개인의 진정한 선호와 지식을 드러내게 한다는 점임을 강조합니다. 따라서 주제로 가장 적절합니다.
④ 경쟁 시장에서 생산자가 겪는 어려움은 부분적으로 나오지만, 글 전체의 요지가 아닙니다.
⑤ 동기와 시장 행동의 관계는 예시로만 등장하며, 주제를 대표하지 못합니다.

13. ③
해설
① 일부 단어의 역사적 기원은 예시로 사용되었지만, 글의 주제는 특정 단어의 어원 자체가 아닙니다.
② 문화가 속어에 미치는 영향은 부분적 사례일 뿐, 글 전체의 주제를 대표하지 못합니다.
③ 글은 여러 예시를 통해 언어가 시대와 사회 변화에 따라 끊임없이 진화한다는 점을 강조합니다. 따라서 주제로 가장

적절합니다.
④ 단어와 사회적 가치의 관계는 간접적으로 드러나지만, 중심은 언어의 변화 자체입니다.
⑤ 사전의 역할은 도입부에 언급될 뿐, 글의 주제가 아닙니다.

14. ①
해설
① 글은 Barthes의 개념인 앵커링이 어떻게 이미지 해석을 특정 방향으로 유도하는지 설명합니다. 따라서 주제로 가장 적절합니다.
② 상징적 의미는 일부 관련되지만, 핵심은 의미 자체가 아니라 그 의미를 고정하는 메커니즘입니다.
③ 감정적·이성적 반응의 차이는 부차적인 설명일 뿐, 중심 주제는 아닙니다.
④ '인식'과 '해석'의 차이는 언급되지만, 이는 광고 속 앵커링 개념을 뒷받침하는 요소입니다.
⑤ 헤드라인과 태그라인의 효과도 구체적 사례일 뿐, 글 전체의 핵심은 아닙니다.

15. ①
해설
① 글은 1919년 일식 관측을 통해 아인슈타인의 이론이 관측으로 입증되었다는 점을 강조합니다. 따라서 주제로 가장 적절합니다.
② 뉴턴과 아인슈타인의 이론 비교는 배경 설명일 뿐, 글의 중심은 입증 사례입니다.
③ 일식은 중요한 조건이었지만, 주제 자체는 아닙니다.
④ 질량이 시공간을 휘게 한다는 설명은 기본 전제일 뿐, 글의 초점은 입증 사례에 있습니다.
⑤ 역사적 의미는 암묵적으로 드러나지만, 글의 주제는 실증적 확인입니다.

16. ②
해설
① 도로 위의 분노 사례는 예시일 뿐, 글 전체의 주제가 아닙니다.
② 글은 인간이 본능적으로 세상을 위계적으로 인식하고 그것을 방어하는 경향을 강조합니다. 따라서 주제로 가장 적절합니다.
③ 가족·직장 사례는 보조적 설명에 불과합니다.
④ 무의식적 본능은 언급되지만, 주제는 그것이 아니라 위계 방어입니다.
⑤ 불평등한 규칙 자체가 아니라, 규칙 위반을 위계 도전으로 인식하는 본능이 핵심입니다.

17. ⑤
해설
① 못이 나무를 고정하는 역할은 사실이지만, 글의 핵심은 단순한 역할이 아니라 어떤 힘이 못을 잡아주는가입니다.
② 마찰력과 장력의 차이는 일부 설명되지만, 주제는 힘의 비교가 아니라 못을 고정하는 주된 요인입니다.
③ 못이 장력 때문에 부러질 가능성은 언급되지만, 글은 그것이 드문 일임을 밝히고 있습니다.
④ 나무 섬유의 역할은 보조적 설명일 뿐, 전체 주제를 대표하지 못합니다.
⑤ 글은 못을 박은 뒤 그것을 붙잡는 핵심이 마찰력임을 강조합니다. 따라서 가장 적절한 주제입니다.

18. ④
해설

① 생산재와 소비재의 차이는 글의 맥락에서 직접적으로 다루지 않습니다.
② 농업은 단순히 투기의 예시일 뿐, 주제가 아닙니다.
③ 은행가들의 화려한 생활 방식은 결과적 특징일 뿐, 글의 핵심은 아닙니다.
④ 글은 1950년대의 신중한 은행가에서 1970년대의 투기적 위험 추구 은행가로의 변화를 설명합니다. 따라서 주제로 가장 적절합니다.
⑤ 밀값 상승은 사례 설명에 불과하며, 글 전체 주제를 대표하지 못합니다.

19. ⑤
해설
① 영구적 주름이 형성되는 과정은 설명되지만, 이는 주제의 일부일 뿐 전체를 대표하지 못합니다.
② 금속박, 플라스틱과의 비교는 뒷부분 예시일 뿐, 글 전체의 초점은 아닙니다.
③ 셀룰로오스 섬유와 강도의 관계는 부분적 설명에 그칩니다. 주제는 단순 강도가 아니라 접기·구부리기에 적합한 성질입니다.
④ 종이접기(오리가미)는 사례일 뿐, 글의 핵심은 종이의 물성을 설명하는 데 있습니다.
⑤ 글은 종이가 가진 주름을 유지하면서도 단단함을 잃지 않는 독특한 성질이 접기·포장에 이상적임을 강조합니다. 따라서 주제로 가장 적절합니다.

20. ④
해설
① 후각은 어미 고양이가 새끼를 구분하는 데 쓰이지만, 주제는 구분 능력이 아니라 양육 행동의 특성입니다.
② 포식자의 존재는 보조적 배경 설명일 뿐, 글의 핵심은 아닙니다.
③ 울음소리는 행동의 한 가지 원인으로 제시되지만, 글 전체 주제를 대표하지 못합니다.
④ 본문은 어미 고양이가 자기 새끼뿐 아니라 다른 새끼도 구해내는 이유를 설명합니다. 따라서 주제로 가장 적절합니다.
⑤ 야생과 집고양이의 비교는 언급되지 않았으므로 주제와 맞지 않습니다.

21. ④
해설
① 체중과 대사율의 관계는 일부 설명으로 등장하지만, 글 전체의 주제가 되기에는 좁습니다.
② 동면은 지방 축적의 장점을 설명하는 사례일 뿐, 글 전체 주제가 아닙니다.
③ 저장 음식의 위험은 일부 단점으로 제시되지만, 글은 지방과 음식 저장의 양쪽 장단점을 종합적으로 다룹니다.
④ 본문은 지방 축적과 음식 저장의 비교 장단점을 중심으로 설명합니다. 따라서 주제로 가장 적절합니다.
⑤ 포식자 회피와 관련된 설명은 지방 축적의 단점으로 제한적으로 언급될 뿐, 글의 핵심은 아닙니다.

22. ⑤
해설
① 새 차 구입은 사건의 배경일 뿐, 글의 핵심은 아닙니다.
② 저축의 중요성은 Collin의 행동을 가능하게 한 조건일 뿐, 주제 전체를 대표하지 못합니다.
③ 선물은 감동적인 순간을 마무리하는 요소일 뿐, 글의 중심은 아닙니다.
④ 아버지가 야구공을 선물한 것은 에피소드일 뿐, 글 전체의 메시지를 담지 않습니다.
⑤ Collin의 따뜻한 마음과 아버지의 사랑이 어우러져 가족에게 감동적인 순간을 만든 것이 글의 핵심입니다. 따라서 주제로 가장 적절합니다.

23. [정답] ②
[요약문] Kara Peterson writes to the principal seeking approval to host a safe, accessible drone show at the school.

24. [정답] ⑤
[요약문] Amina becomes excited as her uncle explains that the cleared land will soon become a village school.

25. [정답] ③
[요약문] By developing tactics for waiting, people can change burdensome delays into meaningful chances for growth and insight.

26. [정답] ①
[요약문] Research on mirror neurons suggests that animals living in herds might share brain mechanisms fostering empathy and social connection.

27. [정답] ③
[요약문] Technology acts as both villain and hero, replacing some jobs while simultaneously increasing demand for human work elsewhere.

28. [정답] ③
[요약문] Despite imaginative scenarios, space-based solar panels are impractical due to high maintenance costs and harsh environmental conditions.

29. [정답] ⑤
[요약문] Arbitrary boundaries between categories create the "borderline effect," where tiny differences cause life-changing labels and consequences.

30. [정답] ③
[요약문] From scientist to activist, Barry Commoner dedicated his career to environmental protection and challenging nuclear weapons testing.

31. [정답] ③
[요약문] Human cultures measure time differently, shaped by what they observe in nature and what matters in daily life.

32. [정답] ②
[요약문] Instead of empathy, critics suggest relying on rational compassion or moral emotions to pursue harmony and reduce conflict.

33. [정답] ④
[요약문] Uncertainty enhances life by sharpening our senses, slowing time, and making surprising experiences more pleasurable and memorable.

34. [정답] ①
[요약문] Competitive markets quickly reveal individuals' preferences and capacities, forcing adaptation without the secrecy common in strategic negotiations.

35. [정답] ③
[요약문] Words constantly shift in meaning, reflecting cultural changes and surprising transformations across history and everyday language.

36. [정답] ②
[요약문] By pairing text with images, advertisers control audience perception, directing viewers toward intended rational and emotional interpretations.

37. [정답] ④
[요약문] The 1919 eclipse revealed gravitational lensing, proving Einstein correct about space-time bending where Newton's model failed.

38. [정답] ③
[요약문] Human reactions like road rage reveal our instinctive drive to defend hierarchy when social order feels violated.

39. [정답] ①
[요약문] Friction between nail and wood fibers prevents loosening, making it the critical force keeping nailed objects together.

40. [정답] ⑤
[요약문] From wheat to fuel, speculation illustrates how bankers turned risk-taking into quick profits rather than community stability.

41. [정답] ⑤
[요약문] With fibers that crease without breaking, paper balances stiffness and tearability, enabling uses from wrapping to origami.

42. [정답] ③
[요약문] Mother cats identify their kittens by scent but rescue any distressed kitten, likely to reduce predator risks.

43. [정답] ③
[요약문] Fat increases fasting capacity and dormancy potential, while food storage provides greater reserves but requires costly protection.

44. [정답] ④
[요약문] By contributing $1,000 toward the family's car purchase, Collin strengthened bonds of gratitude and shared happiness with his father.

45. ④
① 은 서두에서 Kara Peterson이 Greenfield Community Center의 커뮤니티 행사 코디네이터라고 밝히므로 일치합니다.
② 는 드론 쇼(drone show) 를 지역 사회를 위해 계획 중이라

고 했으므로 일치합니다.
③ 은 토요일, 12월 6일, 오후 6-8시에 운동장 사용 허가를 요청했다고 했으므로 일치합니다.
④ 는 지문에서 운동장(playground) 을 토요일 오후 6시부터 8시까지 사용 요청했으며, 체육관이나 일요일 오전 사용을 언급하지 않았습니다. 따라서 불일치합니다.
⑤ 는 안전 규칙 준수와 청소 책임을 약속했으므로 일치합니다.

46. ④
① Amina가 물독을 들고 돌아와 집 근처에서 도구를 든 남자들을 보았다고 했으므로 일치합니다.
② 삼촌이 땅을 닦고 있는 이유가 새로운 학교를 짓기 위해서라고 설명했으므로 일치합니다.
③ 가장 가까운 학교가 마을에서 몇 시간 떨어져 있다고 했으므로 일치합니다.
④ Amina는 실망한 것이 아니라 기뻐하며 기대에 부풀었다고 했습니다. 따라서 불일치합니다. (정답)
⑤ Amina가 글 읽기와 쓰기를 배우는 상상을 하며 설레었다고 했으므로 일치합니다.

47. ④
① "전술(tactics)"이라는 단어가 군사용에서 유래했다고 했으므로 일치합니다.
② 전략(strategies)은 계획이고, 전술(tactics)은 상황에 대한 대응이라고 했으므로 일치합니다.
③ 문화와 기술이 시간을 나노초 단위까지 세분화해 우리에게 강요한다고 했으므로 일치합니다.
④ 지문은 기다림을 없애는 것이 아니라, 기다림으로부터 배울 수 있는 전술을 개발해야 한다고 했습니다. 따라서 기다림을 완전히 없애려는 설명은 불일치합니다.
⑤ 전술을 통해 기다림이 짐이 아니라 창의성·사회적 비판·내적 성찰의 기회가 될 수 있다고 했으므로 일치합니다.

48. ①
① 지문에서는 현재까지 유인원(apes) 에게서만 거울신경세포가 확인되었으며, 다른 동물은 아직 확인되지 않았다고 했습니다. 따라서 이미 많은 무리 동물에서 발견되었다는 설명은 불일치합니다.
② 지문에서 유인원에게 거울신경세포가 있다고 했으므로 일치합니다.
③ 다른 종을 확인하기 위해 더 많은 연구가 필요하다고 했으므로 일치합니다.
④ 무리 생활을 하는 동물들이 유사한 뇌 메커니즘을 가질 것이라고 과학자들이 추측한다고 했으므로 일치합니다.
⑤ 금붕어도 무리 생활을 하므로 농담조로 포함된다고 했으므로 일치합니다.

49. ②
① 지문에서 기술은 해로운 대체력(substituting force)과 유익한 보완력(complementing force)을 동시에 가진다고 했으므로 일치합니다.
② 지문에서는 오히려 대체력에는 한계가 있고 인간의 수요가 늘어났다고 설명했으므로, 인간의 일이 전혀 남지 않는다고 본다는 설명은 불일치합니다.
③ 지문에서 기술은 노동자를 대체하면서도 다른 분야에서 수요를 증가시킨다고 했으므로 일치합니다.
④ 조상들이 보완력의 힘을 과소평가하거나 무시했다고 했으므로 일치합니다.
⑤ 대체력의 한계 때문에 기술적 실업을 대수롭지 않게 여겼다고 했으므로 일치합니다.

50. ⑤
① 지문에서 패널이 매우 비싸고 발사비용이 극적으로 낮아진다면 우주 배치가 고려될 수 있다고 했으므로 일치합니다.
② 지문에서는 패널이 싸기 때문에 우주에 두는 것은 경제적이지 않다고 했으므로 일치합니다.
③ 지문에 따르면 우주에서는 강한 방사선과 파편 때문에 유지보수가 어렵다고 했으므로 일치합니다.
④ 우주 패널은 우주비행사나 첨단 로봇이 관리해야 한다고 했으므로 일치합니다.
⑤ 글 전체의 결론은 오히려 호주에서 청소년이 물병과 걸레로 청소하는 식의 지상 패널이 훨씬 실용적이다는 것이므로, 우주 패널이 더 실용적이라는 설명은 불일치합니다.

51. ①
①은 지문에서 오히려 명확한 구분이 자의적이며, 큰 피해를 줄 수 있다고 했으므로, 그것이 항상 유익하고 공정하다는 설명은 불일치합니다.
②는 저자가 이를 "경계 효과(borderline effect)"라고 부른다고 했으므로 일치합니다.
③은 IQ 69와 70의 사례처럼 1점 차이가 삶에 큰 차이를 만든다고 했으므로 일치합니다.
④는 사람들이 차이를 연속선상에서 보지 않고 구분한다고 했으므로 일치합니다.
⑤는 자의적 구분이 본질적으로 무의미한 차이를 감춘다고 했으므로 일치합니다.

52. ③
①은 1917년 브루클린에서 태어나 러시아 출신 유대인 이민자의 아들이라고 했으므로 일치합니다.
②는 1941년 하버드에서 세포생물학 박사 학위를 받았다고 했으므로 일치합니다.
③은 지문에서 Commoner가 1947년에 워싱턴 대학교 교수가 되어 34년간 가르쳤다고 했습니다. 따라서 1957년부터 24년간 근무했다는 설명은 불일치합니다.
④는 1950년대 후반 핵무기 실험 반대 활동으로 주목을 받았다고 했으므로 일치합니다.
⑤는 1980년에 생태 메시지를 전하기 위해 시민당을 창당했다고 했으므로 일치합니다.

53. ④
①은 모든 문화가 자연의 변화를 통해 시간을 기록한다고 했으므로 일치합니다.
②는 달력의 형태가 관찰 가능성과 삶의 중요성에 따라 달라진다고 했으므로 일치합니다.
③은 유럽 농경 사회가 계절 변화를 뚜렷이 관찰할 수 있어 태양 주기를 따른다고 했으므로 일치합니다.
④는 지문에서 아라비아의 유목민은 계절 변화가 덜 중요했기 때문에 태양력이 아니라 달력(lunar calendar)을 더 합리적으로 선택했다고 했습니다. 따라서 계절 변화를 크게 느껴서 태양력을 채택했다는 설명은 불일치합니다.
⑤는 종교적·정치적 결정도 지리와 생활 양식의 제약 속에서 내려졌다고 했으므로 일치합니다.

54. ⑤
①은 공감이 갈등을 더 심화시킬 수 있다고 했으므로 일치합니다.
②는 공감이 탈진이나 고통에 대한 둔감을 초래할 수 있다고 했으므로 일치합니다.
③은 집단 내에서는 공감하지만 집단 밖에서는 공감을 거부한

다고 했으므로 일치합니다.
④는 낯선 맥락이나 이질적 집단 간 공감 시 오해와 좌절을 유발할 수 있다고 했으므로 일치합니다.
⑤는 지문에서 오히려 비판자들이 공감 대신 이성적 연민이나 도덕적 감정을 사용해야 한다고 주장했으므로, 공감을 최선이자 유일한 해법으로 본다는 설명은 불일치합니다.

55. ④
①은 결혼식, 발표, 새로운 장소 방문 같은 경험이 몰입도를 높인다고 했으므로 일치합니다.
②는 위험한 활동이 감각을 날카롭게 한다고 했으므로 일치합니다.
③은 도파민의 분비로 우연한 만남이 더 큰 즐거움을 준다고 했으므로 일치합니다.
④는 지문에서 보상이나 선물은 예상치 못할 때 더 즐겁다고 했으므로, 예상 가능한 것이 더 즐겁다는 설명은 불일치합니다.
⑤는 인기 있는 드라마와 영화가 뜻밖의 반전으로 매력을 높인다고 했으므로 일치합니다.

56. ④
①은 시장이 지식을 행동으로 드러내게 만든다고 했으므로 일치합니다.
②는 정치 협상에서 실제 선호를 숨기는 것이 현명할 수 있다고 했으므로 일치합니다.
③은 완전 경쟁시장은 전략적 은폐의 여지가 없다고 했으므로 일치합니다.
④는 지문에서 가격이 고정(sticky)되지 않을 때 사람들이 즉시 행동을 조정한다고 했습니다. 따라서 가격이 경직적일 때 즉각 적응한다는 설명은 불일치합니다.
⑤는 수요가 없는 현실을 시장이 가혹하게 드러낸다고 했으므로 일치합니다.

57. ⑤
① "Addicts"가 로마시대에는 빚을 갚지 못해 자신을 노예로 내준 사람을 의미했다고 했으므로 일치합니다.
② "Husband"의 본래 의미가 집을 소유한 사람이라는 설명은 지문과 일치합니다.
③ 가이 포크스의 허수아비를 불태운 사건에서 "guy"라는 단어가 생겨나 이후 의미가 바뀌었다고 했으므로 일치합니다.
④ "Bad=good, cool=great, wicked=excellent"라는 예시는 지문에 명확히 나와 있으므로 일치합니다.
⑤ 지문에서는 오히려 언어는 끊임없이 변화하기 때문에 미래의 언어는 혼란스러울 것이라고 했으므로, 변하지 않았다는 설명은 불일치합니다.

58. ③
① Barthes가 '앵커링'이라는 용어를 도입해 텍스트가 이미지의 의미를 제한한다고 했으므로 일치합니다.
② 텍스트가 관람자를 특정 방향으로 유도해 해석 가능성을 줄인다고 했으므로 일치합니다.
③ 광고는 관람자에게 무엇을 보는지 확인하라고 요구하는 것이 아니라, 왜 그것을 보고 무엇을 의미하는지 해석하도록 요구한다고 했습니다. 따라서 단순한 '식별' 요구라는 설명은 불일치합니다.
④ 광고의 이미지-텍스트 결합은 정확하면서도 풍부한 상징적 의미를 만들어낸다고 했으므로 일치합니다.
⑤ 광고의 헤드라인이나 태그라인은 의도된 해석을 하도록 독자를 이끈다고 했으므로 일치합니다.

59. ⑤
① 아인슈타인의 이론에 따르면 태양 같은 큰 질량이 시공간을 휘게 한다고 했으므로 일치합니다.
② 뉴턴의 이론은 시공간 휘어짐을 예측하지 않는다고 했으므로 일치합니다.
③ 중력 렌즈 효과로 인해 먼 별빛이 태양 근처를 지날 때 위치가 바뀌어 보인다고 했으므로 일치합니다.
④ 1919년 일식 때 과학자들이 태양의 중력이 별빛에 미치는 영향을 관측할 수 있었다고 했으므로 일치합니다.
⑤ 관측 결과는 뉴턴이 아니라 아인슈타인 이론이 예측한 위치와 정확히 일치했다고 했으므로 불일치합니다.

60. ②
① 인간은 세계를 이해하고 안정감을 얻기 위해 위계적으로 구조화한다고 했으므로 일치합니다.
② 도로 위 분노는 의식적이고 신중한 결정이 아니라 무의식적 반응이라고 했으므로 불일치합니다.
③ 끼어들기는 평등을 침해하고 더 높은 지위를 주장하는 것처럼 느껴진다고 했으므로 일치합니다.
④ "Because I said so"는 사고를 멈추고 본능적으로 위계를 강화하는 예라고 했으므로 일치합니다.
⑤ 위계적 반응은 지위가 위협받을 때 무의식적으로 발생한다고 했으므로 일치합니다.

61. ⑤
① 못이 박힌 뒤 제자리에 고정되는 것은 마찰력 덕분이라고 했으므로 일치합니다.
② 마찰은 두 표면이 서로 미끄러지거나 미끄러지려 할 때 발생한다고 했으므로 일치합니다.
③ 나무 블록을 떼어내려 할 때 나무 섬유가 못을 잡아당긴다고 했으므로 일치합니다.
④ 실험 실패 원인은 못이 장력에 의해 갈라지거나, 마찰력이 극복되어 헐거워지는 경우라고 했으므로 일치합니다.
⑤ 지문에서는 오히려 장력은 마찰보다 훨씬 크기 때문에 걱정할 필요가 없다고 했습니다. 따라서 장력이 더 작아서 주된 걱정거리라는 설명은 불일치합니다.

62. ①
① 1950년대의 은행 관리자는 조심스럽고 신중하며 절제된 생활을 하는 인물로 묘사되었습니다. 따라서 무모하고 위험을 즐겼다는 설명은 불일치합니다.
② 1970년대 이후 일부 은행가들이 요란하고 거만하며 빠른 부를 원했다고 했으므로 일치합니다.
③ '투기(speculation)'는 사용 목적이 아니라 가격 상승을 예상하고 사는 것이라고 했으므로 일치합니다.
④ 가뭄이 예측될 때 밀을 사들이는 것이 투기의 예라고 했으므로 일치합니다.
⑤ 예측대로 가격이 오르면 나중에 팔아 이익을 얻는다고 했으므로 일치합니다.

63. ④
①은 일부 섬유가 끊어지면서도 나머지가 남아 있어 종이가 갈라지지 않고 접힘이 유지된다고 했으므로 일치합니다.
②는 접힌 상태에서도 여전히 잡아당기는 힘에 저항한다고 했으므로 일치합니다.
③은 작은 찢김을 시작하면 접힌 선을 따라 쉽게 찢어진다고 했으므로 일치합니다.
④는 지문에서 금속 박은 접힘은 가능하지만 제어가 어렵고, 플라스틱은 아예 접힘을 유지하기 힘들다고 했으므로, 이들이 종이보다 우수하다는 설명은 불일치합니다.

⑤는 접힘을 유지하면서도 뻣뻣함을 갖춘 점이 종이를 독특하게 만든다고 했으므로 일치합니다.

64. ⑤
①은 지문에서 어미가 냄새로 새끼를 구별한다고 했으므로 일치합니다.
②는 길 잃은 새끼를 구할 때 자기 새끼를 특별히 선호하지 않는다고 했으므로 일치합니다.
③은 새끼 고양이의 울음소리가 매우 강력해 어미의 행동을 유발할 수 있다고 했으므로 일치합니다.
④는 야생에서 울음소리가 포식자를 불러 다른 새끼까지 위험에 빠뜨릴 수 있다고 했으므로 일치합니다.
⑤는 지문에서 오히려 어미 고양이가 자기 새끼뿐만 아니라 다른 새끼도 구한다고 했으므로, 자기 새끼가 아니면 무시한다는 설명은 불일치합니다.

65. ④
①은 체지방 축적은 체구 크기에 제한을 받지만 먹이 저장은 그렇지 않다고 했으므로 일치합니다.
②는 체지방이 체질량을 늘려 대사율을 높이는 반면 먹이 저장은 그렇지 않아 더 경제적이라고 했으므로 일치합니다.
③은 과도한 지방 축적이 포식자를 피하는 능력에 부정적 영향을 줄 수 있다고 했으므로 일치합니다.
④는 지문에서 저장된 먹이는 썩거나 도둑맞거나 잃을 수 있다고 했으므로, 항상 안전하다는 설명은 불일치합니다.
⑤는 체지방 축적이 동면 기간 동안 생존을 가능하게 한다고 했으므로 일치합니다.

66. ③
①은 아버지가 15년 된 차를 바꾸기로 결심했다고 했으므로 일치합니다.
②는 Collin이 $1,000을 봉투에 넣어둔 것이 맞으므로 일치합니다.
③은 지문에서 아버지가 Collin의 가장 좋아하는 색이라서 빨간 차를 골랐다고 했으므로, 자신의 좋아하는 색 때문이라는 설명은 불일치합니다.
④는 남은 돈으로 Collin에게 작은 선물을 샀다고 했으므로 일치합니다.
⑤는 선물로 새 야구공을 받았으므로 일치합니다.

Quiz 4 **Answers**

1. 기획하는 – organizing // 허가 – permission // 보장하다 – ensure // 간절히 – eagerly

2. ⓐ
searched ⇨ searching
idea ⇨ ideal
ensuring ⇨ ensure

3. (가) Please let me know if there are any specific procedures for obtaining approval.

4. 점토 – clay // 자랑스러운 – proud // 상상하다 – imagined

5. ⓐ
putting ⇨ put
walking ⇨ walked
that ⇨ what

6. (가) The school nearest to her village was hours away on foot.

7. 가져온 – drawn // 발전하다 – develop // 제거하다 – eliminate // 새로운 – renewed // 상태 – state // 상태 – state

8. ⓐ
imposing ⇨ imposed
what ⇨ that
infinite ⇨ finite

9. (가) These tactics have the potential to reorient us in profound ways, transforming our perspectives on our wait times.

10. 공감 – empathy, // 가지다 – possess // 추측하다 – speculate // 나란히 – alongside

11. ⓐ
assumes ⇨ assume
hard ⇨ herds
functioning ⇨ function
that ⇨ what

12. (가) We still need to test to see which other species are like us in this respect.

13. 상호작용 – interaction // 자동화 – automation // 과소평가한 – underestimating // 무시하는 – ignoring // 무시하는 – dismissive // 한계 – limits

14. ⓐ
fought ⇨ fighting
playing ⇨ plays
during ⇨ while

15. (가) The future of work depends on two forces: a harmful substituting force and a helpful complementing one.

16. 극단적인 – extreme // 가파른 – steep // 방사선 – radiation // 견디는 – enduring

17. ⓐ
repair ⇨ repaired
advancement ⇨ advanced

18. (가) This becomes especially clear when you start to think about maintenance.

19. 연속선상 – continuum, // 받아들이다 – adopt // 근소한 – marginal // 피해 – damage // 전개하다 – unfold

20. ⓐ
drawn ⇨ drawing
hiding ⇨ hides
is ⇨ be

21. (가) We don't have to be statisticians to know there is not a meaningful difference between 69 and 70.

22. 선도하는 – leading // 박사의 – doctoral // 반대 – opposition // 인식 – awareness

23. ⓐ
served ⇨ serving
when ⇨ during
to become ⇨ became

24. (가) In 1980, Commoner founded the Citizens Party to serve as a vehicle for his ecological message.

25. 표시하다 – mark // 관찰하다 – observe // 의식 – rituals // 합리적인 – sensible // 필연적인 – inevitable

26. ⓐ
what ⇨ where
making ⇨ make
neutral ⇨ natural

27. (가) Our choice of which differences to mark depends firstly on what we can observe and secondly on what is important in our lives.

28. 사람 간의 – interpersonal // 저항하다 – resist // 맥락 – contexts. // 역효과의 – counterproductive // 다른 – dissimilar // 정확하게 – accurately // 짜증 – frustration. // 이용하다 – employ // 이성적 – rational // 연민 – compassion

29. ⓐ
farther ⇨ further
discourage ⇨ encourage
forcing ⇨ force

30. (가) These critics maintain that empathy can be exhausting and lead to burnout or insensitivity to suffering.

31. 불확실성 – uncertainty // 참석하는 – attending // 감각 – senses

32. ⓐ
releasing ⇨ release
smaller ⇨ greater
counter ⇨ encounters

33. (가) It's why the most popular television shows and movies are the ones with unexpected plot twists and astonishing endings.

34. 유인 – incentives // 드러내다 – reveal // 현명한 – wise // 능력 – capacities // 고착된 – sticky // 부정 – denial // 잔혹한 – brutal

35. ⓐ
buts ⇨ buying
what ⇨ that
providing ⇨ provide
switched ⇨ switching

36. (가) A perfectly competitive market that clears on the spot leaves no room for such strategies.

37. 빚 – debts // 재산 – property // 인형 – effigy, // 함축 – connotation // 이동하다 – transport

38. ⓐ
event ⇨ eventually

association ⇨ associated
becoming ⇨ becomes

39. (가) Dictionary definitions are constantly revised to keep up with our changing uses and knowledge.

40. 한정하다 – confine // 해석 – interpretations // 상징적인 – symbolic // 깊이 – depth // 폭 – breadth

41. ⓐ
directly ⇨ directs
thorough ⇨ through
what ⇨ that

42. (가) The viewer is not asked to recognize what they see but to understand why they see it and what it means to them.

43. 보이는 – visible // 관찰하다 – observe // 멀리 떨어진 – distant // 이동 – shift

44. ⓐ
leading ⇨ leads
what ⇨ where
appearing ⇨ appears
to pass ⇨ pass

45. (가) The stars around the Sun appeared to have moved from their normal positions in the night sky.

46. 위계 – hierarchy. // 유지하다 – maintain // 고속도로 – highway // 위반하다 – violates // 회귀하다 – regressed // 재확인하는 – reaffirming

47. ⓐ
infringe ⇨ infringes
understood ⇨ understanding
with ⇨ without

48. (가) You're reacting to a threat to your inherent sense of hierarchy.

49. 마찰력 – friction // 표면 – surfaces // 힘 – force // 전자 – former.

50. ⓐ
succeed ⇨ fail
to stretch ⇨ stretches
losing ⇨ loose

51. (가) If you try to pull apart two blocks of wood that have been nailed together, the wood fibers grip the shaft of the nail.

52. 기둥 – pillar // 등장한 – appeared // 화려한 – flashy, // 휘발유 – petrol // 가뭄 – drought // 밀 – wheat

53. ⓐ
to speculate, ⇨ speculate,
what ⇨ when
used ⇨ using

54. (가) They wanted to get rich quick and blow their money on fast cars and expensive champagne.

55. 물리적 – mechanical // 특성 – properties // 상태 – state // 초기의 – initial // 단단함 – rigidity

56. ⓐ
where ⇨ which
totally ⇨ partially
temporary ⇨ permanent
during ⇨ while

57. (가) So it is its ability to hold a crease while remaining stiff that makes paper uniquely suited to this purpose.

58. 냄새 – scent // 구분하다 – distinguish // 되찾아오는 – retrieving

59. ⓐ
joy ⇨ distress
what ⇨ that
knowing ⇨ known
resisting ⇨ resist

60. (가) A rapid rescue of any crying kitten would be a good strategy to prevent them from drawing unwanted attention.

61. 상대적인 – relative // 비축 – reserves // 경제적인 – economical // 기여하다 – contributes // 부정적인 – negative // 허락하는 – permitting // 동면 – dormancy

62. ⓐ
converts ⇨ converting
losing ⇨ losses
storage ⇨ stored

63. (가) Maximum fat deposition increases with body mass whereas maximum food storage is not constrained by body size.

64. 교체하다 – replace // 기여하다 – contribute // 기회 – opportunity // 봉투 – envelope // 외치다 – exclaimed, // 판매 대리점 – dealership // 빛나다 – beamed // 너그러운 – generous

65. ⓐ
to thank ⇨ thanked
rude ⇨ thoughtful

66. (가) She explained that Collin had left it there before leaving for school.

67. The letter asks to reserve the playground on December sixth for a community drone show, ensuring rules and cleanup.

68. Amina's curiosity turns to joy when she learns that a new school will be built near her village.

69. Waiting, often seen as a burden, becomes a chance for creativity and self-reflection through thoughtful tactics.

70. Scientists believe mirror neurons may exist across

many social species, supporting group living through empathy and mutual understanding.

71. Economists long dismissed technological unemployment, noting that machines cannot replace all tasks and human demand continues growing.

72. The dream of solar panels in space fails economically and practically compared to the simplicity of cleaning panels on Earth.

73. The borderline effect shows how insignificant numerical gaps can result in drastically different treatments and social outcomes.

74. Barry Commoner emerged as a pioneering ecologist, opposing nuclear testing and promoting awareness of humanity's environmental impact.

75. Geography and lifestyle limit calendar choices, with political and religious decisions finalizing which system each culture adopts.

76. Empathy often backfires by deepening us-versus-them thinking, failing to resolve conflict, and exhausting emotional resources.

77. Risky or unexpected events heighten engagement and joy, with dopamine rewarding surprises more than predictable encounters.

78. Market mechanisms provide incentives for honest behavior, brutally correcting denial when products or choices no longer meet demand.

79. Language evolves through time, with definitions reshaped by history, culture, and creativity, leaving future generations puzzled by ours.

80. Headlines and taglines guide readers' understanding of images, shaping meaning in precise, predetermined ways within advertising.

81. Einstein's theory of relativity was confirmed during the 1919 solar eclipse by observing gravitational lensing around the Sun.

82. From highways to households, unconscious responses show our biological tendency to reaffirm hierarchy in everyday conflicts.

83. While tension could break a nail, friction is the weaker force that usually determines whether it holds or fails.

84. Banking shifted from cautious managers to flashy speculators who sought wealth through risky bets on future prices.

85. Paper's unique strength and flexibility make it ideal for creasing, folding, and shaping, unlike metals or plastics.

86. By rescuing any squeaking kitten, mother cats prevent predators from locating the nest and threatening all nearby young.

87. Animals balance fat accumulation and food storage, each offering distinct advantages and disadvantages for survival and energy use.

88. A son's generous gesture not only enabled a new car but also brought pride, gratitude, and a special gift exchange.

Quiz 5 **Answers**

1. permission
2. community
3. strict
4. efficient
5. approval
6. clearing
7. school
8. read
9. write
10. excitement
11. strategies
12. imposed
13. waiting
14. burden
15. relationships
16. Mirror
17. empathy
18. apes
19. group
20. perspective
21. substituting
22. complementing
23. automation
24. technological
25. unemployment
26. solar
27. maximize
28. Maintenance
29. radiation
30. space
31. continuums
32. categories
33. borderline
34. Arbitrary
35. differences
36. leading
37. founder
38. Opposing
39. founded
40. awareness
41. observable
42. Agricultural
43. nomadic
44. solar
45. lunar
46. empathy
47. conflicts
48. frustration
49. rational
50. moral
51. Uncertainty
52. sharpening
53. dopamine
54. unexpected
55. astonishing
56. knowledge
57. behavior
58. negotiations

59. Denial
60. brutally
61. Dictionary
62. changing
63. meanings
64. reflecting
65. invention
66. confines
67. interpretation
68. identification
69. remote
70. intended
71. massive
72. gravitational
73. lensing
74. predictions
75. bending
76. hierarchies
77. world
78. biological
79. reaffirm
80. hierarchical
81. nailed
82. friction
83. Tension
84. Failure
85. overcome
86. cautious
87. risk
88. speculation
89. predicting
90. quick
91. fibers
92. crease
93. tearing
94. rigid
95. folding
96. scent
97. favor
98. Distress
99. retrieval
100. predator
101. mixed
102. metabolic
103. predator
104. economically
105. energy
106. help
107. favorite
108. funds
109. baseball
110. generosity

2025년 고2 9월 마이갓 모의고사 내신용 변형문제집

지은이 : 보듬내신연구소
펴낸곳 : 보듬책방
경기도 과천시 중앙로 137 604호
펴낸날 : 2025년 9월 6일
ISBN : 979-11-24-00100-4
정 가 : 18,000원